L. b. 1900.
27. n. 7.

MÉMOIRES

POUR SERVIR

A L'HISTOIRE DE FRANCE.

MÉMOIRES

POUR SERVIR

A L'HISTOIRE DE FRANCE

SOUS LE GOUVERNEMENT

DE NAPOLÉON BUONAPARTE,

ET PENDANT L'ABSENCE

DE LA MAISON DE BOURBON;

Contenant des anecdotes particulières sur les principaux personnages de ce temps.

PAR J.-B. SALGUES.

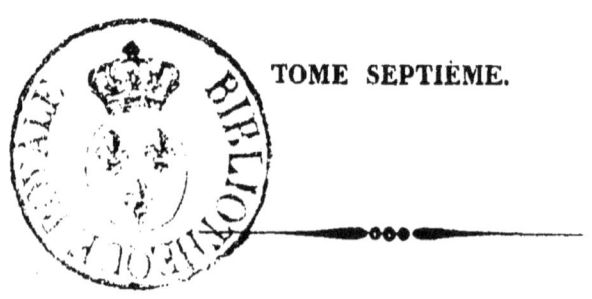

TOME SEPTIÈME.

PARIS.

IMPRIMERIE-LIBRAIRIE DE J. G. DENTU,
RUE DU COLOMBIER, N° 21.

1826.

MÉMOIRES

POUR SERVIR

A L'HISTOIRE DE FRANCE

SOUS LE GOUVERNEMENT

DE NAPOLÉON BUONAPARTE,

ET PENDANT L'ABSENCE

DE LA MAISON DE BOURBON.

CHAPITRE PREMIER.

Nouvelles souverainetés distribuées à la famille de Napoléon, aux grands officiers de la couronne, aux ministres et aux généraux. Occupation de la république de Raguse. Situation des armées françaises en Allemagne. Réception de l'ambassadeur turc. Confédération du Rhin. Mort du célèbre Fox. Prise de Gaëte. Intérieur.

Nous arrivons à l'époque des plus grands développemens du caractère et de l'ambition de Buonaparte. Vainqueur d'Austerlitz, il parcourt d'un regard le continent entier, n'y voit rien qui puisse lui opposer de résistance; et satisfait de son ouvrage, il se dit: « L'Autriche est abattue, elle ne sauroit se relever, d'un demi-siècle, du coup que je lui ai porté. La supériorité de mes armées sur celles de Russie n'est plus un problême. La Prusse, réduite à ses propres forces, ne peut se soutenir qu'en cédant à toutes mes volontés. L'Espagne, asservie depuis long-temps, me fournit ses soldats et ses trésors pour affermir mon pouvoir, et coopérer avec moi à la chute des princes de sa propre maison. Rome n'a plus de souveraineté que celle que je lui laisse. Le Portugal tremble au bruit de mes armes, et n'ose avouer ses relations avec l'Angleterre. Cette île superbe est exilée du reste de l'Europe; j'acheverai sa ruine en fermant à ses vaisseaux tous les ports du continent. La Suède est impuissante dans sa colère. Le Danemarck, trop foible pour rien entreprendre, se repose dans une sage neutralité. Les souverains d'Allemagne voisins de mes frontières ont besoin de ma protection pour braver les ressentimens des puissances dont ils ont abandonné les intérêts. Les conspirations de l'intérieur sont éteintes; les braves Vendéens servent sous mes enseignes. C'est de moi maintenant que l'Europe attend ses destinées ; et tant que les Français me resteront dévoués, tant qu'ils me donneront leurs enfans pour grossir mes armées, tant que mes généraux ne songeront point à me disputer l'empire, que leurs épées triomphantes formeront autour de mon trône une enceinte inexpugnable, je puis régler tout à mon gré. »

Animé de ces pensées, il rassemble sur les membres de sa famille, sur la tête de ses généraux, les plus hautes dignités, il les élève jusqu'au rang de souverains. Quelle couronne placera-t-il sur la tête de son oncle Fesh ? il est prêtre ; et tous les prélats, autrefois souverains en Allemagne, ont perdu leur couronne ; il n'en reste plus qu'une placée sur le front du prince archi-chancelier de l'empire germanique ; ce sera par lui que le pouvoir arrivera à l'oncle de l'empereur des Français. Un message adressé au Sénat lui apprend que ce prince a choisi le cardinal Fesh pour héritier de sa puissance, et l'a nommé son coadjuteur. De son côté, l'archi-chancelier de l'empire communique cette résolution au chapitre de Ratisbonne, et les chanoines qui le composent répondent que « ce *seigneur* réunissant aux plus éminentes qualités les liaisons les plus élevées, la haute protection que leur promet un pareil choix doit ajouter un nouveau lustre au chapitre de Ratisbonne. »

Afin de rétablir la balance entre sa famille et celle de sa femme, on négocie un mariage entre Mlle Tascher, nièce de Joséphine, et le duc d'Aremberg; et pour rapprocher les rangs, la jeune nièce est élevée au titre de *princesse du sang*.

Le même message qui annonçoit au Sénat la promotion du cardinal Fesch, le prévenoit aussi que Sa Majesté, voulant donner à son ministre des relations extérieures, Maurice de Talleyrand, un témoignage éclatant de sa satisfaction, elle lui avoit conféré, *pour lui et ses enfans,* l'investiture de la principauté de Bénévent; qu'elle avoit élevé à un semblable honneur les maréchaux Berthier et Bernadote, le premier comme prince de Neuchâtel, le second comme prince de Ponte-Corvo.

La clause qui regardoit les enfans de M. de Talleyrand fut un sujet de gaîté pour les Parisiens. On s'obstinoit à voir en lui l'évêque d'Autun; et quel que fût le respect qu'on eût pour l'autorité du Saint-Siége, on se plaisoit à comparer sa mitre et son rochet avec les broderies ministérielles et l'épée qu'il portoit. On se souvenoit malignement des articles de la bulle du pape qui, en le rendant à la vie laïque, lui imposoient des aumônes, surtout *pour les pauvres de son église épiscopale* On s'étonnoit moins de la subite élévation des généraux Berthier et Bernadote, dont le mérite et les services étoient dignes de toute la reconnoissance de Napoléon.

Ces promotions produisoient un grand effet; elles allumoient l'émulation des généraux, éblouissoient la multitude, ébranloient la foi des esprits forts, qui, jusqu'alors, avoient regardé la puissance de Buonaparte comme une de ces fortunes extraordinaires qui tombent et périssent aussi promptement qu'elles se sont formées. Sa cour étoit de jour en jour plus fréquentée; et les serviteurs de l'ancienne monarchie, en abandonnant la cause de leurs maîtres, ne paroissoient que céder à la nécessité, et suivre l'exemple des rois eux-mêmes, qui capituloient avec l'heureux usurpateur du trône de saint Louis. Peu d'hommes restoient fermes dans leurs principes; et Buonaparte sembloit donner un démenti à cette antique vérité, que les rois ne sont que d'illustres ingrats.

On pouvoit déjà prévoir qu'il ne tarderoit pas à former de nouvelles entreprises. La situation des armées en Allemagne annonçoit assez qu'il avoit d'autres conquêtes en vue. Au mois de juin 1806, elles n'avoient pas encore quitté leurs quartiers respectifs. Le maréchal Soult étoit à Passau, le maréchal Ney à Memmingen, Bernadote à Anspach, Davoust à Ellewangen, Vandamme à Landshut, Augereau sur les bords du Rhin. Buonaparte lui-même évaluoit ces troupes à près de cent cinquante mille hommes; mais on pouvoit les estimer à quatre-vingt mille. On avoit promis à la grande-armée de la ramener en France, de la faire jouir des charmes du repos, de lui donner des fêtes; un décret les ajourna : les prétextes ne manquoient pas. Les Russes occupoient Corfou et quelques point de la Dalmatie, et se montroient encore en état d'hostilité : il étoit donc juste de leur faire la guerre. Ce motif lui servit à justifier l'occupation de la république de Raguse. Cette ville, hors d'état d'opposer la moindre résistance aux puissances de l'Europe, avoit fait à la Russie toutes les concessions qu'on avoit exigées d'elle; elle n'étoit coupable que de sa foiblesse, elle n'avoit cédé qu'à la nécessité. Buonaparte, qui vouloit s'en emparer, affecta de voir dans cette conduite un acte manifeste d'hostilité. Ses troupes marchent; il ordonne au général Lauriston de se présenter devant cette ville, et de lui intimer la résolution où il étoit de s'emparer de son gouvernement.

« Les concessions multipliées faites aux ennemis de la France, disoit-il dans une espèce de manifeste, ont mis la république de Raguse dans un état d'hostilité. L'entrée des troupes françaises en Dalmatie, loin d'arrêter les effets d'une semblable partialité, a été au contraire pour nos ennemis l'occasion d'exercer une plus grande influence; et quels que soient les motifs de la condescendance des magistrats de Raguse, l'empereur a dû faire attention à leur conduite; il étoit de sa dignité de mettre fin à des manéges si contraires aux lois de la neutralité. »

Le général ajoutoit qu'en exécution des ordres de Sa Majesté, il prenoit possession de la ville et du territoire de Raguse, avec l'intention formelle néanmoins de reconnoître l'indépendance et la neutralité de cet État, aussitôt que les Russes auroient évacué l'Albanie, l'île de Corfou et les autres îles vénitiennes, et que leur escadre auroit laissé libres les côtes de la Dalmatie. Il promettoit, d'ailleurs, secours et protection aux Ragusains, respect pour les lois, les propriétés et les coutumes du pays; il conservoit le gouvernement.

Cet accroissement de puissance annonçoit de quelle manière Buonaparte avoit le dessein de garder les traités. Dans un autre temps, Constantinople eût pu en concevoir des alarmes; mais Buonaparte avoit tout prévu. Habile à flatter ceux dont il avoit besoin, il étoit parvenu à faire oublier au grand-seigneur l'expédition d'Égypte, et le divan étoit à lui, comme les cabinets de Vienne et de Berlin. Pour lui donner une preuve de ses bons sentimens, la sublime Porte n'avoit pas dédaigné de lui envoyer une ambassade solennelle. Elle fut reçue avec les plus grands honneurs; toutes les villes que devait traverser l'ambassade lui prodiguèrent les témoignages du plus vif empressement.

Buonaparte l'admit à son audience le même jour où son frère devoit être proclamé roi de Hollande; et l'on ne remarqua pas sans étonnement que les députés des Provinces-Unies, qui venoient apporter une couronne, ne furent reçus qu'après l'envoyé de Sa Hautesse.

Le discours de Buonaparte à l'ambassadeur ne fut qu'un mélange factice de fierté et de sentiment.

« Votre mission m'est agréable; vos paroles

vont à mon cœur. Tout ce qui arrivera d'heureux ou de malheureux aux Ottomans, sera heureux ou malheureux pour la France. Le sultan ne peut jamais rien avoir à craindre de moi. Uni à moi, il triomphera de tous ses ennemis. »

Ce discours n'étoit pas de nature à donner à l'ambassadeur turc une haute idée de l'éloquence de Napoléon; mais il étoit rarement heureux dans ces sortes d'occasions. L'habitude de parler brièvement et brusquement à ceux qui l'entouroient, écartoit de ses discours d'apparat ces formes élégantes et gracieuses qui sient si bien au chef d'une nation éminemment policée. Le seul genre d'éloquence où il eut d'heureuses inspirations était celle des camps.

L'ambassadeur ottoman déposa aux pieds de son trône les présens dont il étoit chargé; ils étoient magnifiques : c'étoient une riche aigrette de diamans et une boîte ornée du portrait de Sa Hautesse pour l'empereur, un collier de perles et des parfums précieux pour l'impératrice Joséphine.

Tranquille du côté de ses possessions illyriennes, Napoléon ne songea plus qu'à poursuivre ses plans sur l'Allemagne. Il méditoit depuis long-temps le projet de détruire son ancienne constitution, et de dissoudre en entier l'empire germanique ; ses alliances avec la Bavière, le Wurtemberg, l'électorat de Bade, la Prusse et beaucoup d'autres souverainetés inférieures, n'avoient pas d'autre but. Lorsqu'il se vit en état d'exécuter ses desseins, il fit répandre avec profusion, en Allemagne, un écrit intitulé : *Instruction sur les plus grands intérêts de l'empire d'Allemagne.* On y disoit que l'Empire avoit le plus grand besoin de refondre en entier sa constitution ; que la diète ne s'occupoit depuis long-temps que de puérilités ; qu'il convenait de faire un nouveau partage de ce vaste empire, et de le diviser en huit Etats souverains. Dans le même temps, le prince de Nassau-Usingen, que Napoléon avoit depuis long-temps mis dans ses intérêts, fit paroître une déclaration où, considérant l'état actuel de l'Allemagne et l'impossibilité où étoit le corps germanique de protéger ceux de ses membres qui, comme lui, ne pouvoient se soutenir par leurs propres forces, il annonçoit qu'il s'étoit, lui et le prince de Nassau-Weilbourg, mis sous la protection de l'empereur des Français. Malgré le soin qu'avoit pris Napoléon de cacher ses projets, la dissolution prochaine du corps germanique n'étoit plus un secret pour l'Allemagne; la plupart des ministres de la diète s'étoient retirés successivement, et la diète n'existoit plus de fait, lorsque le ministre de France, M. Bacher, lui fit notifier, le 1er août, que les rois de Bavière et de Wurtemberg, les princes souverains de Ratisbonne, de Bade, de Berg, de Hesse-Darmstadt, de Nassau et sept autres avoient pris la résolution de former une confédération qui les mît à l'abri des incertitudes de l'avenir; que, de son côté, S. M. l'empereur des Français ne reconnaissoit plus l'existence du corps germanique, et qu'elle avoit accepté le titre de *protecteur de la confédération du Rhin.*

Cette révolution subite changeoit toute la face du continent, et donnoit à Napoléon une force invincible. Les intérêts de la confédération devoient être traités dans une diète qui siégeroit désormais à Francfort-sur-le-Mein. Chaque Etat devoit fournir un contingent de troupes, suivant sa population, et entretenir ensemble un corps de 74,000 hommes à la disposition de la France. En cas de besoin, la France devoit assister de 200,000 hommes la confédération. Quatorze souverains signèrent cette nouvelle ligue, qui s'accrut bientôt de tous les Etats inférieurs d'Allemagne, à l'exception des ducs de Brunswick et d'Oldenbourg. La diète de Francfort étoit divisée en deux colléges, celui des rois et celui des princes; mais il étoit évident que tout devoit s'y décider par l'épée de Buonaparte.

En signant le traité de Presbourg, l'empereur d'Autriche étoit loin de présumer qu'il signoit en même temps son abdication de l'empire d'Allemagne. Il ne put voir sans un profond chagrin la création d'une nouvelle ligue germanique, où toute l'influence étoit dévolue à son ennemi. Mais Napoléon avoit déclaré qu'il ne reconnoissoit plus l'existence du corps germanique, il fallut céder à la nécessité. Le 6. du même mois, il abdiqua le titre et la dignité d'*empereur électif d'Allemagne*, se réserva le titre modeste d'*empereur d'Autriche*, prit le nom de *François I*^{er}, et déposa les aigles romaines. Ainsi finit, après mille six ans, l'empire fondé par Charlemagne, empire qui n'avoit de commun que le nom avec celui des Césars, et qui, dominé presque toujours par la cour de Rome, crut s'honorer en prenant le titre de *saint*. L'empereur François ne soutint pas même d'une simple protestation les droits de l'Empire et l'honneur de sa couronne.

Ainsi, tout favorisoit l'ambition de Buonaparte. Eblouies de l'éclat de ses victoires, frappées des revers des plus grands empires, les puissances d'un ordre inférieur accouroient au-devant de son joug, et venoient chercher un asile à l'ombre de son trône, persuadées peut-être qu'en partageant son amitié, elles auroient aussi quelque part à sa gloire. Il sembloit interdit aux forces humaines de lutter contre l'ascendant de sa fortune.

Cependant l'Italie n'étoit pas entièrement conquise. Ferdinand y trouvoit des sujets fidèles. Les Anglais ayant opéré une descente en Calabre, près de Sainte-Euphémie, et le général Regnier leur ayant livré bataille, ils remportèrent sur lui une victoire éclatante. Quatre mille Français périrent dans ce combat; les Anglais ne perdirent que cinq cents hommes. Le général Compère tomba entre les mains des Calabrois, et pendant quelque temps le bruit courut qu'il avoit expiré sur une croix. A la nouvelle de la défaite des Français, l'insurrection fut générale dans la Calabre. Il fallut alors faire une guerre d'extermination. Les forces de l'armée française étoient telles qu'elles devoient tout subjuguer. Après plusieurs actions sanglantes, les Anglais se virent forcés de se rembarquer. Tout céda au nombre, et la forteresse de Gaëte elle-même, après la plus courageuse défense, ouvrit ses portes au vainqueur. Le vainqueur fut généreux ; il accorda une capitulation honorable. La garnison sortit avec armes et bagages, et conserva tout, à la condition seulement qu'elle ne serviroit plus contre le roi Joseph et les Français.

Jusqu'alors Joseph n'avoit point inquiété les jésuites; mais les jésuites l'ayant bientôt inquiété lui-même, il se vit dans la nécessité de les expulser de ses Etats. Il rendit un décret le 3 juillet, qui leur enjoignoit de quitter Naples dans vingt-quatre heures, et ses Etats dans huit jours. Trois jours après, le roi de Bavière les chassoit de son royaume, qu'ils commençoient à troubler. Les jésuites de Naples se réfugièrent à Rome, ceux de Bavière en Russie, d'où ils devoient être bientôt chassés. Les premiers, en moins de deux mois, avoient acquis un million et demi de biens, qui servirent d'hypothèques aux emprunts de Joseph. Leurs ennemis (et ils en ont toujours eu beaucoup) rapportent qu'un des membres du sacré collége ayant fait des représentations au Saint-Père, à l'occasion de leur rétablissement, Pie VII avoit répondu : « Que voulez-vous ? dans les maladies désespérées, le médecin a quelquefois recours au poison. » Mais un mot de ce genre n'étoit guère dans le caractère obligeant et modéré de Pie VII.

Dans le même temps où les Anglais combattoient en Calabre contre les Français, le célèbre Fox, devenu ministre, envoyoit un plénipotentiaire à Paris pour traiter de la paix : c'étoit lord Lauderdale, connu dans le parlement britannique par son esprit d'opposition, son admiration pour la révolution française, ses liaisons avec Brissot, son amitié pour Fox, et la part qu'il avoit à l'acte d'accusation du fameux gouverneur de l'Inde, Hastings. On l'avoit déjà vu à Paris en 1792, où il étoit venu juger des choses par lui-même. Mais l'exaltation de ses idées l'avoit empêché de les voir telles qu'elles étoient; il n'apercevoit que les torts de la cour, l'orgueil de la noblesse, l'égoïsme du clergé et les dilapidations du trésor. Les violences du peuple ne lui paroissoient qu'un mouvement généreux pour s'affranchir d'une indigne servitude. Avec des dispositions semblables, il étoit difficile qu'il convînt à Buonaparte. Cependant, il resta à Paris pendant près de trois mois; mais la maladie de son patron, qui se termina par la mort, ralentit beaucoup les négociations, et les deux cours n'ayant pu s'entendre, il retourna à Londres au mois de septembre suivant. La mort du célèbre Pitt avoit causé un deuil général en Angleterre. Fox étoit loin d'avoir rendu les mêmes services ; mais son opposition constante aux ministres, la chaleur avec laquelle il avoit défendu les principes de la liberté, l'avoient rendu cher au peuple ; son éloquence, la vaste étendue de ses connaissances, l'élévation de son esprit, lui avoient acquis l'admiration de son pays. On oublioit le dérangement de ses affaires, la dissolution de ses mœurs, pour ne voir que la hauteur de son génie. On l'a peint complètement en peu de lignes, quand on a dit que jamais les communes d'Angleterre ne comptèrent parmi leurs membres un homme plus instruit, plus éloquent, plus démocrate, plus dissipateur et plus vicieux. Il est douteux que malgré le désir qu'il manifestoit de donner la paix à l'Europe, il y fût parvenu avec Buonaparte.

La Russie essaya en vain, dans le même temps, de se lier avec lui par des traités. Son chargé d'affaires, M. d'Oubril, homme d'un esprit adroit, mais doux et conciliant, parvint d'abord à signer des préliminaires de paix le 20 de juillet ; mais soit que la Russie elle-même n'eût cherché qu'à gagner du temps, dans l'espoir de former une coalition nouvelle avec la Prusse et l'Angleterre, soit que Napoléon eût laissé percer trop clairement ses desseins sur le nord de l'Allemagne, le cabinet de Pétersbourg refusa de ratifier les stipulations de son envoyé. Elle n'avoit point encore posé les armes dans la Dalmatie; ses troupes s'étoient réunies aux Monténégrins; et le général Marmont, après être entré à Raguse, fut obligé d'aller les attaquer à Castel-Novo, où il les défit. Tout annonçoit de la part des deux puissances des intentions hostiles. Sous prétexte de protéger la nouvelle confédération du Rhin, Napoléon avoit rassemblé des troupes auprès de Ratisbonne, renforcé celles qu'il avoit en Bavière, établi dans le cœur de l'Allemagne un camp de trente mille hommes.

La Bavière payoit chèrement son alliance avec lui; l'armée française la traitoit presque en pays ennemi; les officiers-généraux s'immisçoient dans toutes les parties de l'administration publique, commandoient aux magistrats eux-mêmes, levoient des contributions excessives; et telle était la détresse de ce malheureux état, que des paysans, au milieu des horreurs de la famine, étoient réduits à manger l'herbe des champs. La Suède, impuissante à se signaler dans les combats, faisoit une guerre active au commerce du nord de l'Allemagne, par la gêne qu'elle apportoit à la navigation. Elle n'avoit, dans les cinq premiers mois de l'année, laissé passer par le Sund que 1683 bâtimens, tandis que les années précédentes, à la même époque, il en étoit passé près de 3000. La même gêne se faisoit sentir dans la Suisse; on estimoit à 130 millions la perte que, dans le cours de l'année, lui avoient fait éprouver les mesures oppressives de Napoléon. Il avoit essayé d'endormir la prudence anglaise, en feignant de vouloir la paix; et comptant sur M. Fox, il s'étoit fait auprès de lui un mérite de renvoyer à Londres les deux fils du général Abercromby, qui étoient prisonniers en France, en les chargeant de nouvelles ouvertures de paix. Mais toutes ses pensées étoient réellement tournées vers la guerre; et tandis qu'il négocioit avec le cabinet de Londres, il le faisoit accuser, dans ses feuilles publiques, d'avoir jeté sur les côtes de France des ballots de coton infestés de la peste : imputation absurde, mais qui n'en servoit pas moins de texte aux déclamations les plus violentes du juif Goldsmith, dans son *Argus*. L'Angleterre s'en vengeoit en proclamant dans ses écrits qu'elle n'ambitionnoit rien pour elle-même, et qu'elle n'étoit armée que pour la défense des libertés de l'Europe. Cette opinion acquit tant de force, que Napoléon crut devoir la réfuter, et choisit pour exprimer sa pensée, un journal américain qu'il entretenoit à sa solde; car il avoit une haute idée de la puissance des journaux; il les faisoit taire dans son empire, mais il les payoit en dehors, et les armoit pour sa cause et contre ses ennemis (1). On répéta dans la feuille américaine tout ce qu'on avoit dit précédemment des maux affreux qu'avoient éprouvés les puissances que l'Angleterre avoit entraînées dans ses ligues. En même temps on faisoit jeter dans les journaux français des notes qui paroissoient sans conséquence, et dont l'objet étoit de préparer les esprits aux révolutions que méditoit Buonaparte dans les Etats encore intacts de l'Allemagne. Ainsi, dès le mois de mai, on annonçoit des échanges de territoire avec la Saxe, l'élévation prochaine

---

(1) On se vengeoit de la servitude de la presse par de petits écrits à la main qui circuloient dans les salons. Ainsi, quand Buonaparte eut fait des rois en Allemagne, en Hollande, en Italie, ses ennemis firent courir l'épigramme suivante :

L'ogre corse, avide d'exploits,
Sous la griffe de qui nous sommes,
Mange par an trois cent mille hommes,
Et va partout crachant des rois.

de l'électeur au titre de roi, et ces prévisions ne tardèrent pas à s'accomplir. Mais, en ce moment, l'objet de tous les grands préparatifs de Napoléon étoit la Prusse, qu'il avoit bercée dans les plus trompeuses illusions, jusqu'au moment de la vengeance.

CHAPITRE II.

Prodigieuse activité de Napoléon dans l'intérieur de ses Etats. Assemblée générale des Juifs. Fondation de l'Université. Nouveau catéchisme, commun à toutes les églises de France. Encouragemens donnés aux sciences, aux lettres, à l'industrie. Ecoles chrétiennes. Monumens.

TANDIS que Napoléon méditoit à l'extérieur des entreprises qui sembloient devoir absorber toutes les facultés de son esprit, son infatigable activité cherchoit encore des alimens au sein de son empire. Il avoit donné successivement un Code civil, un Code pénal, un Code commercial; il avoit constitué l'Eglise catholique, l'Eglise protestante, les communes, les départemens, l'armée, la marine; il voulut encore signaler son règne par un grand acte législatif.

Jusqu'à lui, les Juifs avoient vécu en France sans aucun lien avec la société, sans système qui les attachât aux lois de l'Etat. Depuis l'époque fatale où les murs de Jérusalem étoient tombés sous les efforts des armées romaines, ils étoient épars sur la surface du monde, objet d'horreur et de persécution pour tous les peuples. Les gouvernemens les moins barbares étoient devenus barbares pour eux; et la religion chrétienne, si douce pour tous les hommes, cette religion dont le divin Instituteur avoit prié pour ses bourreaux, étoit impitoyable quand il s'agissoit des Juifs. Plusieurs siècles s'écoulèrent depuis leur dispersion, avant qu'ils s'établissent en France; on ne les y découvre guère qu'au commencement du sixième siècle. Ils y furent traités comme ils l'étoient dans tous les Etats chrétiens. Placés par leur nom seul de *Juifs* hors du droit commun, séparés par leurs propres institutions du droit public des nations, n'ayant ni terres ni professions civiles, ils étoient réduits à chercher leur existence dans les spéculations du commerce. Ils achetoient, vendoient des effets mobiliers, prêtoient leur argent sur gages, et le faisoient valoir au plus haut intérêt. Ce genre de vie, et le fanatisme religieux, les rendoient abominables aux yeux des chrétiens. Les papes eux-mêmes s'associèrent à la haine publique; ils les avilirent par des signes publics. Paul IV leur enjoignit de porter un chapeau jaune. Innocent IV fit brûler leur Talmud. Clément VIII les chassa de tous les États pontificaux. Les rois de France ne se montrèrent pas plus humains. Childebert rendit un édit qui permettoit à tout chrétien de courir sus pendant les quatre derniers jours de la semaine sainte. Dans quelques églises, on en gardoit un pour figurer à l'office du vendredi saint. Il étoit destiné à recevoir un grand soufflet au pied de l'autel, en mémoire de celui que Jésus-Christ avoit reçu dans sa passion. Un comte de Rochechouart, chargé de ce pieux office à Toulouse, s'en acquitta si dévotement, qu'il fit sortir un œil de la tête du malheureux Juif.

Dans un temps où toute la nation étoit partagée en deux classes, des nobles et des serfs, les Juifs ne purent manquer de tomber dans la plus cruelle servitude; on les achetoit, on les vendoit comme des bêtes de somme. Dans les grandes villes qui s'étoient affranchies, on les reléguoit dans des quartiers séparés, qui portent encore aujourd'hui le nom de *Juiverie*. Pour les distinguer des autres citoyens, on les obligeoit de porter sur leur poitrine un morceau d'étoffe éclatante figurant une roue. Malgré ces avanies, ils gagnoient de l'argent; et le plaçoient à grosse usure. Mais dès qu'on les soupçonnoit d'être riches, on les proscrivoit pour les dépouiller. Sous Philippe-Auguste, ils étoient devenus opulens; les croisades avoient singulièrement favorisé leur industrie; ils avoient acquis des terres, et les avoient revendues en détail. Le prince se saisit de leurs biens; et comme la bienséance exigeoit quelque prétexte, on les accusa d'avoir crucifié des enfans le vendredi saint. La petite ville de Bray-sur-Seine conserve encore le souvenir d'une exécution terrible qui eut lieu dans son enceinte, sous le règne de ce roi, d'ailleurs si recommandable. Soixante malheureux Israélites furent mis en croix sur une accusation pareille à celle dont on vient de parler. Les autres furent dépouillés de leurs biens et chassés, le roi se réservant un cinquième du butin.

Saint Louis entreprit de réformer leurs mœurs; il leur interdit l'usure, leur enjoignit de vivre du travail de leurs mains, et fit brûler leur Talmud. On essaya de les convertir à la religion chrétienne; mais par une singulière contradiction, on confisquoit les biens de ceux qui se faisoient baptiser. C'étoit, disoit-on, pour dédommager l'Etat des exactions qu'il exerçoit sur eux. En 1521, on les accusa d'avoir voulu empoisonner toutes les fontaines et tous les puits du royaume. Les bûchers s'élevèrent de tous côtés; on en brûla une partie, on chassa le reste. Le roi Jean les rappela, et les rechassa quand ils se furent engraissés (1). Charles V les fit revenir. Charles VI les fit sortir. Tout le monde sait de quelle manière ils furent traités par Philippe-le-Bel, le roi le plus avare, le plus dissipateur, et le plus cruel quand il avoit besoin d'argent. Louis XIII bannit aussi les Juifs, en exceptant néanmoins ceux de Metz. Louis XVI, plus humain que tous ses prédécesseurs, les affranchit du droit du *pied fourchu*, qu'ils payoient à l'entrée de quelques villes, comme les animaux immondes.

Les Juifs arrivèrent ainsi, de siècle en siècle et de persécutions en persécutions, jusqu'en 1789. A cette époque, l'Assemblée constituante prit leur sort en considération. Les esprits avoient été préparés par plusieurs écrits en leur faveur ; et parmi ses membres, l'Assemblée en comptoit un qui s'étoit distingué, quoique catholique et prêtre, par un ouvrage que l'académie de Metz avoit

---

(1) En Angleterre, Jean-sans-Terre ayant besoin d'argent, fit mettre à la torture les Juifs les plus riches. Un d'eux, à qui l'on avoit déjà arraché sept dents, donna mille marcs d'argent à la huitième.

couronné (1). En 1790, un décret de cette assemblée les mit sous la sauve-garde de la loi, et leur accorda les droits de citoyens. Mais depuis cette époque ils s'étoient peu mêlés avec la nation, et leurs mœurs étoient restées à peu près les mêmes.

On distinguoit en France trois espèces de Juifs : les Portugais, qui se disoient issus de David, les Avignonnais et les Allemands. Les Portugais passoient pour les mieux élevés, les moins superstitieux et les moins avares. Les Avignonnais faisoient et font encore le commerce de brocantage. Les Allemands, plus riches, s'adonnoient aux spéculations de banque; ce sont eux que l'on a constamment décriés comme livrés à l'usure; ils passoient aussi pour les moins éclairés et les plus superstitieux.

L'opinion publique représentoit les Juifs comme incapables de toute civilisation, comme ennemis de tous les peuples, par la nature même de leur religion, de leurs lois, de leurs pratiques et de leurs mœurs. Ils vivent d'alimens particuliers qu'ils doivent préparer eux-mêmes ; ils ont un jour de repos différent de

―――――――――――

(1) *Essai sur la régénération physique, morale et politique des Juifs.* Par l'abbé Grégoire.

celui des chrétiens, et ce repos est absolu ; ils ont en horreur le célibat ; leur calendrier est étranger à celui de tous les peuples de l'Europe ; et tel est leur attachement aux institutions qu'ils ont reçues de leurs pères, et qu'ils regardent comme émanées de Dieu, qu'il paroît impossible de leur en faire adopter d'autres. Ils comptent d'ailleurs sur l'avènement d'un messie qui les rétablira dans leur ancienne patrie.

Tant d'obstacles auroient effrayé tout autre que Buonaparte ; mais il ne s'effrayoit de rien ; les difficultés donnoient une nouvelle énergie à son âme entreprenante et souvent téméraire. Il voulut donc s'assurer si la fusion des Juifs avec les autres peuples étoit réellement impossible.

Par un décret du 30 mai, il ordonna que les plus notables Juifs de France se réuniroient à Paris le 15 juillet, pour y délibérer sur les questions qui leur seroient proposées. Il nomma pour commissaires auprès de cette assemblée, MM. Molé, Portalis et Pasquier. Quatre-vingt-seize députés furent envoyés de vingt-huit départemens ; ceux de Paris étoient MM. Worms, banquier, et l'un des adjoints de maire de Paris ; Cremieu, propriétaire ; Cerf-Berr, Michel Berr, Lazare, bijoutier, et Aaron Smol, entrepreneur d'éclairage. Les séances s'ouvrirent à l'Hôtel-de-Ville, le 26 juillet, sous la présidence de M. Furtado, juif portugais. M. Molé y porta le premier la parole, et fit part à l'assemblée des intentions de l'empereur. Les Juifs répondirent à son discours par les expressions de la plus vive reconnoissance, et délibérèrent qu'ils se rendroient en corps auprès de l'empereur, pour la lui exprimer. On soumit à leur examen les questions suivantes, qu'on avoit délibérées dans le conseil d'Etat :

1° Est-il permis aux Juifs d'avoir plusieurs femmes ?

2° Leur religion permet-elle le divorce ?

3° Le divorce est-il valable sans avoir été prononcé par les tribunaux de justice ? La loi juive est-elle, à cet égard, en contradiction avec la loi française ?

4° Une Juive peut-elle épouser un chrétien, un chrétien une Juive, ou bien la loi juive ne permet-elle aux Israélites que de se marier entre eux ?

5° Les Juifs regardent-ils les Français comme leurs frères, ou comme des étrangers ?

6° Les Juifs qui sont nés en France, regardent-ils la France comme leur patrie ? doivent-ils obéissance aux lois, doivent-ils se conformer aux dispositions du Code civil ?

Ces questions, proposées à un peuple superstitieux, dont la législation est toute religieuse, demandoient un savoir et une instruction que ne possédoient pas la plupart des membres réunis à Paris. On pouvoit présumer que l'esprit philosophique avoit pénétré parmi quelques-uns d'entre eux ; mais l'honneur national et le respect humain ne leur permettoient pas de le laisser paroître. Ils répondirent cependant. Mais pour donner à ces réponses une sanction plus solennelle, l'assemblée délibéra que l'empereur seroit supplié de convoquer un grand *sanhédrin*, auquel ses demandes seroient de nouveau présentées. Le sanhédrin, en les convertissant en décisions doctrinales, rendroit au peuple juif l'éminent service de fixer sa croyance sur des matières restées jusqu'alors indécises dans les Etats de la chrétienté.

Napoléon se rendit facilement à cette demande. Une proclamation adressée à toutes les synagogues de l'Europe, et particulièrement à celles de France et d'Italie, indiqua l'ouverture du grand sanhédrin à Paris, le 9 février 1807.

Toute la Judée étoit dans la joie. Les Israélites d'Allemagne adressèrent par l'organe de M. Jacobson, agent des finances de Brunswick, les témoignages de la plus vive reconnoissance. Il demandoit l'établissement d'un patriarcat à Paris, la division des Juifs en districts, un conseil souverain pour y traiter de leurs affaires. On donnoit à Napoléon les titres les plus pompeux : c'étoit l'envoyé de Dieu, le choisi des nations, le bras droit de l'Eternel ; leurs discours surpassoient en flatterie, s'il étoit possible, ceux du clergé de France à l'époque du concordat. On se rappeloit que Napoléon avoit projeté en Egypte le rappel des Juifs dans la terre promise. D'un autre côté, les ennemis des Juifs publioient contre eux des écrits diffamatoires ; on y rappeloit tous les crimes dont on les avoit accusés autrefois, et les actes d'avarice qu'on pouvoit leur reprocher avec raison, surtout en Alsace. Le plus violent de ces écrits étoit intitulé : *Observations concernant les Juifs en général, et ceux d'Alsace en particulier*. L'auteur se donnoit pour le neveu d'un homme d'une haute vertu et d'un profond savoir, qui pendant quarante années avoit exercé la magistrature au conseil souverain d'Alsace ; mais il ne se nommoit pas. L'épigraphe seule de son livre suffisoit pour indiquer l'esprit dans lequel il étoit écrit :

Non mihi si linguæ centum sint oraque centum,
Ferrea vox omnes scelerum comprendere formas.

Les Juifs ne manquèrent pas d'apologistes, et l'on ne pouvoit douter que l'abbé Grégoire, devenu sénateur, ne leur prêtât son appui. Mais quelque disposition que l'on eût à les justifier, on ne pouvoit néanmoins les absoudre sur le fait de l'usure; elle étoit excessive en Alsace; et l'on portoit à 70 millions la valeur des obligations hypothécaires et chirographaires qui s'étoient accumulées entre leurs mains dans le court espace de huit ans; somme qui dépassoit presque la valeur de la province d'Alsace toute entière. C'étoit une plaie horrible qu'il falloit se hâter de fermer; et Napoléon, plus éclairé que ses prédécesseurs, n'y vit de remède qu'en fondant pour ainsi dire la race juive avec le reste de la société. Son œil pénétrant avoit facilement conçu que les lois politiques du peuple hébreu pouvoient être séparées des croyances et du culte religieux, et ce fut en effet sur cette base que la discussion s'ouvrit dans l'assemblée générale et dans le sanhédrin. Cette espèce de concile fut convoqué, conformément au vœu de l'assemblée générale, au mois de février de l'année suivante. On y comptoit un grand nombre d'hommes éclairés. Buonaparte voulut qu'il s'ouvrît avec solennité; il régla jusqu'au costume des membres qui devoient le composer. Il donna au président la soutane de velours, le bonnet à l'antique, orné d'une broderie de myrte; aux rabbins, une soutane noire avec ceinture blanche; aux laïques, l'habit noir à la française, manteau court en soie noire, écharpe blanche; tous portoient le rabat. Les docteurs de la loi étoient au nombre de quarante-six. Le synode entier se rendit à la synagogue avant l'ouverture de la session, pour y invoquer les lumières du Ciel. Il revint ensuite dans la salle de ses séances, ornée et distribuée suivant l'antique usage des Hébreux.

Les questions furent soumises successivement à la discussion du synode. Plusieurs n'étoient pas sans difficulté; la pluralité des femmes, le mariage, le divorce, sembloient des questions difficiles à détacher du système religieux. Les docteurs les examinèrent avec la plus scrupuleuse érudition; et séparant les temps passés des temps présens, ils présentèrent des résolutions qui furent agréées par le gouvernement. Ils posèrent d'abord en principe, comme l'avoit prévu Napoléon, que leur loi contenoit des dispositions religieuses et des dispositions politiques; que les premières étoient absolues, mais que les dernières n'avoient été destinées par Moïse qu'à régir le peuple lorsqu'il occupoit la terre que le Ciel lui avoit promise; que déchu de cet état heureux, ne formant plus un corps de nation, il s'ensuivoit que ces dispositions n'étoient plus applicables; qu'il étoit donc de la sagesse des enfans d'Israël de céder à la nécessité, et de chercher dans les lois des nations au milieu desquelles ils vivoient, un appui qu'ils ne pouvoient trouver dans leur propre législation; car les lois politiques et civiles n'existent plus quand on manque de pouvoir pour les conserver et les maintenir. Sur la question de la polygamie, le grand sanhédrin répondit qu'elle n'étoit qu'une faculté accordée par Moïse en Orient, mais que cette faculté étant hors d'usage en Occident, les Israélites devoient y renoncer. Il répondit aussi, sur le mariage, que l'acte civil devoit précéder l'acte religieux; que la répudiation et le divorce devoient avoir lieu suivant les formes voulues par la loi; que les mariages entre les Israélites et les chrétiens étoient valides; que tout Israélite traité par les lois comme citoyen, devoit obéir aux lois de la patrie, et se conformer, dans toutes les transactions, aux dispositions du Code civil établi par le gouvernement; qu'appelé au service militaire, il étoit dispensé, pendant la durée de ce service, de toutes les observances religieuses qui ne peuvent se concilier avec lui.

Mais les questions les plus importantes étoient celles qui regardoient la fraternité des Juifs avec les autres peuples, et l'usure. Sur la première, le sanhédrin n'hésita pas à répondre que tous les hommes étoient frères, que tous se devoient amour et protection, quelle que fût la différence des religions. Les docteurs citèrent les passages les plus formels des livres saints ; et cette séance, animée par plusieurs discours éloquens, produisit un si grand effet, que tous les membres de l'assemblée signalèrent leur approbation par les plus vifs applaudissemens.

L'usure fut traitée avec encore plus de solennité ; on rapporta le texte de la loi ; on pesa le sens du mot hébreu que nous avons rendu par celui d'*usure*, et l'on fit voir qu'il n'exprimoit que l'idée d'*intérêt* ; que Moïse avoit interdit, d'Israélite à Israélite, ce genre de prêt, mais qu'il l'avoit permis envers l'étranger ; que c'étoit une loi d'amour fraternel ; et que si elle étoit susceptible d'exception, l'intérêt tiré des étrangers ne pouvoit jamais être que l'intérêt légal. Les docteurs de la loi s'élevèrent avec force contre ces indignes Israélites qui, animés d'une sordide cupidité, croyoient trouver une excuse légitime dans la religion qu'ils professoient. Cette matière épuisa trois séances. Plusieurs des membres du synode se distinguèrent par des talens oratoires très-remarquables. Les éloges de Napoléon ne manquèrent pas : mais c'étoit l'accent de la plus juste reconnoissance.

L'assemblée des Israélites produisit un grand bien ; elle reforma les idées du peuple à leur égard, commença leur réconciliation, et jeta des lumières utiles dans cette classe de Juifs condamnée à la superstition, parce qu'elle est condamnée à l'ignorance. Buonaparte s'en montra satisfait, et vit surtout dans les décisions du sanhédrin, des moyens d'étendre sa conscription et de faire de nombreux amis au dehors.

Cette affaire terminée, il s'occupa d'un autre objet. Depuis le concordat et l'élévation du trône impérial, l'enseignement religieux n'avoit encore subi aucune réforme ; le catéchisme étoit resté, dans chaque diocèse, tel qu'il étoit avant la révolution ; plusieurs articles rappeloient l'ancien état de la monarchie et de l'Église ; on n'y trouvoit rien pour Napoléon. Mais le nouvel empereur vouloit que la religion elle-même consacrât son empire. Il demanda la réforme des anciens catéchismes, et un enseignement uniforme dans tous les diocèses. Il trouva le cardinal légat et les évêques tout prêts à le satisfaire. On s'empressa de nommer une commission pour la rédaction de ce code religieux, et le chapitre consacré aux devoirs des sujets envers leurs princes ne laissa rien à désirer.

On y lisoit que Dieu, qui crée les empires et les distribue à sa volonté, en comblant l'empereur de ses dons, soit dans la paix, soit dans la guerre, l'avoit manifestement établi souverain de la France, ministre de sa puissance, et son image sur la terre; qu'honorer et servir l'empereur, étoit donc honorer et servir Dieu lui-même.

On ajoutoit que des motifs particuliers devoient plus fortement nous attacher à Napoléon Ier, attendu que c'étoit lui que le Ciel avoit suscité, dans les circonstances difficiles, pour rétablir la religion sainte de nos pères, pour en être le protecteur, et défendre l'Eglise par son bras puissant; qu'il étoit devenu l'oint du Seigneur par la consécration qu'il avoit reçue du souverain pontife, chef de l'Eglise universelle, doctrine plus ultramontaine que gallicane.

On s'appuyoit de l'autorité de saint Paul, pour vouer, même à la *damnation éternelle*, ceux qui résisteroient à l'autorité de Napoléon (1).

Enfin, on consacroit sa légitimité et celle de sa descendance, en déclarant que Dieu, seigneur du ciel et de la terre, donne les empires, non seulement à une personne en particulier, mais aussi à sa famille.

Ainsi, le clergé de France ne craignoit pas d'abjurer solennellement l'antique maison de Bourbon, de reconnoître le gouvernement de fait, et d'enseigner cette doctrine comme un dogme religieux. Mais tout devient facilement légitime quand l'intérêt parle et que le pouvoir exige. Que pouvoient refuser des évêques qui avoient prêté le serment, non seulement d'être fidèles à Napoléon, mais de révéler tous les projets dont ils pourroient avoir connoissance pour le rétablissement de la dynastie légitime ?

Cependant ce n'étoit pas assez, pour l'affermissement du trône, que l'enseignement du catéchisme, il falloit faire de la légitimité de Napoléon la base des doctrines et de l'enseignement public. Depuis 1793, la Conven-

---

(1) Voici le texte même du catéchisme :

D. *Que doit-on penser de ceux qui manqueroient à leurs devoirs envers notre empereur ?*

R. *Ils résisteroient à l'ordre établi de Dieu même, et se rendroient dignes de la damnation éternelle.*

tion, dans un de ces actes de fureur qui sapoient tous les fondemens de la société, avoit prononcé l'abolition de l'antique Université de Paris, et de toutes celles dont la France s'honoroit encore; on s'étoit jeté au hasard dans tous les systèmes d'éducation. Le directoire avoit établi les écoles centrales, le consulat les lycées. Mais ces établissemens étoient plus ou moins fondés sur des principes républicains; et les professeurs qui en remplissoient les chaires avoient été particulièrement choisis parmi les hommes qui avoient donné des gages à la révolution. Cependant les lycées, quoiqu'institués par Fourcroy, étoient bien moins susceptibles de ce reproche que les écoles centrales du directoire.

Toutefois, Buonaparte ne crut pas devoir s'en contenter. Il lui falloit des écoles purgées de toute espèce de doctrines libérales; il lui falloit des universités où l'on enseignât, comme dans le catéchisme, le dogme de l'obéissance absolue. Depuis long-temps des hommes d'un esprit philosophique et réfléchi s'étoient laissé séduire par une idée propre à égarer les têtes les plus sages; ils avaient pensé que dans un grand Etat, il falloit que l'éducation partît d'un point unique, et que toutes ses branches, comme celles de l'Etat lui-même, reçussent la vie d'un même principe. Ils blâmoient dans l'ancienne monarchie cette indépendance des corps enseignans, qui souvent, par le crédit qu'ils exerçoient sur le peuple, avoient embarrassé la marche du gouvernement, et formé un Etat dans l'Etat lui-même. Ces idées, sur lesquelles l'expérience, ce premier précepteur des rois et des peuples, n'avoit point encore répandu l'éclat de ses lumières, avoient trop d'analogie avec le caractère de Napoléon, pour qu'il ne les adoptât point. Dès le 6 mai, il fit présenter au Corps législatif, par le conseiller d'Etat Fourcroy, un projet de loi qui portoit l'établissement d'un corps enseignant, sous le nom d'*Université impériale*. L'organisation ne devoit en être complète qu'en 1810. On promettoit d'y conserver les professeurs déjà employés dans les lycées ; mais le projet portoit qu'à l'avenir les chaires seroient ou données au concours, ou accordées de préférence aux sujets qui se seroient distingués dans l'enseignement public. Un chef suprême, décoré du titre de *grand-maître*, devoit diriger l'instruction toute entière, sans que les corporations religieuses pussent jamais y avoir part. Le titre de *grand-maître* n'étoit point étranger à l'Université : c'étoit celui que portoit autrefois le principal du collége de Navarre, et celui des Quatre-Nations. En conservant ces noms, Buonaparte flattoit cette portion de ses sujets qui tenoient encore à leurs souvenirs, et les gardoient comme un dépôt cher et précieux. En écartant les sociétés religieuses du corps enseignant, il faisoit un acte également politique et moral; il éteignoit la discorde qui divisoit les anciennes universités et ces corporations; il rendoit l'enseignement plus uniforme, plus sûr et plus national. La nouvelle Université devoit être dotée d'un million et demi de rentes inscrites sur le grand-livre. L'instruction devoit être fondée sur la religion chrétienne et les libertés de l'Eglise gallicane. Les évêques eussent désiré que le gouvernement substituât au mot de *religion chrétienne* celui d'*Eglise catholique*. Mais le dogme politique de la liberté des cultes prévalut.

Depuis l'époque de la révolution, rien n'avoit paru plus difficile à organiser que les écoles primaires. Les plans ne manquoient pas, les instituteurs se présentoient en foule; mais la plupart auroient eu besoin d'instituteurs eux-mêmes. Napoléon avoit déjà consenti à l'établissement des frères des écoles chrétiennes; satifait de leurs principes et de leur conduite, il favorisa cette institution, et l'étendit autant que le permettoit le nombre des sujets qu'ils pouvoient entretenir.

Les missions étrangères reçurent aussi des marques de sa protection; mais il ne permit pas ces autres missionnaires, espèces de chevaliers errans de la religion, qui se répandent dans les campagnes pour les catéchiser, dont le zèle imprudent trouble l'Eglise sous le prétexte de la servir.

Toutes les parties de l'administration s'organisoient ainsi successivement; tous les intérêts se coordonnoient à un intérêt unique, celui de Napoléon. L'or des peuples vaincus entroit en France dans de vastes charriots, et y portoit partout l'abondance. L'industrie s'animoit chaque jour d'une nouvelle vie; Buonaparte en favorisoit les développemens, tantôt par des secours pécuniaires, tantôt par des marques honorifiques. M. Obercamp avoit à Jouy des manufactures magnifiques; Napoléon alla les visiter, félicita le chef de ces précieuses fabriques; et s'apercevant qu'il n'avoit aucun signe de distinction à son habit, il détacha sa croix d'honneur de sa propre boutonnière, et l'attacha lui-même à celle de l'habile manufacturier. Il avoit su, par sa munificence, s'attacher les hommes de lettres, les artistes, tous ceux qui se distinguoient par quelque talent utile. La philosophie, devenue muette, ne songeoit plus à endoctriner les peuples; la seule qui fît quelques progrès étoit celle d'Epicure. Plaire à Napoléon étoit l'unique objet d'émulation parmi les philosophes, les poëtes, les peintres et les orateurs. Des pensions sagement distribuées procuroient aux vieillards instruits l'aisance et le repos. Palissot, outre la conservation de la bibliothèque Mazarine, recevoit encore 3000 fr. de revenu. Les dépôts littéraires étoient confiés à des hommes instruits. Le célèbre Denina présidoit à la bibliothèque de l'empereur, le savant Barbier à celle du conseil d'Etat. *Les Marionnettes* de Picard lui valurent un présent de 6000 fr. et une boîte d'or enrichie de diamans. La tragédie de *la Mort d'Henri IV*, jouée à Saint-Cloud, valut un présent égal à son auteur. L'illustration des noms n'étoit pas non plus sans recommandation : la duchesse de Gêvres, unique rejeton de la famille de Duguesclin, reçut une pension de 6000 francs. Les théâtres, favorisés par le gouvernement, faisoient d'opulentes recettes. Les représentations de *Richard Cœur-de-Lion*, remis sur la scène, rapportèrent en quelques jours 90,000 fr. à l'Opéra-Comique. Des largesses considérables soutenoient la splendeur du grand Opéra. Les croix d'honneur se multiplioient sur la poitrine des grands peintres, des grands compositeurs, des grands musiciens, des savans, des littérateurs, et des vénérables pasteurs catholiques et protestans qui se distinguoient par leur zèle et leurs vertus apostoliques. Des Juifs même eurent part à ces marques de distinction : M. Furtado reçut la croix d'honneur, M. Cologna celle de la Couronne-de-Fer.

Napoléon entretenoit ainsi la concorde et la paix dans les classes de la société les plus disposées à se haïr et à se combattre. Une foule d'ecclésiastiques sortis de France pour se soustraire à la mort, venoient, en pleurant de joie, revoir le sol de leur patrie. Le cardinal Mauri quitta le triste séjour de Montefiascone, et renonça à l'ancienne dynastie pour se consacrer au service de la nouvelle : on l'avoit déjà vu à Gênes apporter aux pieds de Napoléon le tribut de son respect et de sa fidélité. Les regards du monde entier étoient fixés sur la France; les monumens s'élevoient de toutes parts; divers décrets du sénat, du corps municipal ou de l'empereur en ordonnoient l'exécution; le premier étoit une colonne de cent vingt pieds de haut, sur le modèle de la colonne Trajane, revêtue de l'airain pris sur l'ennemi, et décorée de trophées d'armes. Le pont du Jardin-des-Plantes prit le nom d'*Austerlitz;* et pour immortaliser cette célèbre bataille, les plus habiles architectes furent chargés d'élever un arc de triomphe à la barrière de l'Etoile, ouvrage consacré depuis à la gloire du vainqueur du Trocadéro, et resté jusqu'à ce jour sans exécution. Buonaparte ordonna aussi la construction d'un pont entre l'École-Militaire et les hauteurs de Chaillot. Outre l'exposition des tableaux, il voulut que sa fête fût signalée par l'exposition des produits de l'industrie nationale, et désigna l'esplanade des Invalides pour y dresser les tentes. Les galeries inférieures du Louvre s'enrichissoient tous les jours de nouveaux monumens conquis sur les pays vaincus ; de vastes salles leur étoient successivement consacrées : l'Institut, qui en occupoit une, fut transféré au collége des Quatre-Nations, avec la faculté d'y établir sa bibliothèque, ses salles de conférences, ses bureaux, et le domicile de plusieurs de ses membres. Plein de reconnoissance, il sollicita la permission de décerner à son protecteur une statue dans le lieu public de ses séances. Les villes, pour mériter sa protection, se disputoient le même honneur ; et ses statues seroient devenues aussi nombreuses en France que celles de Démétrius de Phalère à Athènes (1), s'il n'eût mis lui-même des bornes à ces démonstrations de dévouement. La ville de Bordeaux ayant montré un excessif empressement pour décorer de son effigie la principale de ses places, il se refusa à son vœu, et renouvela la réponse qu'il avoit déjà faite, que *la postérité apprécieroit le droit qu'il avoit à cet honneur;* mais, en même temps, Canova en achevoit une à Rome, d'une proportion colossale.

Comme le jour de sa fête approchoit, et qu'on ignoroit en France ce qu'étoit le saint dont il portoit le nom, le cardinal Caprara se chargea d'une instruction à ce sujet. Après avoir invité tous les évêques, par une circulaire, à fêter dignement le nouveau patron de l'empire, il donna une notice abrégée de sa vie. Son nom véritable étoit *Neopole*. Dans la persécution de Dioclétien, il soutint à Alexandrie les plus cruelles tortures pour la foi chrétienne, et mourut dans les prisons. Il étoit non moins illustre par ses emplois que par la naissance. Son véritable nom s'altéra par le laps des temps, et se changea, chez les Italiens, en *Napoleone*. Il ne faut point, pour

---

(1) Tout le monde sait que les Athéniens lui en déférèrent autant qu'il y avoit de jours dans l'année.

la gloire du clergé français, parler des panégyriques qui furent prononcés, le 15 août, en honneur de ce saint ; il suffit de dire qu'on entendit un orateur sacré, mêlant la fête de Marie avec celle de Buonaparte, s'écrier dans l'église de Notre-Dame : « Vierge sainte ! gé-
« néreuse protectrice ! ce fut sans doute par
« un témoignage spécial de votre influence
« toute puissante auprès de votre Fils, que la
« naissance du grand Napoléon fut attachée à
« la première de vos solemnités ! Vous avez
« demandé à Dieu grâce pour cet empire, et
« Dieu a voulu que votre glorieux sépulcre
« enfantât pour la France le héros destiné à la
« régénérer. »

Quel doute le peuple pouvoit-il avoir sur la légitimité de Napoléon ? quel murmure pouvoit-il élever contre ses décrets, quand ses pasteurs le lui montroient comme l'envoyé de Dieu, auquel toute soumission étoit due, sous peine de damnation éternelle ; quand des archevêques lui disoient que, de même que le Dieu des chrétiens est le seul digne d'être adoré et obéi, il étoit le seul homme digne de commander aux Français ; quand un autre évêque disoit, en parlant des enrôlemens : « Peut-il y avoir une loi plus
« juste que celle de la conscription militaire ?

« Ah! tous ceux qui procurent une retraite
« à un déserteur ou à un conscrit, pèchent
« contre les lois religieuses. » ..... « Qu'im-
« porte la vie, disoit un autre, devant les
« immenses intérêts qui reposent sur cette tête
« sacrée ? »

Cependant, rien n'étoit plus cruel et plus oppressif que les lois sur la conscription. Plusieurs jeunes gens se mutiloient pour s'y soustraire ; d'autres fuyoient, mais la gendarmerie les poursuivoit jusque dans les bois : on cernoit les spectacles pour les y saisir. Tout citoyen qui paroissoit appartenir à la conscription, ne pouvoit plus voyager ou se trouver dans un lieu public, sans courir risque d'être arrêté. Les lois de la nature étoient violées pour celles de l'Etat : le père étoit tenu de livrer son fils, sous peine d'une amende de 1500 fr. ; et s'il étoit hors d'état de la payer, on vendoit ses meubles, tout ce qui lui appartenoit, jusqu'à son lit. Le village entier devint bientôt solidaire pour chaque famille. Plusieurs conscrits expirèrent sur l'échafaud, pour avoir blessé les gendarmes qui venoient les arrêter : un décret de Napoléon condamnoit ceux qui se mutiloient à servir dans les pionniers. On a déjà vu que les jeunes gens infirmes ou débiles étoient tenus de payer une forte amende, comme si ce n'eût pas été déjà un assez grand malheur que d'être infirme.

Voilà ce que des évêques ne craignoient pas de louer ; voilà ce que des sénateurs ne rougissoient pas de vanter comme des actes d'une haute sagesse qui retranchoit habilement du corps social le luxe de la population. On vit même des écrivains se faire les apologistes de l'effusion du sang, et publier des ouvrages pour démontrer que, semblable à un arbre vigoureux qui se fortifie par le retranchement de ses branches superflues, la population se fortifioit et s'accroissoit par les blessures même que lui faisoit la conscription.

Cependant, bientôt on s'aperçut que les classes destinées au recrutement de l'armée s'épuisoient, et que la fabrique du genre humain étoit sur le point de manquer. Ce n'étoit pas seulement le fer des combats qui moissonnoit la jeunesse française, la plus grande partie périssoit dans les hôpitaux ; et bientôt ce fut un fait constant, sur lequel l'Etat établit ses calculs, que le terme moyen de la vie d'un conscrit étoit de six mois. On en profita pour laisser constamment six mois de paie en arrière ; ce qui faisoit qu'avec la même solde, on payoit une armée double. Mais bientôt il fallut avoir recours à d'autres moyens; et Buonaparte, effrayé lui-même, jeta les yeux sur la garde nationale, qu'il ne tarda pas à appeler dans ses camps (1). Quatre-vingt mille conscrits étoient levés annuellement : mais, outre ce contingent de rigueur, Napoléon demandoit, chaque année, une levée extraordinaire ; et comme aucune autorité ne pouvoit contrôler ses actes, les préfets, ses complices, levoient dans leurs départemens le nombre d'hommes qui leur étoit secrètement demandé. On pouvoit s'affranchir du service par des remplaçans; mais si le remplaçant mouroit, si la classe à laquelle il appartenoit étoit appelée, il falloit fournir un nouveau remplaçant. Les familles riches s'épuisoient en sacrifices toujours renaissans : plus tard, ces familles n'eurent plus la faculté de se ruiner pour sauver leurs enfans; il fallut marcher, quelque monceau d'or que l'on offrît pour sauver le fils unique et chéri de la maison. Et la raison qu'on apportoit de cette rigueur, c'est que les gens riches n'aimoient point Napoléon, qu'ils ne rêvoient que sa chute, qu'ils se ré-

---

(1) C'est un fait trop connu pour le rappeler ici, que Buonaparte appeloit la jeunesse des villes de la *chair à canon.*

jouissoient en apprenant la perte d'une bataille. Buonaparte vouloit qu'ils eussent aussi des larmes à verser, quand le fer ennemi moissonneroit largement dans les rangs de nos armées.

Ces excès révoltoient, en France, le petit nombre d'hommes de bien restés fidèles aux idées de justice, d'honneur et de loyauté. Mais au milieu du mouvement général de toutes les ambitions, nulle voix n'auroit osé se faire entendre pour en demander la réforme ; tout s'abaissoit de plus en plus devant l'homme qui sembloit l'arbitre des destinées humaines. Les familles les plus illustres se pressoient de plus en plus aux portes de son palais, pour obtenir l'honneur de le servir ; l'antique monarchie étoit transportée dans ses salons, mais dépouillée de sa gloire, et chargée de ses livrées. Dans cet abaissement général, personne ne servoit plus son pays : obéir et plaire à Buonaparte, étoit l'unique pensée de tous. L'armée n'avoit plus de patrie ; et l'on ne s'étonna point d'entendre un général dire qu'il incendieroit sans hésiter la capitale, s'il en recevoit l'ordre de son empereur. Mais cette abjection de toutes les âmes disparoissoit au milieu des victoires du chef de l'Etat, et des généreuses pensées qui sembloient l'animer pour l'honneur, la gloire et la prospérité de son empire ; on livroit ses enfans, à regret il est vrai, mais sans murmurer ; et si quelquefois on parloit devant lui du nombre immense de ses soldats : *La politique,* disoit-il, *est le jeu des hommes;* mot terrible qui faisoit frémir les pères de famille, et que feignoient d'admirer ceux qui n'avoient point d'enfans.

CHAPITRE III.

Assassinat du libraire Palm, à Brannau. Proclamation du prince de la Paix, en Espagne. Signes précurseurs d'une quatrième coalition. Manifeste du cabinet prussien. Premières hostilités. Bataille et victoire d'Iéna.

Depuis que les rênes du gouvernement avoient été remises entre le mains de Buonaparte, le temple de Mars n'avoit jamais cessé d'être ouvert. En 1800, à peine de retour d'Egypte, il s'étoit précipité sur l'Italie, et y avoit gagné la fameuse bataille de Marengo. Le général Moreau s'étoit illustré par celle de Hohenlinden. En 1801, les armées françaises, d'abord victorieuses sous les ordres du brave et habile général Kléber, vaincues ensuite sous le commandement de l'inepte Abdalla-Menou, s'étoient vues forcées d'évacuer l'Egypte, après avoir perdu la meurtrière bataille de Canope. La paix d'Amiens sembloit, en 1802, devoir donner quelque repos aux soldats français; mais quarante mille d'entre eux étoient allés périr à Saint-Domingue, sous le ter des nègres et les mortelles influences du climat. L'année suivante, le fléau de la guerre s'étoit rallumé avec la Grande-Bretagne, et cent mille hommes étoient rassemblés sur les côtes de France, prêts à être engloutis par les flots, ou à faire la conquête du pays ennemi. L'année 1805 avait été marquée par les triomphes d'Austerlitz et les désastres de Trafalgar. Après la paix de Presbourg, le continent pouvoit se promettre de respirer; mais à peine est-elle signée, que l'ambition et les ressentimens de Napoléon préparent une nouvelle guerre. Ses troupes ne sont point sorties d'Allemagne. L'année 1806 a parcouru la moitié de son cours, et les places fortes sont encore au pouvoir du vainqueur. Les peuples alliés ou neutres gémissent également sous sa domination. Les lois se taisent partout où ses généraux ont établi leur quartier-général. Le nom de *Palm* rappelle encore aujourd'hui cette odieuse tyrannie. Ce malheureux étoit libraire à Nuremberg : c'étoit une ville libre et impériale, où l'on pouvoit, sans offenser les lois, parler en faveur du corps germanique, et faire la guerre à l'ennemi, soit les armes à la main, soit par des écrits propres à exciter le courage des sujets de l'empire. Palm y rédigeoit une gazette. C'étoit un homme d'un esprit ardent, et fort attaché à son pays. Sa gazette étoit écrite toute entière dans les intérêts de l'Allemagne, et contre la France. Mais Nuremberg étant tombée au pouvoir des Français, Palm se trouva exposé à tout le ressentiment de Buonaparte. Il n'étoit coupable d'aucun délit envers lui ; il avoit usé du droit des gens, droit sacré chez tous les peuples civilisés ; mais l'âme de Napoléon n'étoit pas assez élevée pour mépriser l'injure d'un libraire. Par ses ordres, le malheureux fut enlevé de chez lui avec un de ses commis, un aubergiste et un marchand de vin, conduit à Brannau, traduit devant une commission militaire, et condamné à mort, avec ses trois compagnons d'infortune.

Le jugement étoit si odieux, que le maréchal Berthier ne voulut point en permettre l'exécution sans en référer à Napoléon. Mais il n'y trouva ni la pitié ni la générosité qu'il y cherchoit. Palm fut indignement assassiné ; les trois autres furent renvoyés à leur gouvernement respectif, pour y attendre le châtiment qu'on jugeroit à propos de leur infliger. L'Allemagne frémit à cette nouvelle. La mort de Palm laissa des impressions profondes, et des souvenirs qui se retrouvèrent plus tard. On a vainement cherché, dans les écrits venus de Sainte-Hélène, à justifier cet acte de tyrannie. C'est une des taches qui flétriront éternellement la mémoire et les lauriers de Buonaparte.

Tandis qu'il signaloit ainsi ses ressentimens sur un individu, il préparoit en Allemagne une vengeance plus éclatante. Il n'avoit point perdu la mémoire du traité que le cabinet de Berlin avoit fait l'année précédente contre lui. Il croyoit voir encore l'épée de l'empereur Alexandre et celle du roi de Prusse se croiser sur le tombeau du grand Frédéric, pour se jurer une alliance éternelle contre la France. Mais, aussi habile à dissimuler ses passions qu'à les satisfaire, il avoit couvert d'un voile épais le ressentiment qu'il en gardoit, et retardé sa vengeance pour la mieux assurer. Il falloit trouver, avant tout, des intelligences à la cour et dans les camps du roi de Prusse, comme il en avoit trouvé dans les camps et à la cour de l'empereur d'Autriche. Il vouloit frapper d'une manière terrible, mais frapper à coup sûr. Jamais peut-être il ne dissimula plus savamment; jamais il ne trompa son ennemi avec plus d'apparence de bonne foi et d'amitié.

Prêt à attaquer son ennemi, il s'en fit le défenseur. La coalition accusoit Frédéric-Guillaume de l'avoir abandonnée, après s'être attaché à elle par des sermens ; Buonaparte entreprit sa justification. Instruit que la Prusse, justement effrayée, préparoit ses moyens de défense, il affecta la confiance la plus entière dans la sincérité du roi, dans sa prudence et ses dispositions amicales. Les journaux français étoient remplis d'apologies, quand déjà la Prusse entière voloit aux armes, quand ses jeunes guerriers se vantoient publiquement de ravir bientôt au vainqueur d'Austerlitz les lauriers qu'il venoit de cueillir. Les théâtres de Berlin retentissoient d'hymnes de guerre, les feuilles publiques et le célèbre Kotzebuë, se forgeant des triomphes imaginaires, insultoient d'avance au vaincu : et les discours de Buonaparte ne respiroient que paix et bienveillance. Il se paroit d'une modération qu'on auroit admirée, si l'on eût moins connu le fond de son cœur, et son savoir profond dans l'art de cacher ses desseins. Mais tandis qu'il feignoit la plus profonde sécurité, il aiguisoit ses armes en silence ; et ses troupes, qui sembloient immobiles en Allemagne, n'attendoient que le signal du réveil.

Rien n'est plus propre à faire connoître le naturel de Napoléon et les ressources de sa duplicité, que le jeu de déception auquel il se livra alors avec le cabinet de Berlin et ceux de l'Europe. Sa politique se couvroit successivement de mille couleurs opposées et diverses ; les notes en apparence les plus contradictoires se succédoient rapidement, ou dans ses propres journaux, ou dans ceux qu'il salarioit à l'étranger ; et l'on doit observer ici que ces notes n'étoient que la copie fidèle de ses entretiens avec les agens diplomatiques de la Prusse et des autres cours. M. de Metternich venoit d'arriver à Paris, comme ambassadeur d'Autriche. Ce ministre, devenu depuis l'arbitre des destinées de l'Europe, étoit, comme les autres, le jouet de la politique artificieuse de Napoléon.

Si l'on se plaignoit que le roi de Prusse, après être entré dans la coalition, l'avoit non seulement abandonnée, mais qu'il avoit pris les armes contre l'empire germanique, et s'étoit emparé de l'électorat de Hanovre, Buonaparte répondoit que le roi de Prusse avoit prouvé, par cette conduite, ses intentions pacifiques ; et que, dans la nécessité ou de s'armer contre la France, ou de conserver son amitié en entrant dans quelques-unes de ses vues, il avoit pris le parti le plus sûr ; qu'en chassant les Suédois de l'électorat de Hanovre, il avoit bien servi une nation brave et malheureuse contre le gouvernement d'un petit souverain en délire.

Mais à peine avoit-il publié ces éloges, qu'il faisoit attaquer le même prince dans des lettres qu'on supposoit écrites en Allemagne, et qui avoient été rédigées à Paris. Ainsi on faisoit venir de Hambourg une diatribe violente contre le cabinet de Berlin. Après lui avoir reproché ses préparatifs de guerre, on rendoit compte de ses relations avec l'Angleterre, de ses liaisons avec la Russie, des engagemens qu'il avoit contractés avec la coalition. On y demandoit quelles étoient ses espérances, quels étoient ses griefs. On y disoit que Napoléon avoit tout connu, tout pardonné; qu'à l'époque où la coalition avoit déployé ses drapeaux à Austerlitz, les soldats français ne désiroient rien tant que de rencontrer une armée prussienne; qu'après les sanglantes défaites de la coalition, la Prusse restoit sans appui; que Napoléon étoit le maître de son sort, et qu'il pouvoit répéter le mot du grand Frédéric, lorsqu'il abaissa la Saxe : *Je trouverai dans le palais de l'électeur le traité qui le lie contre moi;* mais qu'il avoit dédaigné de visiter les archives de Berlin ; et que, dans la générosité de son cœur, il avoit mieux aimé tout imputer à un ministre coupable et mercenaire, et sauver ainsi les États et l'honneur du roi de Prusse. « En le renversant, « ajoutoit l'auteur de cette diatribe, Napoléon « eût satisfait le ressentiment de deux grandes « puissances qui comptoient sur lui, et qu'il eut « la perfidie d'abandonner. La Prusse s'est ac- « crue d'une province qu'elle convoitoit ; n'est- « pas assez pour ses mérites ? Napoléon n'a « pas coutume d'encourager par des primes « le machiavélisme des cours. La Prusse di- « roit-elle à la Suède : Je m'unis à vous parce « qu'on ne m'a pas assez donné pour vous en- « gager dans une guerre désastreuse, et vous « abandonner ensuite ? »

Cette lettre insultante venoit d'être répandue dans le public, lorsque Napoléon en fit publier une réfutation dans une des feuilles de Paris. On reprochoit au publiciste de Hambourg d'avoir inséré dans sa lettre des assertions hasardées. Rien ne prouvoit, disoit-on, que la Prusse se fût engagée dans la troisième coalition. Il n'y avoit aucun motif de division entre la Prusse et la France. L'empereur ne tiroit jamais l'épée sans avoir fait connoître ses motifs à la nation. M. de Knobelsdorf, qui venoit d'arriver de Berlin à Paris, y avoit été bien accueilli, au moment où l'on faisait des préparatifs de guerre en Prusse; le général Mœllendorf, et plusieurs ministres du roi, portoient la santé de Napoléon dans une réunion chez M. de Laforest. On parloit ensuite de la gazette de Bayreuth. Elle étoit, disoit-on, remplie tous les jours de déclamations et d'outrages contre la France; mais elle étoit tombée dans un tel mépris, qu'il étoit probable que le roi en ignoroit l'existence.

On avoit chanté sur le théâtre de Berlin, et répété dans la gazette officielle, des couplets insultans pour le chef du gouvernement français. Mais que lui importoient des chansons? Il falloit y répondre par d'autres chansons.

La Prusse, disoit-on encore, n'a fait, depuis 1740, d'autre métier que de trahir la France, et même tous les Etats; elle s'est engagée, encore tout récemment, dans la troisième coalition; mais ce sont des souvenirs qu'il faut étouffer, dans la crainte de susciter ou d'entretenir des haines. On a vu, ajoutoit l'auteur de cette machiavélique apologie, le maréchal Duroc arriver à Berlin, et la cour de Prusse armer aussitôt contre la Russie; on a vu des ministres russes se rendre ensuite à Berlin, et la cour de Prusse armer aussitôt contre la France. A la même époque, M. de

Haugwitz s'est rendu auprès de l'empereur d'Autriche, et s'en est retourné satisfait ; il s'est rendu ensuite à Vienne, auprès de l'empereur des Français, et s'en est retourné satisfait. Un mois après, on l'a vu à Paris ; on y voit maintenant M. de Knobelsdorf et M. de Luchesini ; mais le motif de ces allées et venues est resté un problême pour le public. Tout ce qui concerne la France et la Prusse est constamment renfermé dans le secret des deux cabinets. Si le roi de Prusse se détermine à la guerre, c'est qu'il aura, de nouveau, été trompé par ceux qui précédemment ont fait insulter l'hôtel de M. Haugwitz, et, depuis ce temps, ne cessent de tourmenter la cour par leurs intrigues.

Ces derniers traits s'adressoient à M. Hardenberg, dont Napoléon n'avoit jamais pu ébranler la fidélité. Ce ministre, l'un des hommes les plus habiles de son temps, avoit déployé dans plusieurs occasions une noble fermeté ; et lorsque Napoléon se permit, en 1805, de violer le territoire de Prusse, en faisant marcher ses troupes par le pays d'Anspach, il avoit remis au général Duroc une note d'une grande énergie, où il se plaignoit également et de cette violation et des raisons qu'on apportoit pour la justifier. La cour de Prusse étoit alors partagée par deux partis : l'un, brave et fidèle, fortement opposé à l'ambition de Buonaparte, et à la tête duquel se trouvoient la reine et M. de Hardenberg; l'autre, foible, indécis, peut-être corrompu, que dirigeoit le comte de Haugwitz. Les relations de ce dernier avec Buonaparte, les témoignages de confiance et d'amitié qu'il en recevoit, le rendoient fortement suspect aux hommes de cœur, qui mettoient avant toute considération l'honneur et la sécurité de leur pays. On ne pouvoit se dissimuler que la politique de M. de Haugwitz, ses ménagemens pour Napoléon, n'eussent essentiellement compromis les intérêts de la Prusse et du continent tout entier. On ne pouvoit lui pardonner d'avoir détourné le roi de venger ses propres injures, en secondant le mouvement général de l'Europe contre l'ambition démesurée de l'empereur des Français; et dans une émeute populaire, son hôtel avoit été insulté et ses vitres cassées. M. Lombard étoit encore plus suspect que lui; et les esprits prévoyans et soupçonneux trembloient d'avance sur les résultats de la guerre qui étoit prête à s'allumer.

Après la bataille d'Austerlitz, lorsque tout paroissoit perdu pour l'Allemagne, M. de Hardenberg avoit eu une de ces idées fortes et heureuses qui pouvoient encore tout réparer : il avoit envoyé au cabinet britannique une note où il lui garantissoit la remise et la possession de l'électorat de Hanovre, à condition que l'Angleterre y feroit passer assez de troupes pour prêter assistance à la Prusse, dans le cas où elle seroit attaquée par la France. Mais en ce moment même, le comte de Haugwitz négocioit à Vienne avec Napoléon ; et sans rendre compte à la cour de Prusse des progrès de ses conférences, il venoit de signer un traité dont on n'eut connoissance à Berlin que trois jours après le départ de la note de M. de Hardenberg. Ce défaut d'intelligence entre les ministres du roi de Prusse, le compromit aux yeux de toutes les puissances ; l'Angleterre et la France se crurent également jouées. M. de Hardenberg, vivement accusé par Napoléon, se retira dans ses terres. M. de Haugwitz entreprit de négocier encore ; son séjour à Paris, et celui de M. Lombard, excitèrent de vives inquiétudes parmi les plus fidèles Prussiens. Les notes de Buonaparte, dans les journaux, jetoient le trouble dans les meilleurs esprits, et faisoient, non sans raison, soupçonner quelques trahisons secrètes. La Prusse, suspecte à tous les cabinets, se trouva seule exposée aux coups d'un ennemi avide de conquêtes, et qui n'avoit besoin que d'un prétexte pour recommencer les combats. Alors on pensa sérieusement à se défendre; et M. de Haugwitz, après avoir été l'objet des complaisances de Napoléon, reçut bientôt sa part de mépris et d'insultes. La reine elle-même, cette jeune princesse si belle, si spirituelle, si digne d'égards, et par son rang, et par son sexe, et par toutes ses qualités, ne fut point à l'abri de l'outrage.

« Le roi de Prusse, disoit Napoléon dans
« un article envoyé à la *Gazette de Franc-*
« *fort;* est l'un des plus honnêtes hommes de
« la cour; il est fort éclairé sur les intérêts de
« la monarchie; il aime et désire la paix; mais
« ce n'est pas lui qui a le plus de crédit. M. de
« Haugwitz veut la paix, mais c'est un homme
« sans caractère et sans fermeté. M. Lombard
« veut la paix, mais son crédit est trop borné;
« il ne s'étend que sur le roi. Le duc de Bruns-
« wick et le général Mœllendorf veulent la
« paix, mais ils n'ont pas assez de force pour
« faire prévaloir leur opinion.

« Qui donc veut la guerre? Il faut placer à
« la tête du parti qui la désire, la reine,
« femme aimable et jolie, mais légère et in-
« considérée, qui se croit plus d'esprit que
« son mari, et qui est excitée par ses parens,

« peut-être aussi par son affection pour les
« Russes. Presque toutes les femmes de la
« cour se pâment au souvenir de l'empereur
« Alexandre; et presque toutes, à l'exemple
« de leur souveraine, sont animées d'une bel-
« liqueuse ardeur.

« Quel personnage fut, en France, la pre-
« mière cause de la révolution? Une femme.
« Quel autre vient d'être, à Naples, la cause
« de la ruine de sa maison? Quel autre, à
« Londres, est la cause de la continuation de
« la guerre? Ce sexe inconséquent et léger,
« aussi capable de préventions et de passions
« que peu susceptible de calcul, ne voit l'a-
« bîme que quand il est creusé. Alors il pleure,
« il gémit; mais dans les contestations poli-
« tiques, les pleurs sont de foibles armes. Si
« la reine de Prusse est à la tête du parti qui
« veut la guerre, nous craignons d'avoir à pré-
« dire que de si beaux yeux ne tarderont pas à
« se fondre en larmes.

« Voilà donc le spectacle que présente la
« Prusse : une reine jeune et belle qui de-
« vroit être un ange de conciliation et de
« paix, et qui est un agent de discorde et de
« guerre; un roi rempli de sagesse et de pro-
« bité, mais qui ne développe point le ca-
« ractère d'un monarque; un premier minis-

« tre éclairé, mais serviteur sans courage. »

Il falloit connoître toute la profondeur du caractère de Napoléon pour pénétrer le véritable sens de ces articles : à l'entendre, il ne vouloit que la paix; il n'ambitionnoit que le repos et le bonheur de l'humanité; il gémissoit de l'aveuglement de ses ennemis; il se plaignoit d'être entraîné de nouveau dans les combats; mais en secret il préparoit tout pour allumer le feu de la guerre, endormir la vigilance de son ennemi, le surprendre, s'il pouvoit, pénétrer dans les secrets de son cabinet, lui dérober ses plans de campagne, corrompre la fidélité de ses généraux. Quand il se crut assez avancé pour combattre avec avantage, il ne dissimula plus rien; il se vanta, jusque dans ses feuilles officielles, de connoître d'avance tous les mouvemens ennemis, tous les secrets, toutes les délibérations des conseils de Berlin. Le 23 septembre, il protestoit de ses dispositions pacifiques : il publioit que la Prusse n'avoit rien à démêler avec la France; que l'amitié des deux cabinets ne seroit point troublée; et deux jours auparavant, il requéroit la confédération du Rhin de lui fournir le contingent auquel elle s'étoit obligée, et s'engageoit lui-même à marcher à la tête de trois cent mille hommes. Le même jour, les régimens de la garde se rendoient en poste sur le Rhin; et dès le mois d'août, un supplément de cinquante mille conscrits avoit été demandé au sénat, et accordé aussitôt. Il est vrai que des deux parts on étoit loin de procéder de bonne foi. La Prusse vouloit gagner du temps pour recevoir les secours de la Russie; elle n'avoit reconnu qu'à regret la confédération du Rhin; elle avoit essayé, mais inutilement, d'en établir une dans le nord de l'Allemagne; elle s'étoit empressée, en apparence, de reconnoître le roi de Hollande, le roi d'Espagne, mais avec l'espoir de les méconnoître bientôt. Les troupes russes marchoient en effet, et l'on attendoit le prince Constantin à Berlin; la Suède et l'Angleterre, réunies à cette nouvelle ligue, devoient également coopérer à ses succès. On avoit essayé d'y faire entrer l'électeur de Saxe et celui de Hesse; mais ils avoient refusé l'un et l'autre de prendre part à cette lutte périlleuse. Les plus anciens et les plus habiles généraux de la Prusse devoient commander l'armée; le vieux maréchal de Mœllendorf étoit à Magdebourg; le duc de Brunswick, déjà connu par des succès militaires, s'en promettoit de nouveaux; les princes Henri et Guillaume, frères du roi, commandoient chacun une brigade; tous les Prussiens brûloient d'une fièvre guerrière. Telles étoient les dispositions des esprits, lorsque, le 1er octobre, Napoléon passa le Rhin. On observa que l'année précédente il l'avoit passé le même jour pour aller combattre la troisième coalition. Il avoit avec lui son frère Jérôme, proclamé prince depuis quelques jours, et les généraux Duroc, Caulaincourt, Clarke et Savari. Quatre jours auparavant, tous les corps de la grande armée, en Souabe et en Bavière, avoient reçu l'ordre de se mettre en mouvement, et de venir le rejoindre. L'armée entière se composoit de sept corps aux ordres des maréchaux Bernadote, Lannes, Davoust, Ney, Soult, Augereau, Lefebvre. Un huitième corps se formoit sous les ordres du maréchal Mortier, aux frontières de la Westphalie. On remarquoit en France un mouvement militaire extraordinaire. On avoit appelé à l'armée une partie de l'école de Fontainebleau et de l'école polytechnique; les gardes nationales se réorganisoient sur tous les points de l'empire. On évaluoit à près de trois cent mille hommes les forces totales de l'armée française et de ses alliés; quarante mille Hollandais se réunissoient sur les frontières de la Hollande, et le roi avoit décrété l'établissement de la milice bourgeoise. L'armée prussienne étoit forte de deux cent trente mille hommes, bien équipés, bien armés, et les mieux exercés de l'Europe. Ils étoient commandés par le roi en personne, et les généraux Mœllendorf, de Brunswick, Ruchel, Blücher, de Hohenlohe, tous réputés habiles dans l'art de la guerre. La jeune reine elle-même s'étoit montrée au camp, et n'avoit rien oublié pour animer l'ardeur des soldats. Le 21 septembre, elle avoit passé en revue le régiment de dragons qui portoit son nom, et donné un splendide dîner à tous les officiers de ce corps. Deux jours après, le roi avoit quitté Berlin, et confié le gouvernement provisoire de la capitale au comte de Schulembourg. Enfin, telles étoient les dispositions belliqueuses, qu'on aurait pu craindre que la guerre ne devînt nationale; mais l'or de Buonaparte et ses espions avoient opéré avec tant de succès, qu'il étoit sans inquiétude. Et ce n'étoit plus par une vaine jactance qu'il continuoit de faire annoncer dans ses journaux qu'il connoissoit d'avance tous les mouvemens de l'armée ennemie. Cette assurance jetoit le trouble dans les conseils, et l'indécision dans les marches de l'armée et les plans de campagne. Les étudians de l'université de Halle ayant demandé la permission de suspendre leurs cours pour prendre les armes et se former en corps de hussards. Buonaparte en fit des dérisions, et publia dans ses gazettes que ceux d'entre eux qui seraient faits prisonniers seroient fouettés par ses grenadiers. Fidèle à sa duplicité diplomatique, lorsque les deux armées n'étoient plus séparées que par le Mein et la Rednitz, il parloit encore de paix; M. de Laforest restoit à Berlin, entretenant des conférences avec M. de Haugwitz. La crainte qu'inspiroient aux puissances inférieures de l'Allemagne les parties belligérantes, augmentoit des deux parts leurs alliés. L'archiduc Ferdinand, frère de l'empereur d'Autriche, et souverain de Wurtzbourg, entra dans la confédération du Rhin, sous le titre de *grand-duc;* le roi de Saxe, voyant ses Etats envahis par l'armée prussienne, se soumit à mettre ses troupes sous les ordres du prince de Hohenlohe. Depuis l'assemblée des Juifs à Paris, Buonaparte avoit pour auxiliaires tous les Israélites d'Allemagne, alliance moins méprisable qu'on pouvoit le croire; cinq mille étoient venus au-devant de lui à Francfort. Sa protection avoit déjà contribué à l'adoucissement de leur sort, et leur avoit valu des faveurs auxquelles ils n'étoient point accoutumés. Dans plusieurs villes, on leur avoit permis de se montrer sur les promenades.

Le 6 octobre, Buonaparte étoit à Bamberg, et le roi de Prusse à Gotha, avec le comte de Haugwitz et le duc de Brunswick. Tout s'apprêtoit pour un coup décisif; mais il falloit auparavant remplir les formes d'usage. Le 9, le roi de Prusse publia son manifeste contre Napoléon. Il y exposoit les empiétemens successifs de son ennemi, ses prétentions excessives, son insatiable ambition, sa marche rapide d'usurpations en usurpations; il lui reprochoit avec justice d'avoir voulu, de concert avec la Russie, rétablir le royaume de Pologne, et le dépouiller de la Silésie. Mais le prince justifioit mal la politique tortueuse de son propre cabinet. Il ne pouvoit se défendre du reproche d'avoir lui-même, par intérêt ou par foiblesse, contribué à l'agrandissement de Buonaparte, au détriment de l'empire germanique, et de s'être exposé, par ses fréquentes tergiversations, à se trouver seul et sans appui en présence d'un ennemi qui savoit combattre et vaincre, et préparer la victoire autant par les combinaisons de la ruse et l'art de la corruption, que par l'habileté de ses plans, l'expérience de ses généraux et le courage de ses soldats. Le roi de Prusse s'étoit réconcilié avec l'Angleterre; il se flattoit d'avoir pour alliées la Suède et la Russie, et d'obliger tous les princes de Saxe à joindre leurs armes aux siennes. Mais l'alliance de la Suède étoit incertaine : cette puissance ne pouvoit oublier que la Prusse s'étoit montrée prête à la dépouiller de ses possessions en Poméranie, si ses relations avec la France n'eussent pris une direction différente. L'état de ses forces ne lui permettoit aucune entreprise hardie; elle étoit d'ailleurs observée et contenue par le Danemarck, qui, fidèle à son système de neutralité, avoit couvert le Holstein, et mis ses troupes en mouvement pour maintenir son indépendance.

Les armées russes étoient encore trop éloignées pour porter à la Prusse un secours efficace. L'empereur avoit à la vérité exposé ses griefs contre la France, dans une proclamation répandue à Saint-Pétersbourg; mais une proclamation ne valoit pas cent mille hommes qu'on attendoit, et qui ne pouvoient arriver qu'au mois de novembre.

Le roi de Prusse se trouvoit donc réduit à ses propres forces, lorsque les premières hostilités commencèrent; et ce fut le jour même où il publioit son manifeste, que ses troupes se trouvèrent engagées avec une partie de l'armée française, à Schleitz, capitale de la petite principauté de Reuss, entre l'électorat et les duchés de Saxe.

Mais avant d'entreprendre le récit des évènemens militaires, il est à propos de rendre compte des actes diplomatiques qui les avoient précédés. Après le départ de M. de Haugwitz, le général Knobelsdorf et le marquis de Luchesini avoient été successivement chargés par le roi de Prusse de suivre les négociations entamées à Paris. Le général étoit porteur d'une lettre du roi, d'une nature toute amicale. Leur conduite et leurs intentions parurent très-pacifiques. On s'étonna de le voir partager assez publiquement les idées de Napoléon sur les causes de la guerre qui paroissoit inévitable. M. de Talleyrand ayant, dans une note, demandé des explications sur les motifs qui engageoient Sa Majesté prussienne à prendre les armes, le général Knobelsdorf déclara franchement que la guerre n'étoit nullement dans le cœur du roi; qu'il étoit loin de vouloir rompre ses relations avec la France; mais que la cour étoit travaillée par les ennemis communs de la France et de la Prusse. Il ajouta que M. de Luchesini et lui avoient rendu compte à leur souverain des conférences qu'ils avoient eues avec l'empereur lui-même et son ministre des affaires étrangères;

qu'ils ne doutoient point que leur rapport ne fît une profonde impression sur le roi, et qu'ils prioient Sa Majesté impériale et royale de vouloir bien attendre sa réponse.

Les dates de ces communications diplomatiques méritent quelque attention. Le 20 septembre, les ministres prussiens continuoient d'annoncer, de la part du roi, les dispositions les plus amicales; et le 23, ce prince se rendoit à son armée. Il paroissoit décidé à soutenir son projet de former au nord une confédération semblable à celle du Rhin; et quoique Napoléon eût traité ce projet de la plus insoutenable et de la plus ambitieuse prétention (ce qui révéloit suffisamment ses vues ultérieures sur la Prusse), on continuoit toujours à parler d'arrangemens.

Enfin il fallut des deux parts s'expliquer nettement; car Buonaparte, instruit de tout ce qui se passoit à Berlin, régloit ses déterminations sur celles du prince. Informé qu'il devoit quitter sa capitale le 24 septembre, il choisit le même jour pour quitter la sienne, et laissa M. de Talleyrand échanger des notes avec le général Knobelsdorf.

La dernière étoit décisive : « Pendant neuf
« ans, disoit-il, Sa Majesté prussienne a été
« l'amie constante, et souvent partiale, de la

« France, qu'elle auroit pu perdre. Mais ni sa
« neutralité, ni son amitié, ni son alliance
« même n'ont pu assurer sa tranquillité. La
« Prusse est aujourd'hui sans garantie; le roi
« ne voit autour de lui que des troupes fran-
« çaises, ou des vassaux de la France prêts à
« marcher avec elles. De nouvelles troupes s'é-
« branlent dans l'intérieur de la France. Les
« journaux de la capitale se permettent un
« langage dont le roi peut mépriser l'infamie,
« mais qui n'en prouve pas moins ou l'inten-
« tion ou l'erreur du gouvernement qui le
« souffre. »

Le ministre prussien demandoit donc que Napoléon rassurât le roi son souverain sur ses intentions; et pour y parvenir, il exigeoit impérativement 1° que les troupes françaises, qu'aucun titre fondé n'appeloit en Allemagne, repassassent incessamment le Rhin, toutes sans exception, et qu'elles commençassent leur retraite le 8 d'octobre, jour où la réponse de l'empereur des Français devoit arriver à Sa Majesté prussienne; qu'elles la continuassent sans s'arrêter, ni laisser aucun corps en arrière; 2° qu'il ne fût apporté aucun obstacle à la formation de la ligue du nord, seul moyen de donner une garantie à la Prusse; enfin qu'on ouvrît une négociation pour régler définitivement tous les points qui pourroient rester en contestation.

Tandis que M. de Knobelsdorf rédigeoit cet ultimatum, les publicistes d'Allemagne ne s'oublioient pas. Le roi de Prusse fit répandre dans tous les Etats du nord un écrit plein de force, où il leur démontroit qu'il n'y avoit de salut pour eux qu'en faisant cause commune avec lui. M. de Knobelsdorf avoit remis sa note le 1er octobre, et ce jour-là même Napoléon passoit le Rhin; il indiquoit le 8 comme le jour où le roi de Prusse devoit recevoir la réponse de la France, et le 6, Napoléon adressoit une proclamation à son armée pour lui annoncer de nouveaux combats; le 7, M. de Laforest ayant demandé des passeports pour lui, le gouvernement prussien lui en avoit envoyé pour toute la légation française; le 9, les hostilités commençoient entre les deux armées; et le 10, Buonaparte invitoit les Saxons, dans une adresse énergique, à quitter les drapeaux du roi de Prusse pour les siens. « Les Prus-
« siens viennent vous opprimer, je viens vous
« délivrer; votre souverain vouloit la paix,
« les Prussiens l'ont forcé de faire la guerre :
« je viens le venger de cet outrage. »

Sa proclamation à son armée étoit remarquable par plusieurs de ces traits d'une éloquence militaire qui lui étoient familiers.

« Le même esprit de vertige qui précipita
« autrefois les Prussiens en Champagne les
« agite de nouveau. Depuis deux mois ils ne
« cessent de provoquer l'armée française. Les
« insensés! ils osent exiger de moi que vous
« repassiez le Rhin sans délai, sans vous ar-
« rêter !

« Soldats, il n'est aucun de vous qui veuille
« retourner en France par un autre chemin
« que par celui de l'honneur ; nous ne devons
« y rentrer que sous des arcs de triomphe.
« Marchons, puisque la modération ne peut
« rien sur notre aveugle ennemi; allons lui
« rappeler la Champagne, sa défaite et sa
« honte ! »

Cependant le sénat n'avoit encore reçu aucune communication officielle, et le sang couloit depuis plusieurs jours, lorsqu'enfin l'archichancelier vint lui remettre une lettre de Napoléon, et lui exposer les motifs qui l'avoient engagé à tirer l'épée. Deux jours après, un bulletin de la grande armée annonça l'ouverture de la campagne. C'était une espèce de manifeste où Buonaparte exposoit tous ses griefs contre la Prusse, et se plaignoit de la duplicité du roi et des intrigues de la reine : il la représentoit habillée en amazone, portant l'uniforme de son régiment de dragons, écrivant vingt lettres par jour *pour propager l'incendie,* et la comparoit à l'Armide du Tasse mettant le feu à son propre palais.

Mais il étoit loin de révéler les véritables causes de la guerre; et si l'on pouvoit, avec raison, accuser le cabinet de Berlin de fausseté dans ses négociations, on pouvoit, avec plus de raison encore, adresser le même reproche à Buonaparte. Le premier tort du roi de Prusse étoit d'avoir, dans des circonstances aussi difficiles, donné toute sa confiance à des conseillers incapables, peut-être même corruptibles. Ce prince, d'une rare probité, avoit une grande défiance de lui-même. Il s'abandonnoit trop facilement à des hommes que l'intrigue, plus que le mérite, avoit introduits dans ses conseils. Dans des temps ordinaires, il est sans doute de la sagesse de la Prusse de rester la fidèle alliée de la France, parce que c'est l'unique moyen qu'elle ait de se soutenir contre les puissances prépondérantes qui l'environnent. Mais le caractère et l'ambition de Buonaparte pouvoient lui permettre une politique différente; car il étoit également dangereux d'être son ami ou son ennemi. La Prusse se seroit peut-être montrée plus habile en se joignant à la troisième coalition, pour sauver l'indépendance du continent; elle tarda trop. Ses résolutions étoient si lentes, ses conseils si indécis, qu'elle commit une nouvelle faute lorsqu'elle s'engagea dans cette ligue avec la Russie. Elle ne sut point défendre son territoire; et le général Bernadote, en le violant, assura la prise d'Ulm et les triomphes ultérieurs de l'armée française.

Alors, effrayée de sa position, la Prusse engagea une suite de négociations, dont le résultat fut de la déshonorer sans la servir. Le traité de Vienne lui imposoit la cession d'Anspach, Bayreuth, Berg, Clèves, Neufchâtel et Vallengin, et lui remettoit en échange l'électorat d'Hanovre, que Napoléon déclaroit lui appartenir par droit de conquête. Ce traité, en la tirant d'un danger, la jetoit dans un autre : il falloit se mettre en guerre avec la Grande-Bretagne. Pour l'éviter, le cabinet prussien essaya d'ouvrir des négociations avec celui de Saint-James, et proposa de n'accepter l'électorat que provisoirement, et jusqu'à la paix générale. Mais Buonaparte n'étoit pas homme à souffrir des transactions. Il fallait subir, sans y rien changer, tout ce qu'il avoit imposé. Il ne considéroit plus la Prusse qu'avec mépris; et s'élevant au-dessus de toute pudeur, il n'hésita pas à proposer à l'Angleterre même de reprendre au roi de Prusse l'électorat d'Hanovre, si cette condition pouvoit amener la paix. Il fit plus, il consentit à lui enlever la Silésie, et à la donner à l'Autriche, pour rétablir le royaume de Pologne en faveur du grand duc Constantin. C'étoit pour le cabinet de Berlin le comble de l'humiliation. Il en fut instruit par M. de Luchesini; et ne voyant plus de salut que dans la guerre, il résolut alors d'agir de ruse à son tour, et de gagner du temps en amusant le cabinet de Saint-Cloud par de vaines offres de paix. Ce fut la mission qu'il confia au général Knobelsdorf, homme agréable à Buonaparte, mais simple, et qui venoit pour tromper, lorsqu'il étoit lui-même la dupe et de Buonaparte et de son propre cabinet. D'ailleurs, Napoléon et Talleyrand étoient plus habiles que ceux qui l'envoyoient. Buonaparte ne se contentoit même pas de l'habileté de ses ministres; il avoit à sa cour des hommes exercés dans l'art de l'intrigue et de la ruse, qui lui traçoient les moyens de tromper l'ennemi, et lui soumettoient en confidence leurs plans de déception. Quand ils se virent prêts, toute négociation fut rompue. Nous n'avons plus maintenant à parler que de combats.

Les deux armées prêtes à se mesurer étoient dans des situations bien différentes. L'armée de Prusse se composoit, à la vérité, de cent cinquante mille hommes bien disciplinés, mais mal commandés. Elle se voyoit elle-même avec peine sous les ordres du duc de Brunswick, qui s'étoit fait, il est vrai, dans sa jeunesse, quelque réputation comme partisan, qui s'étoit ensuite acquis une assez haute faveur, dans les Cours, par les succès qu'il avoit obtenus contre les patriotes hollandais.

Mais une partie de cette gloire s'étoit éclipsée dans la célèbre campagne de 1792, en Champagne, où la forfanterie de son manifeste l'avoit rendu ridicule. Arrivé à la vieillesse, il étoit loin d'avoir la vigueur de corps et d'esprit qu'exigeoit l'importante campagne qu'il alloit commencer. Sa confiance égaloit la médiocrité de ses moyens; et quoique le roi, dans sa sagesse, eût ordonné que le plan de campagne fût discuté dans le conseil des plus habiles généraux, le duc de Brunswick s'obstina à le méditer seul, à s'envelopper de mystère, et n'appela à son conseil privé que le général Mœllendorf, M. de Haugwitz et M. de Luchesini. Ses premières dispositions furent désastreuses. Sans mesurer ses forces, sans songer même que le seul secours efficace sur lequel il pût compter étoit celui des Russes, il se flatta de tourner l'armée française, et de la couper du Rhin, s'éloignant ainsi, autant qu'il pouvoit, des alliés sur lesquels il devoit compter. Ces fautes ne pouvoient échapper à Buonaparte; il observoit, avec une secrète satisfaction, les mouvemens de son ennemi; et reconnoissant l'incapacité et l'indécision du général en chef, il se plaisoit à l'inquiéter par la variété de ses mouvemens, et à jeter la confusion dans ses idées; aussi les ordres les plus opposés et les plus contradictoires se succédoient-ils sans cesse dans l'armée prussienne.

Les Saxons étoient les seuls dont l'alliance avec la Prusse fût de quelque importance. Buonaparte savoit que le roi l'avoit contractée contre ses intérêts et son gré. Il essaya de l'en détacher en adressant aux Saxons une proclamation énergique, où il promettoit d'assurer leur indépendance, et de les élever à un degré de puissance qui les mît hors de toute influence de la part de la Prusse.

« Mes armées ne retourneront en France
« que lorsque la Prusse aura reconnu votre
« indépendance. Avec elle votre liberté seroit
« perdue : elle vous rayeroit de la liste des
« puissances. Les mânes de vos ancêtres, des

« braves Saxons, s'indigneroient de voir leur
« pays rabaissé jusqu'à devenir une province
« prussienne. Je viens pour vous venger. »

Ce ton d'assurance, que soutenoient deux cent mille hommes, les plus braves de l'Europe, commandés par un chef et des généraux dont l'habileté égaloit le courage, étoit de nature à ébranler la foi des peuples qui s'étoient, par crainte ou par intérêt, attachés à la Prusse. La proclamation produisit l'effet que Buonaparte s'en promettoit; et la Saxe n'attendit que le moment de se déclarer pour lui.

L'ultimatum du cabinet prussien exigeoit une réponse pour le 8 octobre : Buonaparte la lui fit en ordonnant, ce jour-là même, le premier mouvement de ses troupes.

Le centre de l'armée prussienne, que commandoient le duc de Brunswick, le maréchal Mœllendorf et le roi en personne, occupoit les environs d'Erfurth, de Weimar, de Gotha et d'Eisenach; son avant-garde, aux ordres du duc de Saxe-Weimar, étoit à Memmingen. La droite, sous le commandement du général Ruchel, s'étendoit vers Mulhausen; la gauche, sous celui du prince de Hohenlohe, ayant avec lui le général Taveinzein et le prince Louis de Prusse, occupoit Saalfeld, Schleitz, et quelques autres positions voisines. Dans cette situation, il est probable que si le duc de Brunswick n'eût point été prévenu par Buonaparte, il eût opéré de sa droite sur Francfort, de son centre sur Wurtsbourg, et de sa gauche sur Bamberg. Mais l'activité des Français déconcerta tous ses plans, et l'armée prussienne commit toutes les fautes qui, l'année précédente, avoient perdu l'Autriche : on laissa les différens corps de l'ennemi se réunir paisiblement, au lieu de les attaquer l'un après l'autre, et l'on se tint immobile. L'armée prussienne présentoit à la vérité un front qui sembloit inexpugnable; mais depuis long-temps Buonaparte avoit appris à tourner les positions; et si celle des Prussiens venoit à éprouver ce sort, l'ennemi, maître de ses magasins, l'enfermoit sans ressources dans un pays d'où elle ne pouvoit échapper que par la fuite.

Les Français marchoient en trois colonnes : la première, forte des corps des maréchaux Soult et Ney, et d'une partie de l'armée bavaroise, s'avança sur Hof; le centre, où se trouvoient le grand-duc de Berg (Murat), le prince de Ponte-Corvo (Bernadote) et le maréchal Davoust, s'avança sur Saalburg, et sur Schleitz, capitule de la très-petite principauté de Reuss; la gauche, composée des corps des maréchaux

Lannes et Augereau, marcha sur Cobourg et Saalfeld. Par ce mouvement, la gauche de l'armée prussienne, séparée du centre par un assez long intervalle, se trouva exposée à tout l'effort de l'armée ennemie. Dans cette position, les Prussiens, qui occupoient l'extrémité de la ligne, près d'Hof, se voyant près d'être coupés, se replièrent sur Schleitz avant que le maréchal Soult y arrivât, et abandonnèrent les magasins de cette ville à l'ennemi. Soult, suivi, à une demi-journée de marche, par Ney, arriva le 10 à Plaven, dans la Saxe. Le centre de l'armée passa la Saale à Saalbourg, et le 10 s'avança sur Schleitz, où se trouvoit un corps de dix mille Prussiens, sous le commandement du général Tauezein. Il fut attaqué vivement, enfoncé, et mis en déroute. La perte des Prussiens fut considérable. Les généraux Maison et Walther se distinguèrent; cette affaire fut conduite par le maréchal Bernadote. En même temps, Lannes attaquoit les avant-postes du prince de Hohenlohe, que commandoit le prince Louis de Prusse : l'action s'engagea des deux parts avec une extrême chaleur. Le jeune prince, emporté par une téméraire ardeur, avoit quitté le pont de la Saale, qu'il devoit garder, pour prévenir et combattre l'ennemi. Cette faute lui coûta la vie. Entouré de hussards français, il se battoit en désespéré; l'un d'eux lui ayant crié de se rendre, il répondit par un coup de sabre, le hussard riposta par un coup de pointe, et il tomba expirant. Deux de ses aides-de-camp périrent avec lui. Les Prussiens perdirent dans cette affaire trente pièces de canon, mille prisonniers, et laissèrent six cents hommes sur le champ de bataille.

Cette victoire rendit les Français maîtres de tous les magasins; ils prirent position entre l'armée ennemie, et les villes de Dresde et de Berlin. La nouvelle des défaites de Schleitz, de Saalfeld, et la mort du prince Louis, répandirent la consternation et le désespoir dans le camp prussien, tant on étoit loin de s'attendre à de semblables évènemens.

On craignit alors que le vainqueur ne se portât sur la Saxe, et ne s'emparât de Dresde. On se hâta de faire reconnoître les positions; mais tels étoient le peu d'ordre et l'aveugle sécurité qui régnoient encore dans l'armée, qu'un des coureurs envoyé à Naumbourg ayant rencontré un paysan qui l'assura qu'on n'avoit pas entendu parler des Français à Naumbourg, il revint sur ses pas, plein de sécurité. Le lendemain, les flammes qui dévoroient les magasins incendiés par les Français, firent connoître aux Prussiens leur véritable position. Il ne leur restoit plus qu'un parti à prendre, celui d'engager une action décisive qui leur ouvrît la route de leur propre capitale. On s'y prépara de part et d'autre.

L'armée française occupoit les bords de la Saale, et formoit une ligne de six heures de marche ; son centre étoit à Iéna.

Les Prussiens, qui avoient rassemblé toutes leurs forces sur un même point, étoient postés entre Weimar, Averstaedt et Iéna. Placés sur les hauteurs au-dessus de la Saale, ils sembloient tenir une position inexpugnable, le fleuve opposant aux Français une barrière insurmontable. Mais, par une inexplicable imprévoyance, les généraux prussiens s'étoient contentés de garder la grande route entre Iéna et Weimar, et avoient laissé libre le passage le plus important : le moindre sergent français n'eût pas commis une pareille faute. Buonaparte ne tarda pas d'en profiter : toute la nuit du 13 octobre fut employée à traverser le fleuve, et à y conduire de l'artillerie pour s'en assurer le passage ; et cette manœuvre fut exécutée avec tant d'habileté, d'ordre et de précision, qu'à la pointe du jour l'armée prussienne se vit attaquée dans une position qu'elle regardoit comme un fort inaccessible. Telle étoit sa sécurité, que les Français étoient à trois cents pas d'une de ses colonnes, qu'elle ne se doutoit pas de leur marche.

L'action commença par un feu très-vif de notre centre, lequel força les avant-postes de l'ennemi à se replier, et permit à notre armée de se déployer dans les plaines, et de se ranger en ordre de bataille. Cependant, la gauche des Prussiens, forte d'environ cinquante mille hommes, avoit été détachée pour s'emparer des défilés inexpugnables de Kœsen; mais déjà il étoit trop tard. Le maréchal Davoust s'en étoit rendu maître. et les défendit si bien, qu'après onze attaques différentes, les Prussiens furent obligés de se retirer en désordre sur Weimar. Un brouillard épais obscurcissoit le ciel; lorsqu'il fut dissipé, les deux armées se trouvèrent en face l'une de l'autre, à peine à la distance d'une portée de canon. Les Prussiens opposèrent leur centre à celui des Français. La gauche et le centre furent les deux seules divisions qui soutinrent d'abord le choc de l'ennemi; car la droite, commandée par le général Ruchel, et forte de douze mille hommes, ne parut que lorsque le centre fut totalement enfoncé; et l'avant-garde, aux ordres du duc de Saxe-Weimar, n'ayant reçu aucun ordre, étoit à Memmingen, et se trouvoit en arrière, à trente milles du champ de bataille.

Après divers mouvemens des Prussiens et des maréchaux français Lannes et Augereau, l'action devint générale. Alors on vit trois cent mille hommes, soutenus de sept à huit cents pièces d'artillerie, semer le carnage et la mort dans toutes les directions, et présenter la scène la plus terrible que puisse offrir la fureur humaine armée contre elle-même. L'infanterie prussienne soutint la mêlée avec courage et fermeté; elle manœuvroit comme un jour de simple revue; mais la cavalerie, à laquelle les fourrages manquoient depuis vingt-quatre heures, fatiguée, mécontente et découragée, ne répondit pas à son ancienne réputation, tandis que la cavalerie française chargeoit avec autant de bravoure que d'intelligence et d'activité. L'artillerie faisoit d'horribles ravages. Le plus intrépide n'affrontoit qu'en tremblant cette pluie de mitraille et de balles qui précédoit les colonnes ennemies. La précision et la rapidité des évolutions françaises déconcertèrent les bataillons prussiens; et la réserve de cavalerie et d'infanterie s'étant avancée, ils n'en purent soutenir le choc, et furent mis dans un si grand désordre, qu'ils battirent en retraite. Ils se rallièrent cependant, et attaquèrent avec un nouveau courage; mais une seconde réserve de grosse cavalerie et de dragons commandée par Murat, acheva la déroute. Rien ne put tenir contre elle; en vain les Prussiens se formèrent-ils en bataillons carrés, le sabre et le canon pénétrèrent partout; artillerie, cavalerie, infanterie, tout fut enfoncé : il ne resta plus à l'ennemi que la fuite. On ne sauroit peindre la confusion où il se trouva, car au moment où les fuyards s'efforçoient d'atteindre Weimar, l'aile gauche, battue par Davoust, se présentoit aux portes de la même ville, et les Français vainqueurs y arrivoient avec eux. On imagine facilement quel fut le désordre de cette fatale journée; le roi lui-même, entraîné dans la déroute, fut obligé de se jeter dans des chemins détournés, à la tête d'un petit corps de cavalerie. Il avoit été le seul de son conseil qui n'eût pas voulu la guerre.

Vingt mille Prussiens, tués ou blessés, restèrent sur le champ de bataille dans cette sanglante journée; trente mille furent faits prisonniers, et parmi eux vingt officiers généraux. Le duc de Brunswick et le lieutenant-général Scheimmettau furent blessés à mort. Trois cents pièces de canon et soixante drapeaux tombèrent entre les mains du vainqueur.

Les bulletins français portèrent notre perte totale à onze cents hommes tués et trois mille blessés; on n'eut à regretter aucun officier au-dessus du grade de général de brigade. Le duc de Brunswick ayant, au commencement de la bataille, reçu un coup de feu dans le visage, se fit transporter en litière à Brunswick; mais les Français l'y ayant suivi, il fut obligé, pour ne pas tomber entre leurs mains, de chercher un asile à Altona, où il mourut le 10 novembre suivant. Tel fut le sort de l'homme qui, en 1792, avoit rêvé la conquête de la France, et menacé de détruire de fond en comble sa capitale. Une excessive vanité, une tête étroite, un cœur ardent, une bravoure aveugle, telles étoient les qualités bonnes et mauvaises de ce général. Sa présomption l'avoit perdu en Champagne, elle le perdit encore à Iéna.

On a de la peine à concevoir les fautes que les Prussiens commirent dans cette malheureuse campagne. Les plus graves furent d'avoir négligé, la veille de la bataille, de s'assurer des inexpugnables hauteurs de Kœsen; de n'avoir pas même pensé à se faire soutenir par un corps de réserve; d'avoir laissé le duc de Saxe-Weimar avec seize mille hommes, sans instructions et sans ordres, à Memmingen, et de n'avoir entretenu aucune communication entre les deux divisions qui soutenoient l'effort du combat. Qui le croiroit ? Après la blessure et la retraite du duc de Brunswick, le centre de l'armée resta sans chef; on se battit sans ordre, sans méthode, sans aucune attention aux mouvemens de l'ennemi ; et lorsque la bataille fut perdue, les troupes n'ayant aucun point de ralliement indiqué par leurs généraux, se débandèrent à l'aventure dans toutes les directions, et tombèrent ainsi, sans moyens de défense, entre les mains des Français.

Un corps considérable sous les ordres du maréchal Mœllendorf et du prince d'Orange, se retira, à la vérité, en bon ordre, à Erfurth. Mais le lendemain, dès la pointe du jour, il s'y vit investi par le grand-duc de Berg; et le jour suivant il se rendit par capitulation : ce corps étoit de quatorze mille hommes. Cent vingt pièces de canon, d'immenses magasins, les bagages, les munitions, tout devint la proie du vainqueur. Le maréchal Mœllendorf, malade de ses blessures, fut traité avec les plus grandes attentions, et les égards les plus délicats : il appartenoit au parti de la paix. Il n'en fut pas de même de ceux qui s'étoient déclarés pour la guerre, et que Buonaparte appeloit la *faction de la guerre*. Le duc de Brunswick devint, dans les papiers français, l'objet des plus odieuses, et l'on peut dire des plus lâches insultes. Tous ceux qui tombèrent entre les mains du vainqueur, ou furent réduits à implorer sa clémence, ou furent traités avec une extrême rigueur. Napoléon ne pardonnoit pas la résistance.

Une autre division de Prussiens, sous les ordres du général Kalkreuth, essaya d'atteindre les montagnes de Hertz; mais elle fut prévenue, attaquée et défaite. Dans la déroute générale, les vaincus tournèrent leurs regards sur la forteresse de Magdebourg pour y chercher un refuge. Le prince de Hohenlohe, quoique blessé, ayant atteint cette forteresse, une foule de détachemens en désordre vinrent se rallier sous ses étendards. La garnison étoit d'environ douze mille hommes, mais trop mal approvisionnée pour recevoir de nouveaux corps et soutenir un siége. Par une inconcevable imprévoyance, on en avoit épuisé les magasins pour fournir des vivres à la grande armée lorsqu'elle se mit en campagne. Les maréchaux Ney et Soult, et le grand-duc de Berg, se mirent à la poursuite des vaincus sur la route de cette forteresse, et, dans la confusion générale, leur firent un grand nombre de prisonniers, leur enlevèrent une partie de leur artillerie, de leurs bagages et de leurs munitions.

Du côté de Weimar, le prince Eugène de Wirtemberg, qui se portoit en avant, de Custrin vers Iéna, au lieu de se replier à la nouvelle de la défaite, continua sa marche sur Halle; y fut attaqué par le prince de Ponte-Corvo, et défait avec une perte considérable. Cinq mille prisonniers, trente-quatre pièces de canon furent le prix de la victoire. Les Prussiens qui échappèrent mirent le feu au pont de Dessau, sur l'Elbe; mais les Français le rétablirent aussitôt, et arrivèrent assez promptement à Wittemberg pour en préserver le pont d'un sort semblable.

L'infortuné roi de Prusse, qui s'étoit conduit avec un rare courage pendant la bataille, arriva trois jours après à Charlottembourg, près de Berlin, continua sa retraite sur Custrin, de cette place sur Osterode, et d'Osterode sur Kœnisberg, où il resta jusqu'à la fin de décembre, sans pouvoir reparaître dans son armée.

Suspendons le récit de ces scènes de douleur, pour quelques particularités que l'histoire ne dédaignera pas.

Après la note impérative du général Kno-

belsdorf, Napoléon avoit écrit au roi de Prusse une lettre qui ne lui fut remise que le 14 octobre, à neuf heures du matin, lorsque l'action étoit déjà engagée. « Vous m'avez, lui
« disoit-il, donné rendez-vous au champ
« d'honneur pour le 8, je n'y ai pas manqué.
« Votre Majesté m'a enjoint d'évacuer l'Alle-
« magne, et m'a fixé le jour où mes armées
« dévoient repasser le Rhin; l'empereur des
« Français n'est pas accoutumé à recevoir de
« pareils ordres. Il montrera à l'Europe de
« quelle manière il y répond. Votre Majesté
« s'est laissé dominer par un parti aveugle qui
« veut la guerre; elle sera vaincue : car j'ai
« des forces telles, que la victoire ne sauroit
« balancer un moment. Votre Majesté aura
« compromis, sans ombre de prétexte, le re-
« pos de ses jours et l'existence de ses sujets.
« Elle traitera dans une situation bien diffé-
« rente. Mais je vous rends cette justice, sire,
« que vous avez mieux conçu ce qui leur étoit
« utile que vos propres conseils. Cependant le
« sang va couler; de grands désastres vont af-
« fliger de nouveau l'humanité. Votre Majesté
« peut encore les suspendre; c'est à elle de se
« décider. »

Cette lettre avoit été portée par le jeune Montesquiou, officier d'ordonnance.

On assure que le roi de Prusse se plaignit de l'avoir reçue trop tard, et qu'il dit : « Si elle m'eût été remise quelques heures plus tôt, peut-être aurois-je pu encore arrêter l'effusion du sang. »

Le général Schemmettau étoit le premier qui eût rédigé un mémoire pour engager le roi à prendre les armes. Il avoit été signé par le général Ruchel, le prince Louis de Prusse, le duc de Brunswick, le général Blücher, et présenté par la reine. On remarqua que le prince avoit péri la veille même de la bataille; que le général Schemmettau étoit mort à Weimar de ses blessures; que le duc de Brunswick avoit été blessé mortellement dès le commencement du combat; que le général Ruchel avoit été trouvé, par l'armée française, grièvement blessé dans un village; et que le général Blücher, coupé, comme on le verra bientôt, par le général Klein, n'avoit échappé que par artifice, en l'assurant qu'il existoit un armistice entre les deux armées.

On prétendit alors que les officiers français avoient en secret des ordres de s'attacher particulièrement à ces généraux. Il est certain qu'après la victoire, Buonaparte parla beaucoup trop de la Providence, qui s'étoit attachée à le venger de ses ennemis. Ce qui fit croire à beaucoup de personnes qu'il ne s'étoit pas refusé à l'aider. Napoléon vouloit la guerre autant que la cour de Prusse. Il recevait lui-même des mémoires ; le comte de Montgaillard lui en avoit présenté un où il entreprenoit de lui prouver que la Prusse ne tenoit à rien, et qu'elle tomberoit comme un château de cartes dès qu'on y toucheroit. Il est constant que ses ministres n'étoient pas de l'avis de rompre avec la Prusse, et qu'ils la regardoient comme un boulevard contre la Russie, et son roi comme l'allié naturel de la France. Ainsi, tandis qu'à Berlin le roi étoit le seul de son cabinet qui voulût la paix, en France, Napoléon étoit le seul de son cabinet qui voulût la guerre. Mais il avoit sans cesse présent à la pensée le serment de Postdam, et ne savoit pas renoncer à la vengeance.

Il ne sut point non plus faire le sacrifice de ses souvenirs envers le malheureux duc de Brunswick. Ce prince voyant les Français près d'entrer dans ses Etats, lui écrivit une lettre suppliante, où il le conjuroit d'avoir égard à ses souffrances, et de ne point traiter en ennemis ses sujets. Buonaparte lui répondit, en lui rappelant les vaines menaces qu'il s'étoit autrefois permises contre la capitale de la France : « Que diriez-vous, lui dit-il, si je

« faisois démolir et ruiner votre capitale de « fond en comble? Un général au service de « Prusse ne peut jamais être à mes yeux un « souverain. » Il finissoit cependant en l'assurant qu'on respecteroit en sa personne les droits de l'humanité. Mais ses Etats n'en furent pas moins confisqués, comme on le verra bientôt.

Lorsque Napoléon fut arrivé à Iéna, il observa du haut d'un monticule les dispositions de l'ennemi. La pente de ce monticule étoit trop roide pour qu'on pût y transporter du canon; cependant la position, quoique fort étroite, étoit importante. Napoléon employa toute la nuit à faire tailler un chemin dans le roc pour y monter de l'artillerie; lui-même bivouaqua. Les Prussiens, placés vis-à-vis, ne firent aucune attention à ces travaux; tant les Français leur paroissoient des ennemis peu dignes d'eux.

Les discours des généraux, la présence de la reine avoient exalté leur présomption au plus haut degré. Cependant jamais défaite ne fut plus prompte et plus désastreuse. Le roi lui-même avoit eu deux chevaux tués sous lui; peu s'en étoit fallu qu'il ne tombât entre les mains du vainqueur avec sa belle, mais trop imprudente compagne. Dans l'espace de quelques jours, de cent cinquante mille Prussiens, il en restoit à peine le tiers, dépourvu d'artillerie, de bagages, de munitions, et de vivres. Le prince de Hohenlohe et le général Blücher étoient les seuls qui tinssent encore la campagne. Grande et terrible leçon pour les chefs des Etats, quand ils se mettent au-dessus des lois de la prudence !

CHAPITRE IV.

Suites de la victoire d'Iéna. Occupation de Leipsick. Armistice entre l'armée française et les Saxons. Fuite et ruse du général Blücher. Occupation de Brandebourg. Prise de la forteresse de Spandau. Entrée de Buonaparte à Berlin. Défaite du prince de Hohenlohe. Prise de Stettin, de Custrin. Occupation des États de Hesse-Cassel. Prise de Lubeck. Reddition de Magdebourg.

NAPOLÉON, en annonçant sa victoire aux Français, avoit dit: *La victoire d'Iéna a lavé l'affront de Rosbach*. En effet, dès qu'il s'étoit vu maître de la plaine où s'étoit livrée, en 1757, la funeste bataille de ce nom, il s'étoit empressé de faire abattre et d'envoyer en France la colonne que les Prussiens avoient fait élever en signe de triomphe. Ces attentions flatteuses pour la gloire nationale tempéroient l'humeur des mécontens, et servoient à fortifier sa puissance. Les esprits les moins disposés pour lui faisoient une comparaison naturelle entre l'ancienne dynastie, qui perdoit des batailles, et le chef de la nouvelle, qui triomphoit partout.

Iéna étoit le seul nom qui retentit au milieu des acclamations et des fêtes qui suivirent cette fameuse victoire. Cependant l'Allemagne ne la connoît guère que sous le nom d'*Averstaedt :* c'est qu'en effet l'action fut plus long-temps disputée à Averstaedt. C'étoit là que le maréchal Davoust gardoit les défilés de Kœsen. Son corps étoit riche en infanterie, mais foible en cavalerie. Il ne commandoit que trente mille hommes, mais trente mille hommes d'élite. L'armée ennemie en présence de laquelle il se trouvoit, étoit forte de plus du double; elle se glorifioit de renfermer dans ses rangs le roi lui-même, et les généraux Mœllendorf et Kalkreuth, déjà célèbres; mais elle étoit commandée en chef par le duc de Brunswick, trop foible pour un pareil fardeau. Le général Blücher, qui s'y trouvoit aussi, ne s'étoit encore illustré par aucune action d'éclat; ce jour-là il combattit avec distinction, et rivalisa avec le général Kalkreuth. Le maréchal Davoust, soutenu des habiles généraux Friant, Gudin et Morand, répondit, avec une admirable fermeté, à l'effort de l'ennemi; et par son habileté à profiter de ses fautes, et ce sang-froid qui distingue les grands capitaines, il parvint non seulement à triompher du nombre, mais à jeter le désordre sur tous les points de cette grande division. Ce fut Averstaedt qui décida du sort de la bataille; mais Buonaparte, jaloux de s'en réserver toute la gloire, ne voulut lui garder que le nom de la position qu'il occupoit. Il se contenta de combler de ses faveurs celui qui venoit d'ajouter de si brillans lauriers à ceux qu'il avoit cueillis précédemment.

Bientôt Leipsick tomba entre les mains du même général. On y trouva quinze mille quintaux de farine, et pour 60 millions de marchandises anglaises : tout fut saisi; et Buonaparte, pour s'attacher davantage le soldat, ordonna que sur les draps trouvés dans les magasins, on donnât un uniforme complet à chaque officier, un habit et une capote à chaque soldat.

Les Saxons demandoient un armistice; il s'empressa de le leur accorder, mais n'en leva pas moins de fortes contributions sur leur pays, qui se trouva ruiné. La demande du roi de Prusse fut loin d'être accueillie de même. « J'ai
« trop souvent, répondit-il, accordé à mes en-
« nemis du temps pour réparer leurs forces et
« me combattre de nouveau; je ne veux plus
« être dupe de leurs artifices. »

Bientôt Postdam, enlevée par le maréchal Lannes, fut entre ses mains. Cette place étoit pleine de souvenirs. C'étoit l'ouvrage et le séjour chéri du grand Frédéric; c'étoit là que reposoient ses cendres, là qu'un an auparavant l'empereur de Russie et le roi de Prusse avoient fait serment, sur la tombe du prince, de s'armer contre Buonaparte. Quel triomphe pour lui de s'en trouver le maître! Il visita avec une sorte de respect le tombeau du monarque célèbre dont la Prusse s'enorgueillit, et fut étonné de n'y trouver qu'un simple cercueil de bois recouvert en cuivre, et sans aucun ornement. Il voulut se charger de dépouilles opimes, et fit enlever, pour en décorer l'hôtel et le dôme des Invalides, l'épée du prince, sa ceinture de général, son cordon de l'Aigle-Noir, et les drapeaux sous lesquels il avoit combattu dans la guerre de Sept-Ans. Sans-Souci étoit trop près pour qu'il ne fût pas curieux de le visiter. Il trouva ce séjour digne de sa réputation, et se plut même à en donner la description dans un de ses bulletins.

Chaque jour lui annonçoit une nouvelle heureuse. Le prince de Ponte-Corvo occupa Brandebourg. La célèbre forteresse de Spandau se rendit au maréchal Lannes après une première sommation. On y trouva une immense quantité d'artillerie, de munitions, de vivres. Buonaparte n'étoit qu'à sept lieues de Berlin; la terreur y étoit extrême, et les habitans si peu disposés à se défendre, que le maréchal Davoust étant encore à trois journées de marche, leur envoya l'ordre de préparer les logemens.

Buonaparte y entra le 25, précédé de sa garde à pied et à cheval, et suivi d'un détachement de cuirassiers. La ville fut illuminée le soir; et les personnages les plus illustres s'empressèrent de venir lui faire leur cour. Il y ordonna aussitôt la formation d'une garde nationale, à la tête de laquelle il plaça le prince de Hatzfeld, gouverneur civil de la ville. Il affecta avec le peuple une grande bonté, et avec les grands des manières dures et brusques. Le comte de Néale s'étant présenté à l'une de ses réceptions :

« Eh bien ! monsieur, lui dit-il d'un ton ir-
« rité, vos femmes ont voulu la guerre, en
« voici le résultat; vous devriez mieux conte-
« nir vos familles. » (Il faisoit allusion à une lettre de la fille de ce comte, où elle disoit :
« Si Napoléon ne veut pas faire la guerre,
« nous la lui ferons. ») « Non, je n'ai pas
« voulu faire la guerre; ce n'étoit pas que je
« me défiasse de mes moyens, j'en avois assez

« pour vous écraser ; mais le sang de mes en-
« fans m'est précieux. Ce pauvre peuple de
« Berlin en supporte toutes les charges, tan-
« dis que ceux qui ont provoqué et attiré tous
« ces malheurs se sauvent. Mais je rendrai cette
« noblesse de cour si petite, qu'elle sera obli-
« gée de mendier son pain. »

Puis se tournant vers le corps municipal :
« J'entends, ajouta-t-il, que l'on ne casse les
« vitres de personne. Mon frère le roi de
« Prusse a cessé d'être roi le jour où il a souf-
« fert que le prince Louis fût assez osé pour
« aller faire casser les fenêtres de son ministre.
« Il devoit le faire pendre. »

Quelques jours après, le prince de Hatzfeld
s'étant présenté à la tête de la nouvelle garde
nationale : « Je n'ai pas, lui dit-il, besoin de
« vos services ; ne vous présentez pas devant
« moi ; retirez-vous dans vos terres. »

A peine le prince étoit-il sorti, qu'on apprit qu'il étoit arrêté. On assuroit que l'on venoit d'intercepter des lettres de lui au prince de Hohenlohe, où il lui rendoit compte de tout ce qui se passoit à Berlin, et de tous les mouvemens militaires de l'armée française : espèce de trahison qui pouvoit le faire justement condamner, depuis qu'il avoit accepté des fonctions sous l'autorité de Buonaparte.

Sa femme, grosse de huit mois, vint se jeter aux pieds de Napoléon, persuadée que son mari n'avoit d'autre tort que d'être le parent et l'ami intime du comte de Schulembourg, que Napoléon haïssoit. Mais il lui montra les lettres, et lui dit : « Lisez : votre mari m'a « trahi ; il a joué un double rôle ; les lois de « la guerre sont inexorables. » La pauvre princesse étoit si troublée, qu'elle comprenoit à peine ce qu'elle lisoit : elle y voyoit des détails de guerre, et se trouvoit mal presque à chaque ligne. « Vous le voyez, dit Napoléon, « votre mari ne sauroit manquer d'être con- « damné ; la commission militaire est assem- « blée. » La princesse ayant jeté un cri d'effroi, Napoléon ému lui dit : « Vous avez entre « les mains les pièces de conviction, mettez- « les au feu ; je n'aurai plus de titre contre « lui. » Mme de Hatzfeld ne se fit pas répéter ces mots ; elle brûla les lettres, et son mari fut sauvé.

Ce fut ainsi que ce trait fut raconté dans les bulletins de Napoléon, et les lettres particulières de ce temps. Ce trait de magnanimité reçut alors les éloges qu'il méritoit. Il devint même le sujet d'un grand opéra joué à Paris sous le titre de *Trajan*. Mais si l'on en croit des révélations faites depuis, ce ne fut qu'une habile jonglerie. La lettre du prince de H...-feld n'étoit point adressée au prince de Hohenlohe, mais au comte de Néale. Elle étoit antérieure d'un mois à la prise de Berlin. Comme elle contenoit des détails sur les enfans du prince Louis, le comte la lui avoit communiquée. Il y parloit des mouvemens militaires de Berlin, et de ceux qui se faisoient au dehors; mais ces détails ne pouvoient alors le compromettre. Et si la princesse eût été moins troublée, et qu'elle eût eu la présence d'esprit de consulter la date, l'artifice étoit découvert, et Buonaparte déshonoré. On conçoit facilement que cette idée ne lui vint pas, et que Napoléon en profita pour faire le héros et jouer le rôle de *Trajan*.

Mais ce n'est qu'après sa chute que l'on a publié en France ces détails, c'est-à-dire huit ans après l'évènement. Alors on se plaisoit à accabler celui qu'on avoit adoré précédemment, à lui dérober quelque part de ses lauriers, à noircir les meilleures actions de sa vie. Est-il probable que si les lettres dont il s'agit eussent précédé d'un mois la prise de Berlin, Buonaparte se fût exposé à les faire lire par la princesse, au risque de dévoiler une insigne mauvaise foi; et n'est-il pas beaucoup plus vraisemblable qu'il aima mieux sacrser une misérable vengeance à l'honneur de se signaler par un acte d'une héroïque magnanimité, et de se faire admirer dans la vie privée comme sur le champ de bataille ?

On trouva à Berlin cinq cents pièces de canon, des milliers de fusils, et une grande quantité de poudre. Napoléon en donna le commandement au général Hullin; et fidèle à sa politique, qui lui faisoit toujours associer ses soldats aux victoires qu'il remportoit, il leur fit une adresse de félicitations :

« Vous avez justifié mon attente ; vous êtes
« les dignes défenseurs de l'honneur de ma
« couronne et de la gloire du grand peuple.
« Vous avez traversé en sept jours des forêts et
« des défilés que nos pères n'auroient pu tra-
« verser en sept ans. Nous avons livré quatre
« combats et une grande bataille. Une des
« premières puissances de l'Europe est anéan-
« tie. Les Russes se vantent de venir à nous ;
« nous irons à leur rencontre : ils retrouve-
« ront Austerlitz en Prusse. Soldats, je vous
« porte au fond de mon cœur le même amour
« que vous me montrez tous les jours. »

Ces proclamations avoient d'autant plus de succès, que le soldat étoit chargé d'or et d'un immense butin. L'armée prussienne étoit détruite, mais Buonaparte vouloit en achever les débris. Quarante mille hommes s'étoient ralliés à Magdebourg, sous les drapeaux du prince de Hohenlohe. On y comptoit une partie des gardes du roi de Prusse qui avoient pu échapper au désastre d'Iéna. Mais cette armée étoit découragée, et mal fournie de ce qui lui étoit nécessaire. Ce général essaya de gagner les rives de l'Oder, en se faisant précéder d'un corps de six mille hommes de cavalerie, pour rompre les ponts par lesquels l'ennemi pourroit le prévenir. Ce corps étoit arrivé près des bords de la rivière de Hevel, lorsqu'il se vit attaqué par le grand-duc de Berg, les généraux Lasalle et Grouchy, à la tête d'une cavalerie pleine de cette ardeur et de cette confiance qu'inspire la victoire. Le combat fut vif; mais les Prussiens, enfoncés de toutes parts, eurent trois cents hommes tués et sept cents blessés. Les Français n'ayant que de la cavalerie, prirent position sur la ligne même du prince de Hohenlohe, dans l'intention de le contenir en attendant leur infanterie. Le prince, après plusieurs marches pour les éviter, s'arrêta enfin à Breslaw, où il espéroit trouver du pain et des fourrages, dont il avoit un extrême besoin. Mais à peine occupoit-il les hauteurs de cette place, qu'il aperçut les Français sur sa droite. Il eût fallu les combattre; mais la supériorité du nombre, l'activité des manœuvres, et l'audace des soldats le forcèrent de se jeter précipitamment dans la ville. Il étoit dans un dénûment presque complet; les forces de l'ennemi s'accroissoient à chaque instant; toute résistance devenoit inutile; dans cette pénible situation, le prince ne vit de ressources que dans une capitulation : il se rendit avec environ dix-sept mille hommes. Le lendemain, le général Milhaud, avec seize cents chevaux, fit mettre bas les armes à un corps de six autres mille hommes appartenant à la même armée, et qui s'avançoit sur Passwalk. Dans cette malheureuse affaire, le prince Auguste de Prusse, le prince de Mecklembourg-Schwerin, le général Tauensien restèrent prisonniers. On attribua ce nouveau désastre à l'indécision du prince de Hohenlohe, qui s'étoit arrêté deux jours à Magdebourg, qui ne pouvoit le recevoir, au lieu de se porter rapidement sur Stettin.

Chaque jour étoit marqué par une déroute des Prussiens et par une victoire des Français. La capitulation de Breslaw avoit eu lieu le 28; le 29, le général Lasalle, à la tête de douze cents hussards, fit capituler la place de Stettin, et y prit cinq mille hommes, cent cinquante pièces de canon, et d'immenses magasins. Le même jour, le général Becker, après un combat à Auklam, fit capituler quatre mille Prussiens.

Tant de désastres répandirent une si grande terreur, que toutes les places fortes semblèrent rivaliser d'empressement pour se rendre. Custrin, l'une des citadelles les plus fortes de la monarchie prussienne, située au milieu d'un vaste marais, approvisionnée de tout ce qui lui étoit nécessaire, défendue par quatre mille hommes et quatre-vingt-dix pièces d'artillerie, se rend sans coup férir au maréchal Davoust, qui n'avoit aucun moyen d'en faire le siége. Le maréchal Mortier, ayant sous ses ordres le général Lagrange, quelques jours après chasse de ses Etats l'électeur de Hesse-Cassel, et s'en empare. De vastes magasins, des arsenaux richement pourvus de munitions de guerre fournissent au vainqueur des moyens de remporter de nouvelles victoires.

Après la bataille d'Iéna, Blücher s'étoit échappé en persuadant aux généraux Klein et Lasalle que Napoléon avoit accordé un armistice; il restoit encore sous les armes, étant parvenu à rallier sous ses enseignes les débris de deux corps d'armée, l'un commandé par le duc de Weimar; l'autre par le duc de Brunswick-Oëls. Avec ces forces, il se proposoit de passer l'Elbe, et d'aller renforcer les garnisons de la Basse-Saxe. Mais, pressé en arrière par le prince de Ponte-Corvo, sur les flancs par le grand-duc de Berg et le maréchal Soult, incapable de livrer combat avec des troupes exténuées de fatigue et de besoin, il presse sa marche vers ce bord étroit de la Baltique où la Trave a son embouchure, et se jette précipitamment dans la ville de Lubeck, place incapable de défense et démantelée, qu'il expose aux plus grands dangers. Là il espère, contre toute attente, trouver quelque repos, procurer quelques rafraîchissemens à ses troupes. Mais son infatigable ennemi est sur ses pas. Une porte est enfoncée; un combat sanglant s'engage à l'entrée de la ville et dans les rues; si les Français y perdent du monde, ils en font perdre aussi à l'ennemi, et font en outre quatre mille prisonniers. Blücher sort de la ville, et tente une retraite; mais refoulé par le vainqueur sur le Holstein, dont il n'ose franchir les frontières, il est réduit à mettre bas les armes. Il se rend prisonnier, lui, le duc de Brunswick-Oëls, dix généraux, treize à quatorze mille hommes d'infanterie, quatre mille de cavalerie, avec tout ce qui reste de bagages et d'artillerie.

Les écrivains anglais et allemands ont écrit

que la ville de Lubeck fut livrée par les Français à toutes les horreurs de la guerre, et qu'ils y commirent les plus grands excès. Ces accusations sont dénuées de toute vérité. Il est constant, au contraire, qu'ils s'y conduisirent avec beaucoup d'humanité, et que ce fut à leurs soins généreux que cette ville dut son salut.

La destruction du corps de Blucher laissa la campagne libre aux Français. Bientôt ils ne trouvèrent plus de résistance nulle part. Magdebourg, le boulevard de la monarchie prussienne, sur la frontière de l'ouest, se rendit au maréchal Ney, après avoir reçu quelques bombes. On y prit vingt généraux, vingt mille hommes, sept cents pièces de canon, et tout ce qui restoit de provisions dans les magasins. Le général français n'avoit que dix mille hommes pour l'investir.

CHAPITRE V.

Suite des triomphes de l'armée française. Célèbre décret de Berlin. Armistice et paix avec l'électeur de Saxe. Élévation de ce prince au rang de roi. Déclaration de guerre de l'empereur Alexandre. Occupation de Varsovie. Premières opérations au-delà de ce fleuve. Défaites successives des Russes. L'empereur Napoléon prend ses quartiers d'hiver.

L'Europe s'étonna de voir tomber ainsi des places qui pouvoient arrêter si long-temps de puissantes armées. Les Français eux-mêmes, en entrant à Spandau, dirent qu'ils auroient défendu cette forteresse deux mois encore, après la tranchée ouverte. On vit alors que Buonaparte étoit mieux instruit que personne quand il avoit prédit la chute de la monarchie prussienne. Tous ses moyens étoient préparés avant d'entrer en campagne; et ses intelligences dans le conseil du monarque ne lui avoient pas été moins utiles que ses armées. Avant que Stettin se rendît, on y amena un officier-général soupçonné de trahison. Mais dans une si grande confusion, les lois étoient sans pouvoir et se taisoient. Il ne restoit plus de cette grande armée, qui s'étoit vantée d'anéantir la puissance de Buonaparte, que les garnisons de Hameln et de Nienbourg. Tous les Etats prussiens étoient soumis, à l'exception de la Silésie, des territoires acquis sur la Pologne, et de la seule place forte de Colberg, dans la Poméranie.

Buonaparte frappa d'une contribution de 150 millions les habitans de ces malheureux pays, et leurs alliés. Une partie de ses troupes marcha sur le Hanovre, dont le maréchal Mortier reprit possession au nom de la France. Une autre partie entra dans le grand-duché de Posen, et en prit la capitale. Peu avant on étoit entré à Fuld. On a déjà vu que la Hesse entière avoit été envahie : on en chassa l'électeur, sous prétexte qu'il avoit fait, avec l'Angleterre, quelques jours avant la bataille d'Iéna, des traités qui ne pouvoient se concilier avec sa neutralité. Les fortifications de Hanau et de Marbourg furent détruites, les armes du prince renversées, et ses troupes désarmées. La plupart même de ses soldats prirent du service dans l'armée française.

Dans le même temps, l'armée aux ordres du roi de Hollande se répandoit dans la Westphalie ; un corps de troupes aux ordres du général Daendels entroit à Embden. Munster, et plusieurs autres places bien approvisionnées, ouvrirent leurs portes. Hambourg subit le même joug, et reçut immédiatement l'ordre de déclarer les marchandises anglaises. Une proclamation annonça que des visites domiciliaires seroient faites chez tous les négocians, et que les fausses déclarations seroient punies des peines les plus rigoureuses. Les marchands anglais furent mis en arrestation, puis relâchés sur leur parole, mais placés sous la garde des soldats français. Le commerce de Hambourg fut anéanti. Hameln, la seule place des États de la maison de Brunswick qui lui restât encore, se rendit sur une simple sommation du général Savary. Brême subit le sort de Hambourg, et Napoléon déclara que la maison de Brunswick avoit cessé de régner. De tous les souverains qui avoient suivi les enseignes de la Prusse, l'électeur de Saxe et les princes de sa maison furent les seuls pour lesquels le vainqueur eut des ménagemens.

Ce fut alors que, dans l'enivrement du succès, Buonaparte rendit le fameux décret daté de Berlin, le 21 novembre, et par lequel les Îles Britanniques furent déclarées en état de blocus. Résolution inouïe dans les annales des nations civilisées, impraticable dans ses effets, et propre seulement à décéler dans le vainqueur une haine implacable, une colère impuissante, puisque tous les ports de France étoient eux-mêmes bloqués par des escadres anglaises, et qu'aucun bâtiment n'en pouvoit sortir. Le décret interdisoit aux Etats soumis à la domination de Buonaparte, toute communication avec l'Angleterre, fermoit l'entrée des ports à tout bâtiment qui auroit touché le sol de la Grande-Bretagne ou de ses colonies, déclaroit prisonnier de guerre tout Anglais trouvé dans ces Etats, et prescrivoit la confiscation de toute propriété appartenant à des sujets de S. M. britannique. C'étoit une réponse violente à l'acte du ministère anglais qui avait déclaré en état de blocus les ports de France, et ceux des contrées qui lui étoient soumises, lors même qu'aucune escadre ne bloqueroit ces ports effectivement. Mais cette représaille portoit la consternation et la ruine dans le commerce entier du continent. Des députations de Hambourg, de Nantes, de Bordeaux, se réunirent en vain pour faire d'humbles remontrances à Napoléon; elles n'en obtinrent que des réponses sèches et désobligeantes. Les députés de Hambourg lui ayant représenté que cette mesure jeteroit le commerce dans une banqueroute universelle : « Tant mieux,

« dit-il ; vos banqueroutes en enfanteront d'au-
« tres en Angleterre, et vous empêcheront de
« commercer avec elle. Il faut que l'Angle-
« terre soit humiliée, quand même nous de-
« vrions nous retrouver dans l'état où nous
« étions avec elle au quatrième siècle, et que
« toute communication ne se fasse plus qu'a-
« vec de simples barques. »

Mais malgré ces apparences de colère et
d'inflexibilité, le décret fut loin d'opérer le
mal qu'on pouvoit en attendre ; Buonaparte
lui-même fut obligé d'en adoucir les conséquences ; et l'industrie humaine sut, comme il
arrive toujours, triompher des rigueurs et de
l'injustice de la loi.

Le décret de blocus ne fut pas le seul qui
signala le séjour de Buonaparte à Berlin. Ce
fut là aussi qu'il conçut le projet de ne faire
de tous les Français qu'une seule armée, de
la France entière qu'un seul camp. Ce décret
appeloit aux armes tous les Français en état
de les porter, depuis vingt ans jusqu'à soixante.
Il les classait en légions et en cohortes, et les
mettoit à la disposition des préfets et sous-
préfets, et du commandant en chef des gardes
nationales. Le service devoit être ou de police
intérieure ou d'activité militaire. Les fonctionnaires publics et les ecclésiastiques seuls

en étoient exceptés. Ce décret produisit une grande impression en France et dans toute l'Europe. En France, on se demandoit ce que deviendroit l'ordre social quand il n'y auroit plus qu'une seule profession, celle de soldat; quand le père de famille seroit arraché de ses foyers, séparé de sa femme, de ses enfans, de son champ et de ses affaires, pour aller servir l'ambition d'un homme qui bientôt se trouveroit trop à l'étroit dans le monde. En Europe, tous les Etats étoient dans les alarmes. Quelle sécurité et quel avenir pouvoient-ils espérer, quand une nation de trente à quarante millions d'hommes menaçoit de se répandre toute entière sur le continent, comme ces anciens peuples sortis des glaces ou des forêts du nord pour envahir l'occident.

Mais les esprits sages et refléchis s'effrayoient moins, parce qu'ils voyoient bien que Buonaparte, en contemplant son ouvrage, ne tarderoit pas à s'en effrayer lui-même pour son propre salut, et que l'armement d'une population entière ne pouvoit être que le rêve d'un esprit exalté jusqu'à l'ivresse par les faveurs de la fortune.

Le roi de Prusse étoit dans une situation désespérée; chaque jour une partie de son empire s'écrouloit; il n'apercevoit plus que quelques ruines, qu'il lui étoit impossible de défendre. Dans cette détresse, il résolut de négocier avec le vainqueur, et de lui demander la paix ; il chargea de cette difficile mission le marquis de Luchesini, qui se rendit à Berlin le 12 octobre ; Napoléon nomma le maréchal Duroc pour traiter avec lui. Le plénipotentiaire prussien eut d'abord l'espoir de faire la paix aux conditions qu'il étoit chargé d'offrir ; mais bientôt il lui fut facile de voir que Napoléon affectoit de gagner du temps pour rendre la position du roi de plus en plus mauvaise, car tout armistice ayant été refusé, ses généraux continuoient leurs conquêtes. A mesure que les pertes du roi se multiplioient, Duroc élevoit ses prétentions, et se rendoit plus difficile. Enfin Napoléon déclara qu'il n'évacueroit pas Berlin que la Moldavie et la Valachie ne fussent restituées par la Russie à la Porte ottomane, et que la paix générale ne fût conclue, sous la condition expresse que l'Angleterre renonçât à toutes les colonies espagnoles, françaises et hollandaises, dont elle s'étoit emparée pendant la guerre ; c'étoit renoncer nettement à tout traité. Dans cette extrémité, le marquis de Luchesini crut devoir accepter les conditions d'un armistice que lui proposèrent les Français. Il s'agissoit, pour le roi de Prusse, de suspendre toute opération militaire, sans aucune garantie pour une prochaine paix, les Français se réservant de rompre l'armistice après dix jours de dénonciation; de remettre à l'ennemi Dantzick, Graudentz, Colberg, Breslaw, c'est-à-dire tout ce qui lui restoit de places fortes, et de s'engager à ne pas permettre l'entrée des Russes dans ses Etats, ce qu'il étoit évidemment dans l'impossibilité de faire. Quelque désespérée que fût la position du roi, il valoit mieux continuer la guerre que de se soumettre à de pareilles conditions. Le roi de Prusse refusa l'armistice.

Tandis qu'on négocioit, l'activité des Français ne se ralentissoit pas. Un corps d'armée composé de Wurtembergeois et de Bavarois, commandés par Jérôme Buonaparte, entroit en Silésie. C'étoit une conquête facile, et que Napoléon pouvoit abandonner aux talens militaires de son frère, dirigé néanmoins par le général Vandamme. Il n'avoit point d'armée à combattre; la terreur panique qui s'étoit emparée de tous les Prussiens, lui présageoit la prompte reddition des forteresses de cette province. Cependant, il éprouva quelque résistance. Glogau, capitale de toute la Silésie, attaquée le 8 décembre, tint jusqu'au 29, quoiqu'elle n'eût qu'une garnison de deux mille cinq cents hommes; Breslaw, bombardée pendant trois semaines, ne capitula que le 5 janvier, après plusieurs sorties, où les assiégeans avoient perdu un assez grand nombre de soldats. Le prince d'Anhalt-Pless avoit essayé de secourir la place avec les troupes tirées des garnisons de la Haute-Silésie; mais, battu plusieurs fois, il fut obligé de renoncer à son dessein. Glogau remit au pouvoir des Français deux mille prisonniers et deux cents pièces de canon.

Au milieu de ces mouvemens, les regards de Buonaparte s'étoient portés sur la Pologne; de nombreux émissaires s'y étoient introduits; le général Dombrowsky, au service de France, avoit multiplié les proclamations, et cherché à établir de nombreuses intelligences parmi ses compatriotes. Kosciusko, sorti de sa retraite, étoit venu renouveler ses anciennes tentatives pour affranchir son pays (1); il n'étoit question

---

(1) On peut prendre une idée de son éloquence dans quelques phrases extraites de sa proclamation :

« Braves concitoyens,

« Le bruit des armes qui retentit à vos frontières
« avertit Kosciusko de se joindre à vous. Ce ne sont
« pas des barbares avides de pillage qui s'avancent

partout que de liberté; mais déjà on savoit
apprécier les promesses de Napoléon; et si
l'on put remarquer d'abord quelque mouvement dans la partie méridionale, soumise au
gouvernement prussien, elle ne produisit aucun effet sérieux. La noblesse avoit, à la vérité, témoigné quelque mécontentement de voir

---

« dans vos plaines. Ils ne ressemblent point à ces en-
« nemis féroces qui sont venus verser votre sang et se
« partager vos dépouilles.

« Le bruit de leurs victoires a retenti dans les qua-
« tre parties du monde. L'aigle qui les précède porte le
« tonnerre. Celui qui les commande élève et détruit les
« trônes à son gré. Ils tombent en poussière à ses pieds.
« En huit jours, il a réduit en poudre celui que le grand
« Frédéric avoit décoré de ses lauriers. Déjà des mil-
« liers de braves sortis de votre patrie se sont illustrés
« sous ses enseignes. Napoléon vient à vous; il mène
« au sein de vos provinces ces Français chez lesquels
« vous avez trouvé une seconde patrie; qui ont recueilli
« dans leurs camps les débris de nos légions; qui nous
« ont traités comme des frères, et partagé avec nous
« les palmes de la victoire.

« Braves concitoyens, vous n'avez jamais cessé d'être
« Polonais; ni dans les terres étrangères, quand un
« farouche ennemi vous a bannis de votre patrie, ni
« dans votre patrie, quand vous y avez été traités
« comme des étrangers. Levez-vous! le jour de vo-
« tre délivrance est arrivé! Napoléon vous regarde!
« Kosciusko vous appelle! etc. »

ses priviléges restreints, sa servitude adoucie; mais elle craignoit encore plus Buonaparte que le roi de Prusse, et ne se montra nullement disposée à écouter ses promesses. Ses essais furent encore moins heureux dans la Pologne russe; ses habitans s'étoient réconciliés avec leurs chaînes; les nobles, accueillis avec empressement à Saint-Pétersbourg, se contentoient de jouir avec éclat de leur rang et de leur fortune, et ne songeoient guère à l'ancienne république polonaise.

Les Russes, qui venoient au secours des Prussiens, arrivèrent à Varsovie avant les Français. Dans l'intention de s'y établir, ils jetèrent en avant un corps de troupes pour s'assurer les passages des rivières; mais ce corps, attaqué par l'avant-garde de Murat, fut repoussé avec perte, et obligé de se replier.

Le général Benigsen, qui commandoit l'armée en chef, instruit des mouvemens de son ennemi, et de la supériorité de ses forces, prit alors le parti d'évacuer Varsovie, et continua son mouvement rétrograde jusqu'à la Narew. Le 28 novembre, les Français, qui le suivoient de près, le remplacèrent à Varsovie, y rétablirent le pont de bois de la Vistule, que les Russes avoient brûlé, et se hâtèrent de fortifier le faubourg de Praga, sur la rive opposée. Le maréchal Ney s'étant emparé de Thorn, en rétablit également le pont, et le fortifia. Le maréchal Augereau prit la même précaution sur un autre point du fleuve; on en garnit les rives d'ouvrages formidables, soit pour protéger le passage de l'armée, lorsqu'elle se porteroit en avant, soit pour assurer la retraite si elle étoit obligée de rétrograder. Les forteresses de Custrin, Stettin, Spandau, Virtemberg, Erfurt, Magdebourg furent mises dans le meilleur état de défense, et munies d'excellentes garnisons. Ainsi la Pologne et le cœur de l'Allemagne se trouvoient liés par une chaîne de citadelles inexpugnables. Pour réparer les cadres de l'armée, que les garnisons avoient affoiblis, Buonaparte, non content des décrets qu'il avoit rendus sur l'organisation de la garde nationale, adressa, de Berlin, au sénat de France, un message par lequel il lui demandoit la levée de la conscription de 1807. Elle ne devoit avoir lieu qu'au mois de septembre de cette année, mais il témoignoit le désir qu'on la lui accordât pour le mois de janvier, et comme ses désirs étoient des ordres, le sénat ne manqua pas d'y satisfaire.

Dans la position où se trouvoit Napoléon, cette prévoyance étoit un acte de sagesse; les

Russes la regardèrent comme un signe de crainte, et se livrèrent, comme les Prussiens, à la présomption la plus aveugle, à la confiance la plus exagérée. En ce moment l'empereur de Russie déclaroit la guerre à la France, et publioit ce manifeste :

« Jusqu'à ce jour la monarchie prussienne
« formoit une barrière entre la France et l'em-
« pire de Russie; cette barrière n'existe plus;
« l'incendie est à nos portes. Les sentimens
« d'amour que les Russes professent pour la
« conservation et la gloire de leur patrie, leur
« prouveront suffisamment combien la guerre
« présente est inévitable. Si l'honneur nous a
« prescrit de tirer l'épée pour la protection de
« nos alliés, que n'exige-t-il point pour notre
« propre salut ? Nos forces sont prêtes, et nous
« les avons mises à la disposition du feld-
« maréchal Kamenskoy, pour les comman-
« der, et repousser la violence de l'ennemi :
« c'est contre l'ennemi commun de l'Europe
« que nous combattons. Nous comptons sur
« le dévouement général de nos sujets. Ils
« s'armeront pour défendre les lois paternelles
« sous lesquelles ils ont le bonheur de vivre.
« Les enfans de la patrie, confians dans la
« protection du Très-Haut, la valeur de nos
« soldats et l'expérience de leurs généraux,

« sacrifieront tout pour la conservation et le
« bonheur de leur pays. »

Mais quelque courageuses et puissantes que fussent les armées russes, elles arrivoient trop tard pour combattre avec avantage des armées qui n'étoient ni moins braves ni moins nombreuses. Le général Benigsen ayant effectué derrière la Narrew sa jonction avec une seconde division russe, commandée par le général Buxhowden, et le général en chef Kamenskoy ayant aussi joint ses forces à celles de ces deux corps, l'armée se porta de nouveau en avant, établit son quartier-général à Polotsk, et menaça les Français de les rejeter au-delà de la Vistule. Mais tandis qu'ils se figuroient une prochaine et immanquable victoire, et qu'ils célébroient leur réunion par des fêtes et des illuminations, un petit détachement de Français passa la Narrew pendant la nuit, et s'y fortifia si bien, qu'il fut impossible aux Russes de les en déloger. Ils jetèrent sur ce fleuve, comme sur la Vistule, un pont fortifié par d'excellens ouvrages; et lorsqu'il fut fini, toute l'armée marcha en avant, dans l'intention de forcer l'ennemi à un engagement général. Les Prussiens avoient perdu l'appui des Saxons, dont l'électeur avoit, quelques jours auparavant, fait sa paix avec Napoléon, s'étoit joint à la confédération du Rhin, et avoit obtenu, pour prix de ce traité, le titre de *Roi*.

Napoléon avoit quitté Berlin le 25 novembre, et s'étoit établi à Posen. Le 18, il étoit à Varsovie, et le 23 il se mit à la tête de son armée, passa la Narrew, et alla chercher les alliés, forcés de nouveau de rétrograder.

Sa droite étoit composée des divisions Lannes, Davoust et Murat; il la commandoit en personne; elle étoit opposée à la gauche de l'armée russe, qui occupait une mauvaise position, et couverte par le maréchal Augereau, posé sur la Vistule, et le maréchal Soult, qui avoit passé le fleuve à Polosk. La gauche consistoit dans les divisions de Ney, Bessières, et du prince de Ponte-Corvo; elles avoient ordre d'attaquer les restes de l'armée prussienne aux ordres du général Lestocq, et de la couper de l'armée russe. Cette manœuvre fut exécutée avec la promptitude et l'habileté qui distinguoient ces généraux; et les Prussiens, enfoncés de toutes parts, se trouvèrent dans l'impossibilité de se joindre à leurs alliés.

Le 23, la droite commença ses opérations; les Russes, en forces supérieures, occupoient, avec une forte artillerie, le village de Czarnowo, sur la Narrew; après une vive attaque, les Français enlevèrent leur position et leur artillerie. Le lendemain, le général en chef Kamenskoy fut forcé dans ses retranchemens, et obligé de reculer de plusieurs lieues; le maréchal Augereau passa la rivière d'Wkra, et défit un corps de quinze mille hommes, qui lui en disputoit le passage. Ces Russes, si pleins de présomption, disparurent en un instant devant les enseignes françaises, se dispersèrent sur tous les points, et ne durent leur salut qu'à la brièveté des jours, et au mauvais état des chemins, qui ne permit pas aux Français de faire avancer leur artillerie. Dans ce moment critique, le général en chef Kamenskoy abandonna son armée, et se retira à Ostrolenka. Quelle fut la cause de cette détermination? Ses ennemis l'attribuèrent à la peur, et prétendirent que, frappé de son danger personnel, il perdit totalement la tête. D'autres, plus justes peut-être, soutinrent que plus instruit que les généraux jeunes et ardens qui commandoient sous ses ordres, excédé de leur présomption, dégoûté d'un commandement où il ne pouvoit faire le bien, il prit ce parti désespéré. Après sa retraite, le commandement échut aux généraux Bénigsen et Buxhowden, le premier à Pultausk, et le second à Golomyn; le 26, ils furent l'un et l'autre attaqués par les Français, firent une brave défense, perdirent néanmoins leurs positions, et se virent forcés à une retraite précipitée, en laissant derrière eux une partie de leurs bagages et de leur artillerie. Le maréchal Soult essaya de leur couper la retraite, en les devançant par une route plus courte; mais une tempête horrible, des torrens de pluie, des routes affreuses les sauvèrent d'une destruction totale. Les récits officiels de cette affaire portent la perte de l'ennemi à quatre-vingts pièces de canon, douze cents charriots de bagages, toutes leurs munitions, douze mille hommes tués, blessés ou faits prisonniers. La nôtre est évaluée à huit cents hommes tués, et deux mille blessés, parmi lesquels se trouvoient six officiers-généraux. Mais l'ennemi commençoit à se familiariser avec les combats, et soutenoit avec plus de fermeté l'impétuosité française; il se battit dans cette occasion avec une ténacité qui laissa quelque temps la victoire indécise. Après cette sanglante affaire, Napoléon retourna à Varsovie, et fit prendre à ses soldats leurs quartiers d'hiver.

De pareils commencemens devoient effrayer l'empereur de Russie; mais le général Benigsen, loin de convenir de ses revers, s'annonça fastueusement, dans un rapport à son souverain, comme vainqueur, donna un état fabuleux des pertes immenses des Francais, qu'il représenta non seulement comme battus, mais comme désolés par les maladies, et réduits à la dernière extrémité. Il assaisonna ce roman de tant de particularités, qu'on s'empressa de le publier dans la *Gazette de Saint-Pétersbourg*, et de l'adresser à toutes les puissances du continent. Les esprits les moins crédules se laissèrent surprendre, les autres jetèrent des cris de joie et d'enthousiasme. Mais il fallut bientôt revenir à des idées plus saines; les maladies travailloient en effet l'armée française, mais elles étoient beaucoup moins graves que le rapport russe ne l'avoit dit. Ainsi se termina l'année 1806.

L'Allemagne a vu de nouveau la fortune de Napoléon triompher de ses efforts; un grand empire s'est écroulé en quelques jours sous ses baïonnettes; d'immenses armées se sont dissipées devant ses légions comme la poussière; il est entré triomphant dans la capitale de la Prusse, comme il étoit entré l'année précédente dans la capitale de l'Autriche. Déjà l'aigle russe recule effrayée; il campe sur les bords de la Vistule; la confédération du Rhin s'est accrue de l'accession de deux nouveaux souverains; il a posé, de sa main, la couronne sur la tête de l'électeur de Saxe; la conquête de la Westphalie assure à sa famille la possession prochaine d'un nouveau trône. Les sceptres des rois sont entre les mains de ses frères; un seul d'entre eux résiste à ses instances, et, non moins fier que lui, préfère les douceurs de la vie domestique à l'éclat d'une couronne achetée par l'abaissement. L'année 1807 ne sera pas moins féconde en évènemens.

CHAPITRE VI.

Situation politique de la Russie et de la Porte ottomane. Invasion de la Moldavie et de la Valachie. Secret mécontentement de l'Autriche. Négociations entre la France et le roi de Perse. Propositions de paix au roi de Suède. Invasion de la Poméranie. Accroissement du Danemarck. Aggression imprudente du prince de la Paix contre Buonaparte. Premier germe de la guerre d'Espagne. Situation du Portugal. Expédition de Miranda.

LA plus impérieuse et la plus cruelle nécessité que la nature ait imposée à l'homme réuni en société, c'est celle d'être gouverné. Seul, il périroit bientôt; réuni à d'autres hommes, il a besoin que quelqu'un règle ses intérêts, établisse des lois, le protége contre les attaques de ses voisins : mais, quelle que soit la forme de gouvernement qu'il adopte, il est rare qu'il soit heureux. S'il se donne un maître, il faut qu'il en subisse toutes les foiblesses, toutes les passions, toutes les erreurs;

car la nature a fait peu d'hommes pour commander ; et tel est l'ordre inévitable des destinées, que le commandement écheoit rarement à celui qui en est le plus digne. Les formes du gouvernement républicain ne sont guère plus avantageuses au bonheur commun : les chefs se divisent ; des partis se forment, et les peuples paient de leur fortune et de leur repos l'ambition de leurs chefs. Ainsi, le problème politique le plus insoluble est de déterminer quel genre de gouvernement est le plus propre à satisfaire aux besoins et à la prospérité des nations.

La France venoit de faire, au milieu des plus longs et des plus funestes orages, des essais malheureux, lorsque Buonaparte s'offrit à elle comme un libérateur ; mais le goût désordonné des armes et de la gloire devoit bientôt la précipiter dans de nouvelles tempêtes. Deux ans étoient à peine écoulés depuis qu'elle avoit placé sur son front la couronne de ses rois, et déjà l'Europe entière étoit ébranlée ; il remportoit des victoires ; mais chaque victoire enfantoit une nouvelle guerre qui demandoit de nouveaux triomphes. Les champs de Marengo, d'Hohenlinden, d'Austerlitz, d'Iéna étoient couverts de ses trophées : mais ce n'étoit pas assez d'avoir humilié l'Autriche en la resserrant dans d'étroites limites, d'avoir élevé de nouveaux trônes, d'en avoir ravi à leurs anciens possesseurs, d'avoir dissipé comme la poussière les armées prussiennes, ces triomphes, en augmentant ses conquêtes, lui enfantoient de nouveaux ennemis; et la Russie, colosse énorme qui pesoit sur le continent, trembloit de voir bientôt les invincibles phalanges de Napoléon frapper par la base l'édifice nouveau de sa puissance. Rien n'effrayoit l'audace de Napoléon; habile à combattre ses rivaux, il ne l'étoit pas moins à leur susciter des ennemis.

Son ambassadeur Sébastiani, homme d'esprit et de savoir, entretenoit par d'habiles négociations la sublime Porte dans les intérêts de la France, et n'oublioit rien pour la disposer à une guerre ouverte contre la Russie. Cette puissance, dominée par la tendance naturelle qui pousse les peuples du Nord vers le Midi, convoitoit depuis long-temps la possession de la Moldavie et de la Valachie, provinces tributaires plutôt que sujettes de l'empire ottoman. La sublime Porte se trouvoit dans une situation embarrassante. Si d'une part elle craignoit le voisinage et l'agrandissement de la Russie, de l'autre elle n'avoit pas moins à craindre de la part de la France, dont les armées victorieuses et entreprenantes occupoient la Dalmatie. Profitant de cette incertitude, à peine le général Sébastiani eut-il connoissance du traité signé à Paris par M. d'Oubril, que, sans attendre qu'il fût ratifié par l'empereur Alexandre, il s'en servit auprès du divan. Il lui représenta que non seulement la France avoit garanti l'intégrité de l'empire ottoman, mais qu'elle avoit même exigé que l'on enverroit en Moldavie et en Valachie de nouveaux hospodars, parce qu'elle savoit que ceux qui commandoient étoient désagréables à la sublime Porte. Le cabinet de Constantinople se félicita de tant d'obligeance, et s'empressa d'accomplir les vues de Napoléon; mais on apprit bientôt que l'empereur de Russie avoit refusé de ratifier ce traité. Alors l'ambassadeur changea de ton, et présenta une note impérative, où il exigeoit que le passage du Bosphore fût interdit aux vaisseaux de guerre russes, et à tous ceux de cette nation qui seroient chargés de troupes, de munitions de guerre : c'étoit exiger la guerre; car il savoit qu'en vertu de traités précédens, ce passage étoit ouvert sans exception à tous les bâtimens russes. Mais il assuroit que si la Porte prenoit cette résolution, elle pouvoit compter sur la protection et l'amitié du grand Napoléon; que, dans le cas contraire, la France avoit une armée formidable en Dalmatie, prête à punir ou à défendre la sublime Porte, suivant le parti qu'elle prendroit.

Le nom de l'empereur des Français inspiroit une telle terreur, que la sublime Porte, loin de se montrer offensée d'une note si insultante, promit d'en délibérer; néanmoins elle la communiqua préalablement aux ambassadeurs de Russie et d'Angleterre, et leur demanda conseil dans une circonstance aussi difficile. Ceux-ci, comme on devoit s'y attendre, rassurèrent le cabinet ottoman, lui représentèrent que c'étoit sa politique incertaine et vacillante qui l'exposoit à de pareils affronts; et l'ambassadeur russe, comte Italinski, signifia qu'il quitteroit Constantinople, si la Porte hésitoit entre la France et la Russie : il fit même les préparatifs de son départ. Cette résolution effraya la Porte autant que les menaces du général Sébastiani; et cédant, suivant sa coutume, à la peur, elle révoqua les ordres qu'elle avoit donnés, rétablit les anciens hospodars, et satisfit à tout ce que désira le comte Italinski.

Ainsi, tout motif de guerre entre la Turquie et la Russie sembloit anéanti, lorsque l'on apprit tout à coup à Constantinople que le général Michelson, à la tête d'une armée russe, étoit entré en Moldavie, et avoit pris possession de Chotzim, Bender et Jassy. Il étoit difficile d'expliquer cette aggression. Michelson s'étoit, à la vérité, fait précéder d'une proclamation où il exposoit les griefs de son empereur contre le grand-seigneur ; mais ces griefs étoient si frivoles, les plaintes de la Russie avoient si peu de fondement, et les torts de la Turquie, si elle en avoit de réels, avoient été si promptement réparés, qu'on ne pouvoit expliquer la conduite de la Russie que par cet esprit de conquête et d'agrandissement dont elle paroît habituellement dominée. D'ailleurs, les termes de la capitulation de Chotzim annonçoient assez que c'étoit pour elle-même que la Russie traitoit : elle donnoit, à la vérité, pour motif de cette invasion, le désir de prévenir les armées françaises ; mais la position de ces armées et leur éloignement répondoient assez à ce prétexte.

La nouvelle de ces hostilités produisit à Constantinople une indignation générale. Le cri de guerre retentit partout : le peuple, les janissaires, les ulémas le répétoient avec une égale énergie. Un brick russe s'étant présenté au détroit de Constantinople, les batteries l'arrêtèrent; les papiers du capitaine furent enlevés et déchirés. L'ambassadeur russe quitta la ville, et s'embarqua sur le *Canopus*, vaisseau anglais de 74.

La sublime Porte prit alors un parti décisif: elle déclara la guerre à la Russie, et se disposa à la soutenir avec toute la vigueur dont elle étoit capable; elle rassembla toutes ses forces de terre et de mer, se procura tout ce qu'elle put de bons matelots, appela ses soldats d'Asie; et l'on annonça que le grand-visir se mettroit à la tête de l'armée, et déploieroit l'étendard du prophète. Pour prévenir toute insulte contre la capitale, elle fit fortifier les Dardanelles, et parut sortir tout à coup du long sommeil où elle étoit plongée.

Dans le même temps, Michelson entra dans la Valachie, battit un corps de troupes turques, et s'empara de Bucharest. En quelques mois, les Russes se trouvèrent maîtres de trois provinces, la Moldavie, la Valachie et la Bessarabie, et menacèrent de passer le Danube et de se joindre aux révoltés de Servie, commandés par Czerni-Georges.

Depuis long-temps les Turcs ne s'étoient trouvés dans une position plus critique. L'Égypte étoit dans l'anarchie; Médine et la Mecque étoient entre les mains des Wéchabites;

les Serviens se battoient avec courage, et remportoient des victoires ; les janissaires, que l'on vouloit assujettir à la tactique européenne, témoignoient leur mécontentement ; le divan étoit partagé entre les factions de France et d'Angleterre ; une flotte anglaise croisoit devant les Dardanelles, et menaçoit le sérail lui-même ; la Grande-Bretagne et la France se proclamoient les amis de la sublime Porte, mais tout prêts à en devenir les ennemis si elle ne se soumettoit pas exclusivement à leurs exigences.

Tandis que la Russie, en étendant son empire, accroissoit le nombre de ses ennemis, elle étoit occupée sur les bords de la mer Caspienne par une guerre contre les Perses. Ces derniers, hors d'état de se soutenir avec leurs propres forces, s'étoient d'abord adressés à l'Angleterre sous le ministère de M. Pitt, et avoient inutilement réclamé sa médiation. Ils crurent trouver un secours plus efficace auprès de Buonaparte, dont le nom retentissoit alors dans le monde entier, et lui envoyèrent une ambassade : elle fut reçue avec beaucoup de solennité, et les Persans furent, pendant plusieurs mois, l'objet de la curiosité publique et de l'empressement des dames, qu'ils accueilloient avec une rare politesse. Buonaparte, dans la position où il se trouvoit avec la Russie, ne crut point devoir négliger une pareille alliance, et chargea M. le sénateur Doulcet de Pontécoulant d'une mission secrète auprès du roi de Perse.

Ainsi, il se ménageoit à la fois une diversion du côté de la Turquie, et une autre du côté de la Perse. L'invasion des Russes dans la Moldavie et la Valachie n'avoit pas seulement irrité la cour de Constantinople, elle avoit aussi fortement mécontenté l'Autriche, qui se trouvoit dans une situation difficile et périlleuse, étant pressée d'un côté par les armées russes, de l'autre par les armées françaises, qui, depuis la destruction de la Prusse, se trouvoient maîtresses de l'Allemagne. Malgré ses défaites de l'année précédente, elle étoit parvenue à former encore une armée formidable, qu'elle tenoit en observation sur les frontières de la Bohême; mais en même temps elle avoit déclaré à tous les cabinets de l'Europe qu'elle n'avoit d'autre but que sa propre conservation, qu'elle se renfermeroit dans la plus stricte neutralité, uniquement occupée d'empêcher la violation de son territoire. Tant que le sort de la Prusse fut incertain, les parties belligérantes parurent s'en rapporter à la bonne foi de l'empereur François; car ni l'un ni l'autre ne vouloit augmenter ses dangers, en provoquant un nouvel ennemi ; mais lorsque les Prussiens eurent été vaincus, que Buonaparte eut rejeté leurs armées au-delà de l'Oder, alors il adressa un message à la cour de Vienne, et demanda impérieusement que le cordon sur les frontières de la Bohême fût retiré, et que les corps qui composoient l'armée rentrassent dans leurs cantonnemens. La situation de cette cour ne lui laissoit d'autre parti à prendre que d'obéir. Les troupes furent retirées.

Cette puissance se souvenoit des désastres qu'elle avoit éprouvés l'année précédente, et n'avoit pour elle que la triste satisfaction de faire juger ceux de ses officiers dont les trahisons ou la mauvaise conduite lui avoit attiré tant d'humiliations et de calamités. On a déjà vu que le général Mack fut condamné à mort, et obtint de la clémence du prince la commutation de sa peine en une prison perpétuelle ; plusieurs autres officiers furent dégradés, et rayés du contrôle de l'armée. Le prince d'Aversberg, qui avoit négligé de brûler le pont de Vienne, quoiqu'il en eût reçu l'ordre positif, fut condamné à dix ans de prison. Mais beaucoup d'autres échappèrent à la sévérité des lois, et profitèrent de leur part des

50 millions dont Buonaparte avoit eu soin de joindre l'impérieuse persuasion à la puissance de ses baïonnettes.

Le roi de Suède étoit toujours en armes; plus de quatre ans s'étoient écoulés depuis le meurtre indigne du duc d'Enghien; mais ce monarque en conservoit un souvenir implacable. Au seul nom de Buonaparte, son âme se remplissoit d'indignation. Jusqu'alors, la guerre entre la France et lui n'avoit été qu'un échange de notes, de manifestes, de proclamations où les deux souverains épanchoient leur haine mutuelle. Mais après la victoire d'Iéna, elle prit un caractère plus sérieux; un corps de troupes suédoises, prêt à s'embarquer pour se retirer en Suède, fut prévenu par les Français, et fait prisonnier, et le maréchal Mortier s'avança sur la Poméranie pour faire le siége de Stralsund, et chasser les Suédois de l'île de Rugen. Quelle que fût la haine violente de Gustave pour Napoléon, celui-ci ne pouvoit s'empêcher d'admirer la constance et la hauteur de son caractère, et professoit une estime particulière pour lui. Il ne crut pas descendre de sa puissance et de sa gloire en lui proposant des négociations pour une paix séparée; mais ce monarque les rejeta avec dédain, et réprimanda son envoyé auprès du sénat de

Hambourg, pour avoir prêté l'oreille à ces propositions.

Le roi de Danemarck persévéroit dans un système de neutralité sagement assorti à la faiblesse de ses moyens, et le seul propre à assurer le bonheur de ses peuples; par ce système il agrandit sa puissance, et quand la dissolution du corps germanique fut formellement décidée, il déclara le Holstein réuni à perpétuité au royaume de Danemarck.

Tandis que Buonaparte anéantissoit la puissance prussienne, son frère, le roi de Hollande, envahissoit, comme on l'a vu, la Westphalie, et pénétroit, sans opposition, dans le Hanovre. En même temps, le général Daëndels, à la tête d'un autre corps, se mettoit en possession de l'Ost-Frise : cette expédition coûta peu de sang et rapporta peu de gloire. Le prince retourna bientôt dans ses États, pour y convoquer le corps législatif. Le tableau que présentèrent ses ministres de la situation du royaume étoit peu satisfaisant. Le monarque se vit forcé d'avouer que le commerce étoit nul, que les finances étoient épuisées, et que l'État avoit peu de ressources pour réparer ces maux. Il en témoignoit ses regrets; mais il promettoit à ses peuples, en dédommagement, un nouveau Code civil et criminel, une prochaine organisation de l'ordre judiciaire, et ajoutoit à ces bienfaits la création de deux ordres : l'un sous le nom du *Mérite*, l'autre sous celui de l'*Union*. Les colonies hollandaises étoient, pour la plupart, intactes; mais Buonaparte ayant exigé de son frère qu'il appliquât à ses Etats le décret de Berlin, on pouvoit les regarder comme séparées de la métropole. Nul pays n'avoit joui plus largement de la liberté de la presse. Napoléon voulut qu'elle fût enchaînée comme en France, et Louis se soumit encore à ses ordres.

C'étoit, parmi les hommes de la révolution, une maladie commune de ne laisser à aucune des provinces qu'ils conquéraient, ses lois, ses mœurs, ses institutions, ses préjugés; ils vouloient tout recomposer. Les républicains avoient créé partout des républiques unes et indivisibles; le Directoire établit des directoires, Napoléon des rois; tous avoient bouleversé les formes de gouvernement consacrées par le temps : ce fut une des principales causes de leur chute; car loin de gagner l'affection des peuples que la fortune avoit soumis à leurs armes, ils ne parvinrent qu'à les révolter. Mais alors Buonaparte ne connoissoit d'autre droit que celui de l'épée; et sans s'arrêter aux obstacles qu'il devoit rencontrer, il ne méditoit rien moins qu'une réforme générale des nations. Comme tout fléchissoit en France sous l'empire de sa volonté, il vouloit que sa volonté fût aussi la règle unique pour tous les autres Etats. Rome avoit reçu les fugitifs de Naples, qui, fidèles à leur prince, avoient préféré l'exil aux faveurs de Joseph Buonaparte. Napoléon se croyant offensé par cet acte d'humanité, exigea, et obtint du souverain pontife, que ces vertueux exilés fussent bannis des Etats romains.

L'Espagne, avilie sous le joug des Français, portoit ses fers avec impatience. Elle s'indignoit de voir l'héritier présomptif du trône éloigné des conseils, une mère dénaturée sacrifiant les droits et les intérêts de son fils à une vile passion pour un homme sorti des rangs de ses gardes; cet homme dominant audacieusement le monarque, ses conseils et sa famille, et plus roi que le roi lui-même. Emmanuel Godoï ne voyoit pas sans inquiétude ces dispositions d'un peuple superbe et vindicatif, et sembloit vouloir se ressouvenir un moment qu'il étoit Espagnol. Il étoit offensé que Napoléon eût ouvert des négociations de paix en Angleterre sans l'en prévenir ni le consulter, quoique l'Epagne eût le plus grand intérêt à intervenir dans une affaire d'une aussi haute importance. Mais lorsqu'il eut connaissance des articles secrets entre la France et la Russie, et qu'il apprit que pour conserver le trône de Naples à Joseph, Napoléon avoit offert de céder les îles Baléares au prince de Calabre, sans même faire à la cour de Madrid l'honneur de prendre son avis, alors son amour-propre s'exalta au plus haut degré. Dans le premier accès de sa colère, il répandit avec éclat une proclamation où il appeloit aux armes les loyaux et fidèles sujets de Sa Majesté, ordonnoit des levées extraordinaires, et une augmentation considérable des milices nationales. Il ouvrit en même temps des négociations secrètes avec la cour de Lisbonne, entreprit de renouer les liens d'amitié qui unissoient autrefois les deux nations voisines, espérant, à l'aide de sa médiation, de rapprocher le cabinet de Madrid de celui de Saint-James. Il paroissoit donc décidé à briser le joug français qui pesoit sur la tête des Espagnols, lorsque les désastres de Prusse vinrent lui donner des pensées différentes. A la première nouvelle de la victoire d'Iéna, il contremanda sur le champ les levées qu'il avoit ordonnées; et pour couvrir de quelque prétexte cet armement extraordinaire, il inventa une fable assez ridicule : il supposa que les Anglais, réunis à une armée de Maures, avoient concerté un plan d'invasion de l'Andalousie, et qu'il s'étoit trouvé dans la nécessité de veiller à sa défense. La fable étoit trop grossière, et Napoléon trop bien instruit pour y ajouter la moindre foi. Mais, occupé de la guerre contre les Russes, et de ses projets sur la Pologne, il consentit à paraître dupe, et réserva son ressentiment pour une meilleure occasion. Il affecta donc d'être satisfait de ces explications, et profita habilement de l'embarras où se trouvait le prince de la Paix, pour lui demander un corps de troupes auxiliaires, qu'il se proposoit d'employer dans sa guerre du Nord. Godoï, trop heureux d'échapper à la disgrâce qu'il redoutoit, n'hésita pas, et, sacrifiant les intérêts de son pays au sien propre, accorda à Buonaparte seize mille hommes d'excellentes troupes, sous la conduite du marquis de la Romana, habile et brave officier, qui, contre son gré, alloit, de concert avec l'armée de Buonaparte, travailler à l'asservissement du continent.

Tandis que Napoléon s'avançoit dans les parties les plus éloignées de l'Allemagne, l'Angleterre, avec laquelle il avoit dédaigné de renouer les liens de l'amitié et de la paix, ne perdoit pas de vue ses propres intérêts. Il étoit évident, pour elle, que lorsque Buonaparte auroit satisfait son ambition au nord de l'Europe, il ne resteroit pas en repos, et qu'il reporteroit son activité sur le midi. Il ne lui restoit plus, pour être maître du continent, qu'à soumettre l'Espagne et le Portugal. L'Espagne pouvoit opposer une longue et vive résistance; la conquête du Portugal présentoit moins de difficultés : et déjà Buonaparte étoit parvenu, par ses artifices, et les marques d'une feinte amitié, à mettre en péril la liberté de ce royaume, si anciennement allié de l'Angleterre. L'Espagne, ou s'aveuglant sur ses propres intérêts, ou trahie par ses ministres, loin de soutenir son foible voisin, pour se ménager un soutien à elle-même, avoit, ou imprudemment ou lâchement, favorisé les desseins de la France, lui avoit ouvert les passages, et reçu pour prix ou de son imprévoyance ou d'une inexcusable foiblesse, la province d'Olivenza, arrachée au Portugal. La reine, soumise par un amour honteux au prince de la Paix, dominoit les conseils du monarque, et, par sa politique timide et vacillante, énervoit le caractère noble et généreux de son peuple. Buonaparte, maître des délibérations dans le cabinet de Lisbonne, avoit enlevé aux souverains de ce malheureux royaume leurs conseillers les plus énergiques, les plus fidèles et les plus habiles, pour leur substituer des ministres foibles et corrompus, des intrigans de cour, qui ne possédoient ni talent ni connoissance dans l'art de gouverner. Sous leur administration, l'armée portugaise tomba dans une décadence complète, et ne présenta plus qu'un squelette décharné, sans discipline et sans force. Un pareil gouvernement avoit anéanti tout patriotisme, et jeté le peuple portugais dans une telle indifférence, que peu lui importoit d'être opprimé par les Français ou par ses maîtres légitimes. Buonaparte n'ignoroit pas ces dispositions, et le Portugal lui paroissoit une proie facile à dévorer.

Mais l'Angleterre ne se dissimuloit point non plus l'intérêt qu'elle avoit de sauver l'unique allié qui lui restoit sur le continent.

Des ordres furent promptement expédiés à lord Saint-Vincent, qui commandoit les croisières de la Manche, de se rendre, immédiatement après qu'il en auroit reçu l'avis, avec six vaisseaux de ligne du plus haut rang, devant Lisbonne. Par le dernier traité, c'étoit le seul nombre que l'Angleterre pût envoyer; mais les mesures les mieux concertées furent prises pour soutenir cette flotte par des forces considérables, en cas de besoin. En même temps, on rassembla à Plymouth une forte armée, pour porter, s'il étoit nécessaire, un prompt secours à l'armée portugaise. Le lieutenant-général Simcoë et le comte de Rossilyn eurent ordre de joindre, avec leur état-major, l'amiral Saint-Vincent dans le Tage, et d'ouvrir des communications suivies avec la cour de Lisbonne, pour connoître successivement la situation du royaume, et le degré de danger qu'il courroit. Mais le lieutenant-général Simcoë étant mort peu de temps après, la négociation resta entre les mains de lord Saint-Vincent et du comte de Rossilyn. Il étoit difficile de trouver deux négociateurs plus habiles. Le nom de l'amiral Saint-Vincent étoit connu de tout le monde civilisé, et le Portugal professoit une vénération particulière pour lui. Il y avoit résidé quelque temps, et, par l'urbanité de ses manières et la noblesse de ses qualités personnelles, avoit tellement gagné la confiance de la cour et du peuple, qu'on le regardoit plutôt comme un Portugais que comme un étranger. Le comte de Rossilyn n'étoit guère moins avantageusement connu. Il avoit servi avec distinction, comme lieutenant de sir Charles Stuart, dans la dernière armée que l'Angleterre avoit envoyée au secours du Portugal; c'étoit un homme d'une haute pénétration et d'une extrême activité.

Leurs instructions portoient de faire, sur tous les points du royaume, les recherches les plus exactes pour s'assurer des desseins de Buonaparte ; de ranimer ce que le Portugal avoit d'hommes braves et fidèles, et de raffermir le courage du prince régent. Il pouvoit arriver ou que la cour fût effrayée du danger de se mesurer à la fois contre Buonaparte et l'Espagne, ou que ses forces fussent réellement insuffisantes pour une lutte aussi redoutable.

Dans le cas où la cour de Lisbonne ne pourroit ou ne voudroit pas se défendre, lord Saint-Vincent étoit chargé de mettre à la disposition du prince régent sa flotte, l'armée embarquée à Plymouth, et tous les fonds nécessaires pour le sauver, et lui assurer au Brésil une retraite inaccessible à son ennemi.

Mais il pouvoit arriver que la cour de Lisbonne, pétrifiée par la crainte, ou dominée par l'influence du parti français, ne voulût ni se défendre ni se sauver ; dans ce cas, lord Saint-Vincent avoit ordre de s'assurer de la flotte portugaise, et de faire usage de tous ses moyens pour l'enlever à Buonaparte.

Mais tandis qu'on s'occupoit de ces grands projets, la face des affaires politiques avoit subi de grands changemens. Le général Junot, ambassadeur à Lisbonne, avoit quitté cette ville pour aller rejoindre l'armée; les troupes rassemblées à Bayonne avoient été rappelées; les regards de la France s'étoient détournés du Portugal; et le théâtre des grands évènemens étoit maintenant dans la Pologne, et au-delà de la Vistule.

Rassuré par cette circonstance, le gouvernement portugais reprit confiance. Le prince régent se montra dans les meilleures dispositions pour l'Angleterre. Les offres généreuses et désintéressées du gouvernement britannique furent accueillies avec toutes les marques d'une vive reconnoissance, et son apparente sollicitude pour le salut du Portugal fit une profonde impression sur la nation entière. Jamais, en effet, la cour de Lisbonne ne s'étoit trouvée dans une situation plus périlleuse: il falloit choisir entre Buonaparte ou l'Angleterre; et l'alliance de l'Angleterre présentoit moins de dangers que la servitude sous Buonaparte. Mais la distance où il avoit transporté le théâtre de la guerre étoit telle, que Lisbonne pouvoit respirer quelque temps. L'armée embarquée à Plymouth fut mise à terre; le prince régent accepta, pour un autre temps, les secours que lui offroit le prince son allié; on convint ou que l'on recevroit en Portugal les troupes de Sa Majesté britannique, ou que le gouvernement portugais passeroit au Brésil, si la nature des circonstances lui imposoit ce sacrifice. Lord Saint-Vincent reprit sa station sur le Tage; le gouvernement anglais ne perdit rien de sa vigilance, et, tenant alternativement l'œil sur les évènemens du Nord et sur la péninsule, se tint prêt à soustraire à Napoléon une proie à laquelle il n'avoit pas renoncé, et sur laquelle nous le verrons se précipiter lorsque ses triomphes en Pologne et la paix avec la Russie lui rendront inutiles ses armées dans le nord de l'Europe. Mais avant de reprendre le cours de ces évènemens, je dois m'occuper d'une entreprise audacieuse qui se passoit dans le Nouveau-Monde, et à laquelle l'état actuel de l'Amérique espagnole donne un nouvel intérêt.

Miranda étoit un homme d'un esprit ardent, propre aux entreprises les plus téméraires, exalté par les idées de liberté qu'il avoit puisées de bonne heure dans les ouvrages philosophiques de son siècle. Il étoit né à Mexico en 1766, d'une famille distinguée, originaire de Castille. A peine âgé de seize ans, il passa en Europe, vint à Madrid, et entra dans un régiment. Dès lors il se montra ce qu'il devoit être un jour, inquiet, entreprenant, peu soumis à la discipline, peu d'accord avec les jeunes officiers ses camarades. Le ministre de la guerre, instruit de sa conduite, lui fit repasser les mers, l'envoya à Guatimala, où il fut employé dans les troupes de la province; mais en traversant les mers, il changea de climat, et non de caractère. Miranda forma le projet hardi d'établir la liberté sur une terre flétrie depuis plusieurs siècles par la plus dure servitude : il établit des sociétés secrètes, fit passer ses idées dans plusieurs têtes jeunes et ardentes comme la sienne, attira même dans son parti de riches et puissans propriétaires, mécontens du gouvernement; et peut-être eût-il hâté de trente ans la révolution qui s'est opérée dans son pays, si, comme il arrive toujours, il n'eût été trahi par quelqu'un de ses complices. Averti à temps, il parvint à s'échapper, parcourut quelques États de l'Europe, et vint en 1790 se fixer à Paris, où l'attiroient les évènemens politiques qui agitoient alors la France. Il s'y lia avec quelques hommes du même caractère que lui, entra dans les clubs, et s'y fit bientôt remarquer. Il étoit d'une taille élevée, d'une figure ouverte et prévenante, parloit bien le français, et s'exprimoit avec abondance et facilité. Il étoit aisé de s'apercevoir qu'il avoit beaucoup lu et beaucoup retenu. Il possédoit surtout de grandes connoissances dans le génie militaire. Miranda obtint du service, fut employé comme officier-général dans l'armée de Champagne, sous les ordres de Dumouriez, s'y distingua, obtint en 1793 le commandement de l'armée de Flandre, assiégea Maëstricht, étoit sur le point de prendre cette place, lorsque le général Lanoue s'étant laissé battre, il se vit forcé de reporter ailleurs son courage et ses talens. Il s'étoit jusqu'alors acquis une grande réputation : la perte de la bataille de Nerwinde la lui enleva; et quoiqu'il n'y eût commis aucune faute, il se vit tout à coup transporté du champ d'honneur dans la salle du tribunal révolutionnaire. Il s'y défendit avec beaucoup de fermeté et de présence d'esprit, échappa de cet antre, rentra dans les factions, se fit déporter en 95, rentra encore, prit part aux évènemens du 18 fructidor, fut déporté de nouveau, revint de nouveau à Paris sous le gouvernement consulaire, inquiéta Buonaparte, se fit déporter pour la troisième fois, passa en Amérique, et essaya de nouveau de soustraire son pays à la domination de la métropole. C'est ici que nous devons plus particulièrement le considérer.

Le gouvernement anglais avoit depuis long-temps des vues sur l'Amérique méridionale :

toujours prêt à sacrifier tous les devoirs à son intérêt, il avoit, après la conquête du Cap, autorisé sir Home Popham, non seulement à conférer avec Miranda sur ses projets de révolution, mais à les soutenir et les encourager dans le cas où ils pourroient servir à établir la puissance anglaise à Buénos-Ayres, et faciliter son commerce avec ces riches contrées.

Si l'on en croit les historiens anglais, des considérations particulières pour la Russie avoient, peu de temps après, décidé le gouvernement à renoncer à cette expédition. Mais sir Popham, dont l'imagination s'étoit exaltée dans ses conférences avec Miranda, crut pouvoir, sans attendre d'autres instructions, poursuivre son dessein, bien convaincu qu'il ne seroit pas désavoué s'il réussissoit : il montoit le vaisseau *le Diadême*, de 64 canons. Tous les rapports qu'il recevoit lui annonçoient le plus facile succès ; et l'avantage de conquérir à son pays une place telle que Buénos-Ayres lui paroissoit si grand, qu'il crut pouvoir agir de son propre mouvement. Il parvint à faire adopter ses idées à sir Baird, et obtint de lui un petit corps d'armée, sous les ordres du général Béresford. Plein de ses projets de conquête, il partit du cap de Bonne-Espérance, sans laisser un seul bâtiment pour protéger cette importante possession, fit voile pour Sainte-Hélène, y recruta encore quelques troupes; et avec seize mille hommes pour tout appui, il se dirigea vers Rio-de-la-Plata, délibéra quelque temps s'il attaqueroit Buénos-Ayres ou Montevideo, se décida pour la première de ces places, et s'en rendit maître. On y trouva 1,200,000 dollars appartenant au trésor public, et l'amiral les expédia pour l'Angleterre. Les jésuites, plus riches que le trésor, avoient en coffres 3 millions de dollars; on s'en saisit pour en faire la répartition à l'armée.

Dès que la nouvelle de cette conquête arriva à Londres, l'enthousiasme fut universel; sir Popham annonçoit un commerce immense, des richesses incalculables qui alloient donner au commerce britannique une existence colossale. Toutes les manufactures s'empressèrent de fabriquer et d'expédier; l'illusion dura peu.

Lord Béresford n'avoit réussi que par surprise. Lorsque les Espagnols furent revenus de leur frayeur, qu'ils eurent compté le nombre de leurs ennemis, ils rougirent de leur lâcheté : les campagnes s'insurgèrent; le colonel Liniers, officier français au service de l'Espagne, se mit à la tête d'un corps de mille hommes, et marcha sur la ville. En un instant, la révolte fut générale. Les Anglais, effrayés, essayèrent de sortir de la ville pour se rembarquer; les vents avoient écarté leurs vaisseaux : réduits à se battre dans les rues et sur la place publique, ils perdirent environ deux cents hommes; treize cents autres, pour se soustraire à un massacre inévitable, capitulèrent, et furent déclarés prisonniers de guerre. Ainsi finit, pour l'Angleterre, l'expédition de Buénos-Ayres; mais elle n'étoit point finie pour Miranda.

Abandonné des Anglais, il se rejeta du côté des États-Unis d'Amérique, et obtint la permission de former à New-York un petit armement, avec lequel il mit à la voile : ses forces maritimes consistoient en un petit bâtiment armé de 18 canons, et deux petits shooners; son armée de terre étoit de trois cent soixante aventuriers de diverses nations, y compris les équipages. Ce fut avec cela qu'il entreprit la conquête de l'Amérique espagnole. Avant de s'y rendre, il se dirigea vers Saint-Domingue, dans l'espoir d'en tirer quelque secours. Trompé dans son attente, il reprit son projet, et se proposoit d'attaquer Caracas, lorsqu'il fut attaqué lui-même par un brick de 20 canons et un shooner de 16, près de Puerto-Bello. Le combat ne lui fut pas favorable; il perdit ses deux shooners, et parvint à peine à se sauver avec son brick à l'île de Grenade. Une partie de ses compagnons fut pendue, l'autre emprisonnée dans différentes forteresses. De Grenade il passa à la Trinité, parvint à y enrôler quelques gens sans aveu, forma une nouvelle expédition, vogua sous l'escorte de bâtimens anglais disposés à protéger sa descente, débarqua à Coro sans difficulté, et entra dans la ville. Il comptoit beaucoup sur ses proclamations; mais il inspira peu de confiance aux Espagnols, qui ne virent en lui qu'un aventurier sans appui. Les habitans prirent les armes; et malgré tous ses efforts pour les persuader, il se vit obligé de se rembarquer, et retourna à la Trinité. On annonça en Europe qu'il avoit été pendu; mais nous le verrons bientôt reparoître, protégé par Buonaparte, qui lui avoit envoyé le chevalier S*** pour conférer avec lui, et voir ce qu'on pouvoit tenter sur les colonies espagnoles.

CHAPITRE VII.

Affaires maritimes. Suite des opérations militaires. Position et forces respectives des puissances belligérantes. Plans de campagne. Combats de Mohringen, Deppen, Hoff, et d'Eylau. Retraite des Français sur la Vistule, et des Russes sur la Pregel.

Nous avons vu que Buonaparte avoit essayé de créer une réputation militaire à son frère Jérôme, tantôt en l'employant sur les flottes, tantôt en lui donnant le commandement d'une croisière. Malgré le désastre de Trafalgar, Napoléon ne désespéroit pas encore de sa puissance maritime. S'il lui étoit désormais interdit de déployer un grand appareil de forces, et de songer à descendre en Angleterre sous la protection de ses escadres, il conservoit l'espoir de les montrer encore dans toutes les parties du monde commerçant, en y envoyant des divisions assez fortes pour inquiéter le commerce britannique, et porter l'effroi dans ses colonies. La fortune sembloit le favoriser pour la sortie de ses flottes, mais elles étoient moins heureuses pour leur retour; une seule, après avoir parcouru les eaux d'Amérique, étoit rentrée à Rochefort, non seulement sans avoir éprouvé aucune perte, mais après avoir causé beaucoup de dommage aux colonies ennemies.

L'escadre commandée par l'amiral Willaumez n'eut pas le même bonheur. Elle étoit sortie de Brest en 1805, et destinée pour le cap de Bonne-Espérance; mais l'amiral français ayant appris en mer que cette importante possession étoit tombée au pouvoir des Anglais, il fit voile pour San-Salvador, au Brésil; et après y être resté quelque temps pour rafraîchir ses équipages, parmi lesquels s'étoient manifestés quelques symptômes de maladie, il appareilla pour la Martinique. Son escadre consistoit en six vaisseaux de ligne et une frégate. Lord Cochrane, qui croisoit dans ces mers, n'avoit à lui opposer que quatre vaisseaux de haut bord et trois frégates. Malgré l'infériorité de ses forces, il n'hésita pas à suivre l'escadre française, dans l'intention de prévenir ses desseins sur les colonies anglaises.

L'amiral Willaumez, arrivé à la Martinique, s'y arrêta peu de temps, et, après y avoir réuni toutes ses forces, quitta cette station, et se dirigea vers le Nord. Lord Cochrane se remit à sa suite, non pour le combattre, mais pour l'observer, et prévenir les tentatives qu'il pourroit faire sur les possessions de Sa Majesté britannique.

A la hauteur de Saint-Thomas, l'amiral français retarda sa marche, comme pour engager son ennemi au combat. Mais celui-ci, considérant l'infériorité de ses forces, instruit d'ailleurs que l'escadre française, depuis son départ de la Martinique, avoit été renforcée d'un vaisseau de ligne et de trois frégates, évita sagement de s'engager, et, content d'avoir suivi les Français jusqu'à Porto-Ricco, reprit sa croisière, laissant deux frégates pour observer leurs mouvemens.

On devoit s'attendre qu'à la première nouvelle de la sortie de l'amiral Willaumez, de son débarquement à San-Salvador, et de son départ pour les îles du vent, l'amirauté anglaise n'épargneroit rien pour détruire son escadre. A peine avoit-il quitté la Martinique, que sir Borlasse-Warren arriva à la Barbade avec six vaisseaux de ligne. Une autre escadre, sous les ordres de sir Richard-Strachan, avoit été dépêchée pour croiser sur les côtes du Brésil; et lorsqu'on apprit qu'il avoit fait voile pour les Indes occidentales, une troisième escadre, commandée par sir Thomas

Louis, eut ordre de lui couper la retraite; d'un autre côté, tous les ports où il pouvoit espérer de se réfugier furent bloqués.

Avec de telles précautions, il étoit difficile que l'amiral français parvînt à sauver sa division, et à revoir les lieux d'où il étoit parti. Sa position étoit des plus périlleuses. Il voyoit tous ses projets déconcertés par la prévoyance, l'activité et les forces de l'ennemi. Dans cette situation, il ne songea plus qu'à sauver ses bâtimens, en les distribuant sur différentes directions.

Le Vétéran, de 74, commandé par Jérôme Buonaparte, se sépara le premier, et fut le plus heureux de cette malheureuse expédition. Il se trouvoit, au mois d'août, à cent lieues de Brest, au nord des Açores, lorsqu'il découvrit la flotte marchande de Québec, qui marchoit sous la protection de la frégate *le Champion*; il l'attaqua, prit ou détruisit six navires chargés de cuivre et d'autres objets de valeur. Peu de jours après, ayant été chassé par un vaisseau de ligne anglais, il parvint à gagner les côtes de Bretagne, et à se réfugier dans le petit port de Concarneau, où il trouva protection sous les batteries de la côte.

Jérôme s'étoit séparé de l'escadre dans le golfe de Floride. Après son départ, le reste de cette division fut accueilli d'une horrible tempête, dans laquelle elle eut beaucoup à souffrir. Le vaisseau amiral *le Foudroyant*, de 84 canons, après un combat acharné avec la frégate *l'Anson*, de 40 canons, relâcha à la Havane. *L'Impétueux*, après avoir perdu ses mâts, et considérablement souffert par la violence de la tempête, gagnoit la baie de Chesapeack, lorsqu'il fut atteint par trois vaisseaux de l'escadre de sir Richard Strachan. Il essaya vainement de se sauver et de prendre terre : il fut incendié par les brûlots du *Melampus*, et son équipage resta prisonnier de guerre. Deux autres bâtimens de 64 canons, furent également détruits dans la baie de Chesapeack, tandis que *le Cassant*, que l'on croyoit coulé bas, parvint, après la navigation la plus pénible et la plus hasardeuse, à entrer dans le port de Brest.

Cette campagne maritime coûta à la France quatre vaisseaux de ligne pris par l'ennemi, sept autres détruits ou mis hors de service, quatorze frégates prises ou détruites, trente à quarante schooners, corvettes ou bricks. Ainsi périssoient en détail toutes nos forces maritimes. Reportons maintenant nos regards sur le continent, et suivons les opérations militaires commencées l'année précédente.

Les deux plus grandes puissances de l'Europe sont aux prises : d'un côté la Russie, secondée des débris de l'armée prussienne, des foibles légions de la Suède, mais soutenue par l'Angleterre de tous ses moyens de crédit et de toutes ses forces de mer ; de l'autre, Napoléon, disposant des ressources immenses de la France, de l'Italie, de la Hollande, de l'Espagne, et d'une partie de l'Allemagne.

Mais tout n'étoit pas égal des deux côtés. La Russie combattoit sur son propre terrain ; elle avoit dans les rigueurs de son climat un auxiliaire puissant, qui, plus tard, devoit exercer toutes ses vengeances sur l'insatiable ambition du vainqueur du continent. Ses recrues rejoignoient facilement ses armées ; ses magasins étoient sous sa main. Il s'en falloit bien que Napoléon eût tous ces avantages. À mesure qu'il s'enfonçoit dans la Pologne, le ciel devenoit plus inclément, ses approvisionnemens plus difficiles. Le Russe bravoit l'intempérie des saisons, à laquelle il étoit accoutumé ; le soldat français avoit de la peine à s'y habituer. L'implacable Gustave, malgré la foiblesse de son armée, inquiétoit Buonaparte ; il pouvoit, avec des troupes venues d'Angleterre et les siennes, se porter sur la basse Saxe, et s'avancer de Dantzick et de

Colberg jusqu'à Hambourg. La Hesse étoit insurgée. Les paysans, accablés par les vexations des Français, avoient pris les armes, s'étoient organisés en bataillons, avoient mis à leur tête les anciens officiers Hessois dont les corps n'avoient pas pris de service dans les troupes françaises. Ce mouvement, qui commençoit à s'étendre dans le Hanovre, et même dans la Saxe, pouvoit avoir des résultats funestes pour l'armée de Napoléon; heureusement le prince de Hesse se hâta d'interposer sa médiation paternelle, et, par ses affectueuses remontrances, parvint à calmer cette effervescence. Peu s'en fallut donc que le foyer de la guerre ne se rallumât au sein de l'Allemagne; et l'on peut présumer que si l'insurrection eût étendu ses progrès, l'Autriche ne se fût pas refusée à tendre la main aux insurgés. Mais elle fit en 1807 la faute qu'avoit faite la Prusse en 1805 : elle garda son immobilité.

On a remarqué, avec raison, que ce n'est pas de la force physique que dépend le sort ou la puissance des empires, mais de la direction qu'elle reçoit du génie, de l'unité de vues, de la promptitude des résolutions, et de la justesse de l'exécution. Le poëte Kotzebuë, devenu journaliste, ne parloit jamais de l'armée de Prusse sans dire : *la première armée de l'univers;* cette première armée de l'univers, mal servie, mal dirigée, se dissipa devant le génie de Buonaparte comme la poussière chassée par un vent impétueux. Nous allons bientôt voir la Russie elle-même perdre sa renommée, et abaisser son sceptre devant l'étoile de Napoléon.

La bataille de Pultusk avoit été sanglante, la victoire long-temps disputée, et le résultat en étoit indécis. Buonaparte ne se dissimuloit pas les désavantages de sa position; il ne se voyoit pas, sans quelque sollicitude, à une distance immense du Rhin; mais sa tête active pourvoyoit à tout: des bords de ce fleuve jusqu'à son camp, tout étoit en mouvement. Toutes les contrées soumises à son pouvoir ou à son influence étoient en réquisition pour l'approvisionnement de son armée; des milliers de charriots, chargés de munitions de toutes espèces, couvroient les routes dans toutes les directions; et l'on eût dit, à en juger par cette extraordinaire activité, que toutes les parties de l'Allemagne étoient devenues des villes et des places de commerce. Chaque jour, de nouvelles légions partoient des bords du Rhin pour se rendre au quartier-général; et telle étoit l'infatigable activité de leur empereur, qu'ils étoient sûrs, en y arrivant, d'y trouver vivres, munitions, et tout ce qui étoit nécessaire pour les défendre des rigueurs du climat. Les regards de Napoléon ne s'arrêtoient pas sur son armée; il les portoit successivement sur tous les cabinets de l'Europe, où il entretenoit des intelligences, et dont il avoit étudié les dispositions. Aussi habile à diviser qu'à combattre, il s'appliquoit à y répandre la discorde, et surtout à semer les défiances parmi ceux dont l'union eût pu lui être préjudiciable. Ami de la guerre, il affectoit souvent un amour singulier pour la paix; et quand il avoit besoin de gagner du temps pour préparer ses armemens, il radoucissoit ce que ses relations diplomatiques avoient habituellement d'orgueil et de dureté, pour proposer des négociations; mais il les employoit moins comme but que comme moyens. C'étoit ainsi que, tandis qu'il disposoit tout pour renverser la Prusse et détruire le colosse redoutable de la Russie, il assoupissoit leur prévoyance et celle de la Grande-Bretagne par un désir extérieur d'épargner le sang, et de donner la paix au monde. Son arrière-pensée étoit de partager la Russie, et d'en former deux empires: l'un à Saint-Pétersbourg, l'autre à Moscou. Malgré toutes les injures dont il avoit rempli ses feuilles politiques contre le roi de Suède, il n'oublia ni caresses, ni flatteries, ni promesses pour le faire entrer dans ses intérêts, professant pour lui les sentimens les plus exaltés d'estime et d'admiration.

Pour diviser les forces d'Alexandre, il parvint à lui faire déclarer la guerre par la Perse et la Turquie. Ce n'étoit pas un médiocre spectacle de voir dans son camp un ambassadeur de la sublime Porte et un ambassadeur du sultan de Perse. Avoit-il le projet d'engager ce dernier souverain dans ses intérêts, pour essayer de nouveau d'aller, à travers ses Etats, attaquer les possessions de la Grande-Bretagne dans l'Inde? c'est ce qu'il est difficile de décider, tant il renfermoit soigneusement ses secrets en lui-même. Mais il est constant qu'il nourrit constamment cette pensée, et qu'il n'y avoit pas encore renoncé quand il entreprit, en 1812, sa grande expédition contre la Russie.

Il n'oublioit rien de ce qui pouvoit frapper les regards et l'imagination de la multitude. Il fit placer avec ostentation, devant le palais de la république, à Varsovie, les canons qu'il avoit enlevés aux généraux Kameskoy, Benigsen, Buxvooden, dans les batailles de Czarnovo, Pultusk et Golymin; et pour que ce spectacle produisît un plus grand effet, on ne manqua pas de faire observer que c'étoient les mêmes que l'armée russe avoit traînés avec tant d'ostentation dans les rues de Varsovie, lorsqu'elle alloit au-devant des Français. C'étoit ainsi qu'après s'être rendu maître de Berlin, il avoit affecté de faire passer dans cette capitale, et d'offrir aux regards et à l'imagination de ses habitans, la garde royale prussienne désarmée, se rendant prisonnière de guerre en France.

Il remplissoit ses bulletins d'hyperboles et d'ostentation, exagérant les pertes de l'ennemi, représentant celles des Français comme nulles, afin d'exciter l'émulation des jeunes conscrits, et de leur montrer beaucoup de gloire à acquérir et peu de dangers à courir. Quoique d'une humeur sombre, taciturne et morose, il affectoit avec ses généraux le ton et les manières les plus prévenantes, vantoit leur habileté, leurs faits d'armes, l'étendue de leur intelligence et de leurs conceptions, et se livroit, dans ses conversations particulières, aux plaisanteries les plus piquantes, souvent les plus amères, contre le caractère, l'esprit et la conduite de l'ennemi. Il s'étudioit particulièrement à faire oublier son origine italienne, à se montrer Français avant tout, à prodiguer l'éloge à la France, à son climat, à ses mœurs, à ses arts, à sa gloire. Parloit-il aux Français de sa puissance, il la montroit établie sur le concours de tous les cabinets, sur leur affection et leur dévouement. Avoit-il à traiter avec des cabinets, il leur faisoit voir son trône fondé sur la volonté, sur l'amour des Français, sur les ressources inépuisables de son empire. Cependant, au milieu de ces marques extérieures d'assurance, il trembloit sans cesse pour son autorité, et s'effrayoit de la fragilité d'une grandeur toute factice. Mais à l'illégitimité de ses droits, il substituoit habilement le jeu de toutes les passions, qui agitent les rois comme leurs sujets, les empires comme les familles, et dominoit les uns par l'espérance, les autres par l'intérêt, tous par la crainte. Tels étoient les fondemens d'un pouvoir tout artificiel; car auprès de ses caresses pour les Français, étoient sa tyrannie personnelle, celle de ses préfets, les exactions du fisc, les douleurs maternelles que renouveloit sans cesse la conscription. La partie éclairée de la nation regardoit son règne comme un de ces effets accidentels de la fortune, qu'un autre accident pouvoit renverser aussi promptement qu'il s'étoit élevé. Si les puissances étrangères, si les nations soumises à son joug pouvoient quelquefois se laisser séduire par les promesses qu'il leur faisoit, par les conseils de l'intérêt et de l'ambition, elles faisoient bientôt un retour pénible sur la dureté de ce joug, sur l'humiliation dans laquelle elles étoient retenues; de sorte que Buonaparte, en paroissant maître du monde, n'avoit réellement qu'une grandeur éphémère et factice. Chaque jour il falloit lui chercher de nouveaux appuis, prévoir l'avenir, parer à tous les retours de la fortune; c'étoit un ouvrage sans fin. Buonaparte ne se le dissimuloit pas, et c'est là le secret de cette éternelle agitation qui a marqué son rapide passage parmi nous.

En s'avançant de front contre les armées russes et prussiennes, il avoit à craindre de voir son flanc gauche et son arrière-garde attaqués par les Suédois, réunis aux troupes anglaises qu'ils attendoient. Dans le cas d'une défaite, on avoit à craindre que l'Autriche ne s'armât pour réparer la honte et les pertes de la campagne d'Austerlitz. Buonaparte, en guerrier plus habile que fidèle aux traités, avoit, pour prévenir cette défection, gardé la forteresse de Brannau, et conservé en Dalmatie une armée de quarante mille hommes, qui pouvoit recevoir des renforts d'Italie, prendre le territoire autrichien en flanc, et menacer même sa capitale.

Après la bataille de Pultusk, il avoit, comme on a vu, pris ses quartiers d'hiver sur la Vistule; les Russes étoient sur le Niémen. Le roi de Prusse, la reine, les ministres, le trésor, escortés de quinze cents hommes d'infanterie et de cavalerie, s'étoient retirés à Mémel. Les débris de l'armée prussienne étoient à Kœnigsberg, sous les ordres du général Lestocq, six mille en garnison à Dantzick, deux mille à Colberg, trois mille à Graudentz, quinze à vingt mille dispersés dans les diverses garnisons de la Silésie. Dans cette extrémité, le monarque prussien avoit besoin d'encouragemens: il en reçut du gouvernement britannique. Un envoyé lui promit des secours en hommes et en argent, et d'abord 80,000 livres sterling, pour l'entretien des garnisons de Silésie.

On estimoit l'armée russe à cent cinquante mille hommes, mais elle n'étoit réellement que de cent mille. L'armée française, que des calculs exagérés portoient à deux cent mille, n'étoit effectivement que de cent cinquante mille. Mais chaque armée recevoit successivement des renforts.

Sur la fin de janvier, le grand corps de l'armée russe étoit protégé d'un côté par un corps de Russes et de Prussiens, sous les ordres des généraux Lestocq, Pahlen et Galitzin, appuyant leur droite sur la Pregel et la Frisch-haff, petite baie séparée de la Baltique par une courte langue de terre, et communiquant avec elle par un étroit passage; de l'autre, il étoit couvert par un corps originairement destiné pour la Moldavie, sous les ordres du général Van-Essen. Le commandement en chef avoit été déféré au général Benigsen. Son plan étoit de tourner le flanc droit de l'armée française, d'étendre sa ligne jusqu'à Thorn et Graudentz, de forcer l'ennemi à évacuer la Pologne, à resserrer ses quartiers, et de le placer ainsi dans une position difficile.

Mais tandis qu'il avoit l'œil sur la Vistule, Buonaparte mesuroit du sien l'espace qui le séparoit de la Prégel et du Niémen; et s'apercevant bien que le dessein du général russe étoit de l'inquiéter dans ses quartiers d'hiver, il résolut, suivant sa coutume, de le prévenir, et de se donner l'avantage de l'offensive.

Un des corps de son armée, commandé par l'habile maréchal Bernadote, s'empara de la ville d'Elbing, où il trouva d'immenses magasins remplis de provisions de toute espèce, et occupa les environs de la place, sur les bords de la Baltique. Après ce succès, il eut ordre de tenter une surprise sur Kœnigsberg, de concert avec le maréchal Ney, qui devoit seconder l'entreprise.

Mais, averti à temps, le général Pahlen se jeta sur le corps du maréchal Ney, le débusqua de sa position, le força de se retirer sur la Dribentz, petite rivière qui se jette dans la Vistule; et feignant de le poursuivre encore dans cette position, retourna tout à coup, et vint tomber avec toutes ses forces sur le prince de Ponte-Corvo, qu'il trouva à Mohringen, où il avoit établi son quartier-général.

Le général russe crut alors l'occasion favorable, et chargea le général Markow d'attaquer les Français avec sa division. Le combat fut sanglant; le 9ᵉ régiment de l'infanterie française perdit son aigle. Les Russes furent d'abord repoussés avec perte; mais ayant été promptement renforcés par une division de cavalerie, sous les ordres du général Aurep, le combat recommença avec un nouvel acharnement, et le carnage fut horrible. Les Français y perdirent mille hommes tués ou blessés, mais la perte des Russes fut immense: les bulletins français la portent à douze mille hommes restés sur le champ de bataille, et parmi lesquels les Russes eurent à déplorer le général Aurep, officier digne d'estime et de regret. Il faut en diminuer quelque chose.

Tandis qu'on étoit aux mains, le prince Michel d'Olgorouki se porta, avec son régiment de dragons, derrière l'armée française, pénétra, sans être aperçu, jusqu'au quartier-général, pilla les équipages du prince de Ponte-Corvo, lui enleva son argenterie, une forte somme d'argent, et même quelques dames qui se trouvoient au quartier. Grand nombre de prisonniers tombèrent entre les mains des Russes; plusieurs généraux, et entre autres le général Victor, surpris par un détachement de la garnison de Colberg, comme il se rendoit pour prendre le commandement de l'armée qui assiégeoit Dantzick.

Cette journée fut une des plus chaudes de la campagne : les deux partis s'attribuèrent respectivement la victoire; si l'on ne faisoit attention qu'à la perte des hommes, elle appartiendroit évidemment aux Français; mais si le vainqueur est celui qui fait la plus courte retraite, l'impartialité veut qu'on en laisse l'honneur aux Russes; car ils se retirèrent à Liebstadt, à six ou sept milles du lieu de l'action, tandis que le général Bernadote fit sa retraite sur la Dribentz, à soixante milles de Mohringen.

Mais le mouvement rétrograde du maréchal Bernadote pouvoit être le résultat d'une combinaison militaire : et c'est en effet de cette manière qu'en parlent nos bulletins.

« Après la bataille de Mohringen, disent-ils, où la garde avancée russe fut défaite, l'ennemi se retira sur Liebstadt. Mais le général Van-Essen ayant reçu de nouvelles troupes, s'avança avec des forces supérieures, dans le dessein de reporter le théâtre de la guerre sur la basse Vistule. L'empereur, informé de ce mouvement, donna ordre au prince de Ponte-Corvo de faire retraite, de favoriser la manœuvre de l'ennemi, afin de l'attirer au-delà de la Vistule inférieure. » Cette relation ne paraît guère susceptible de critique. Dans tous les cas, les règles de la prudence ne permettoient pas au prince de Ponte-Corvo de s'exposer seul contre toutes les forces réunies de l'ennemi.

Sa retraite donna au général en chef russe la faculté de concentrer le corps de son armée à Mohringen et aux environs. Sa droite resta sur la Vistule, entre Elbing et Culm. Ces évènemens firent sortir Napoléon de ses quartiers, et ranimèrent toute son énergie.

Le général Essen étoit trop loin du centre de l'armée russe pour pouvoir exécuter le plan qu'on lui avoit prescrit. Napoléon, avec son activité et sa résolution ordinaires, profita de cette circonstance. Il sortit de ses cantonnemens les 29 et 30 janvier, détacha, sous les ordres du général Savary, un corps pour observer les mouvemens du général russe, posté sur les hauteurs du Bug, en confia un autre au maréchal Lefebvre, pour tenir en échec les Russes et les Prussiens à Culm et à Marienverder; et réunissant l'élite de son armée, il se détermina à attaquer le centre des Russes. Les divisions qu'il avoit réunies étoient celles des maréchaux Davoust, Ney, Soult et Augereau; elles représentoient environ quatre-vingt mille hommes. La garde impériale, composée de quinze mille hommes, étoit sous les ordres du maréchal Bessières, la cavalerie sous ceux du grand-duc de Berg. Elle étoit d'environ trente-six mille hommes au commencement de la campagne; mais les combats et les fatigues l'avoient réduite de près d'un tiers. Ces forces réunies étoient plus que suffisantes pour combattre l'armée russe. Mais Buonaparte prenoit tous ses avantages, persuadé que le Ciel étoit toujours pour les gros bataillons; ce qui n'empêchoit pas qu'il n'affectât habituellement de se fier à la fortune, qui ne l'avoit, disoit-il, jamais trahi.

Sa tactique de prédilection étoit de prendre son ennemi en flanc, de le couper, et d'isoler ses forces. C'étoit ainsi qu'il avoit fait à Marengo, Austerlitz, Iéna : il étoit facile de voir qu'il vouloit employer la même manœuvre contre les Russes.

Ceux-ci marchoient sur la Vistule, par Wildenberg, ville à vingt lieues de Varsovie. C'étoit dans cette ville même qu'étoit le rendez-vous des forces françaises. Murat y avoit rassemblé les siennes le 29 janvier; et d'autres corps s'y étoient réunis lorsque Buonaparte arriva de Varsovie, le 31. Son plan étoit de percer le centre et la gauche de l'ennemi, de prendre des positions entre lui et la Pregel, et, par cette combinaison, de lui couper la retraite.

L'armée française commença sa marche le 1er février, se dirigeant de Wildenberg sur Passenheim, ville qu'on regarde comme la clef de la grande route qui traverse les lacs d'où sortent les sources de l'Alla, qui se jette dans la Pregel, à cinq lieues de Kœnigsberg. Déjà la ville étoit occupée par les Russes, qui, persévérant dans leur projet d'attaquer les premiers, n'avoient point été arrêtés par la marche de l'armée française. Mais le grand-duc de Berg, à la tête de sa cavalerie, tomba si rudement sur eux, qu'il les dissipa en un instant, et entra dans la ville, l'épée à la main.

Le 3 février, l'ennemi étoit sur la Vistule inférieure, et s'apprêtoit à la passer, lorsqu'il reconnut qu'il étoit tourné sur son flanc gauche. Buonaparte s'étant avancé jusqu'au village de Getkendorff, disposa une partie de son armée en ordre de bataille, donna le centre au maréchal Augereau, la droite au maréchal Soult, et forma un corps de réserve de la garde impériale. Il chargea en même temps le maréchal Soult de s'emparer du pont de Bergfried, afin de pouvoir prendre l'ennemi en arrière avec toutes ses forces.

Les Russes, qui sentoient l'importance de ce passage, le défendirent avec la plus grande intrépidité. Mais le canon des Français fit de tels ravages, qu'ils furent forcés d'abandonner la position; ils firent leur retraite en bon ordre. Le lendemain, Murat reconnut la position de l'ennemi. Il avoit profité de la nuit pour se retirer, sans s'occuper de son arrière-garde, qui fut poursuivie pendant six heures, continuant sa retraite en se battant avec beaucoup de courage. La nuit et les mauvais chemins forcèrent les Français de l'abandonner.

Ainsi les revers se multiplioient dans l'armée russe; elle prétendoit toujours avoir battu l'armée française : triste et foible consolation de ses défaites. Il faut avouer néanmoins que les combats devenoient de jour en jour plus meurtriers, et que l'armée russe soutenoit avec bravoure et constance les attaques impétueuses de son ennemi.

Dans le même temps, le général Van-Essen essayoit de fatiguer le corps qui lui étoit opposé, en le faisant harceler par des détachemens de sa division. Mais les Français étant appuyés sur des bois et des marais, souffroient peu de ce genre de guerre. Le général russe résolut alors de les attaquer à la fois sur toute leur ligne; et si l'on en croit les rapports officiels présentés à la cour de Saint-Pétersbourg, il parvint à les enfoncer sur tous les points, et obligea les généraux Savary, Suchet et Beker à se jeter sur la Narrew. Mais si les bulletins de Buonaparte étoient habituellement gonflés d'hyperboles, ceux des Russes étoient aussi très-souvent chargés de pareilles exagérations; et leurs relations sont ici fort opposées aux nôtres. Ils voulurent bien prendre pour une retraite ce qui n'étoit qu'un mouvement combiné avec les opérations générales de l'armée.

Le 4 février, toute cette armée étoit en mouvement, et l'avant-garde marchoit sur Deppen. L'ennemi se retiroit devant elle, en se dirigeant sur la Pregel ; et sa retraite étoit si précipitée, qu'une de ses colonnes se trouva coupée. Buonaparte ordonna au grand-duc de Berg, aux maréchaux Davoust et Soult de suivre l'ennemi, tandis que le maréchal Ney tomberoit sur la colonne séparée de son corps. Murat atteignit bientôt une division de cavalerie de sept à huit mille hommes, la chargea avec son impétuosité ordinaire, et la força à la retraite, quoiqu'elle eût soutenu courageusement son attaque. Ney, de son côté, joignit la colonne russe, et l'enveloppa de toutes parts. Ces braves, se voyant sans ressources, prirent alors la résolution de s'ouvrir un chemin à travers l'ennemi, et se précipitèrent audacieusement sur ses baïonnettes ; les premiers périrent tous ; les autres, désespérant de se sauver, s'enfuirent en désordre, abandonnant leurs drapeaux, leurs canons et leurs bagages. Tel fut le combat de Deppen.

Le lendemain, l'armée française étoit à la poursuite de l'armée russe : le maréchal Soult et Murat marchant sur Landsberg, le maréchal Davoust sur Heilsberg, Ney poursuivant les restes de sa colonne. Murat ayant atteint, entre Hoff et Glaudau, l'arrière-garde russe, commandée par le général Barclay de Tolly, n'hésita pas à l'attaquer. La droite et la gauche de l'ennemi étoient flanquées d'un côté par un bois, de l'autre par une élévation en forme de cône. Elles se battirent courageusement, et repoussèrent plusieurs fois les Français ; mais les dragons et les cuirassiers de la division du général d'Hautpoult étant tombés sur elles avec l'impétuosité de la foudre, elles mirent en pièces deux régimens, leur prirent leurs colonels, leurs enseignes, une grande partie de leurs officiers, et leurs canons.

« Dans ce péril, le corps de l'armée russe fit un mouvement pour soutenir son arrièregarde; mais elle avoit affaire à un ennemi habile, qui savoit profiter de tous ses avantages, et dont la tactique surpassoit de beaucoup celle de ses ennemis. Les divisions des maréchaux Soult et Augereau prirent une position sur la gauche de l'ennemi, et occupèrent le village de Hoff. Ce poste étoit important : l'ennemi s'en aperçut trop tard, et ne négligea rien pour l'enlever aux Français. Dix bataillons furent employés à ce combat. Il devint opiniâtre et sanglant. On se battit des deux parts avec fureur jusqu'à la nuit. Les deux armées la passèrent en présence l'une de l'autre. Le lendemain, le général Benigsen continua son mouvement de retraite sur la Pregel. Les bulletins de Buonaparte firent honneur à

Murat de la journée de Hoff, qu'ils représentèrent comme une victoire complète. Mais l'honneur réel en appartient aux deux maréchaux qui, en menaçant le flanc de l'ennemi, l'obligèrent à revenir sur ses pas, et rendirent ainsi sa retraite plus difficile. Il ne put la continuer qu'en se battant sans cesse avec désavantage. Mais quelque diligence qu'il fît, il ne pouvoit éviter un engagement général. Pressé par des troupes dont l'activité ne se lassoit jamais, il ne songea plus qu'à se procurer de fortes positions, et s'arrêta derrière la petite ville d'Eylau. L'avant-garde française talonnoit l'arrière-garde ennemie. Elle parvint à s'engager sérieusement avec elle entre Eylau et le bois de Hoff, la mit en déroute, et en prit une partie. Alors on découvrit toute l'armée russe derrière la ville, et des deux parts on se prépara à une bataille générale : ce fut la plus sanglante de la campagne. Le froid étoit extrême, la terre couverte de neige. Au milieu des glaces, les deux armées brûloient de décider, dans une action générale, une campagne aussi pénible.

A un quart de lieue de la ville, trois régimens russes occupoient un plateau qui défendoit l'entrée de la plaine ; trois régimens français les attaquèrent ; une colonne russe arriva pour soutenir les siens ; le général de cavalerie Klein tomba sur la colonne russe ; la confusion fut grande de part et d'autre, mais l'ennemi conserva le plateau.

A Eylau, où les Russes vouloient se maintenir, l'affaire devint plus sérieuse et plus sanglante. L'ennemi avoit logé quelques régimens dans une église à peu de distance de la ville. Les Français les attaquent; les Russes soutiennent le combat avec un courage désespéré; le sang coule à grands flots; et ce n'est qu'à la nuit que les régimens ennemis sont forcés d'abandonner leur poste. Les deux armées se trouvoient en présence, sous la vaste tente du ciel, et attendoient le lendemain pour renouveler leurs fureurs martiales. Bientôt le soleil vint éclairer le champ de bataille. On étoit au 8 février. La division du général Legrand occupoit le centre, en face de la ville, le général Saint-Hilaire sur la droite, Augereau sur la gauche. Le maréchal Davoust avoit été détaché le matin pour se porter derrière Eylau, tourner le flanc gauche de l'ennemi, et l'attaquer s'il ne changeoit pas ses positions. Le maréchal Ney marchoit de son côté pour prendre les Russes par le flanc droit.

L'œil exercé de Buonaparte ne s'étoit point encore porté sur l'ensemble de cette vaste scène. Il vint prendre position dans l'église; et jugeant l'importance du plateau qui commandoit la plaine, et que les Russes occupoient encore, il résolut, avant tout, de l'enlever, et chargea le maréchal Augereau de cette attaque, avec quarante pièces de canon. Les Russes avoient les premiers engagé l'action par une forte canonade; la bataille paroissoit devoir se livrer dans la plaine, mais le mouvement du maréchal Augereau l'attira aux pieds du plateau. Les Russes répondirent à son artillerie par une artillerie égale. Les deux armées étant à demi-portée du fusil, tous les coups portoient : le carnage des deux parts devint affreux. Les Russes, las d'être témoins d'un semblable massacre sans résultat, résolurent alors d'entreprendre les Français sur leur gauche; mais le maréchal Davoust s'étant montré tout à coup sur leur arrière-garde, il fallut le combattre. Le centre de l'armée ennemie pouvoit, par la supériorité de ses forces, obtenir sur lui un succès facile. Pour faire diversion, le maréchal Augereau s'avança en colonnes serrées sur le centre des Russes, qui, sans ce mouvement, auroit pu écraser le corps du maréchal Davoust par la supériorité du nombre. En même temps le général Saint-Hilaire, pour favoriser la réunion des deux généraux, se porta sur la droite de l'ennemi.

A l'instant même où ces mouvemens s'opéroient, le ciel couvrit les deux armées d'une si grande quantité de neige, que l'air s'en trouva obscurci, et qu'à peine les soldats des deux armées pouvoient s'apercevoir à deux pas. Alors il ne fut plus possible de tenir de direction. Le général Saint-Hilaire s'égara sur la gauche. L'obscurité dura près d'une heure; et quand la lumière vint éclairer le champ de bataille, vingt mille Russes, soutenus de cavalerie et d'artillerie, se trouvèrent si près du corps de Saint-Hilaire, qu'il fut menacé d'une entière destruction; l'armée française avoit rompu ses lignes, et se trouvoit éparse, en colonnes isolées hors d'état de se secourir mutuellement; tout paroissoit perdu, lorsque le grand-duc de Berg, soutenu de la garde impériale, aux ordres du maréchal Bessières, vint tomber entre l'ennemi et la division Saint-Hilaire, et fit sur l'infanterie russe une charge si désespérée et si heureuse, qu'elle fut enfoncée de toutes parts. La cavalerie russe, qui essaya de soutenir l'infanterie, fut repoussée avec un grand carnage. Les deux premières lignes de l'ennemi furent mises en pièce, la troisième fit sa retraite sur un bois voisin. Depuis long-temps on n'avoit vu deux armées se livrer un combat plus sanglant et plus opiniâtre. Le bulletin français, rédigé sous les yeux de Buonaparte, fit frémir; l'on fut saisi d'horreur en voyant le soin qu'il sembloit avoir pris comme à plaisir, de décrire le contraste horrible du sang et des cadavres gisant sur la neige. L'affaire fut décidée par le maréchal Davoust. Après avoir été long-temps retenu par la chute de la neige, voyant enfin ses mouvemens assurés, il tomba sur l'arrière-garde de l'armée russe, et parvint à lui enlever le plateau qu'elle occupoit. Ainsi Eylau et Averstaedt devoient tout à cet officier. Heureux si, en développant tant de courage et d'habileté, il n'eût pas souillé ses lauriers par des actes d'une cruauté inouïe!

Le corps du maréchal Augereau avoit horriblement souffert. Ce général, dont la bravoure n'a jamais été suspecte, y fut blessé. Dans la confusion universelle, la division qu'il commandoit, accablée par des forces supérieures, montra quelque hésitation, mouvement pardonnable, si Buonaparte eût su pardonner quelque chose. Mais il ne savoit ni maîtriser ses emportemens ni mesurer ses expressions. Il osa prodiguer à l'un des officiers les plus braves de son armée, les épithètes de *lâche* et d'*imbécille*, et l'envoya en France panser ses blessures.

Quelque soin qu'il eût pris pour dissimuler les pertes immenses qu'il avoit faites dans cette bataille, et les dangers qu'il avoit courus, on reçut en France des détails qui inspirèrent aux chefs de son gouvernement les plus sérieuses inquiétudes. Ce n'étoit plus maintenant avec des officiers vendus et des soldats trahis que Napoléon avoit à se mesurer. Ses intrigues, son or et ses espions avoient été sans pouvoir et sans effet dans les cabinets et l'armée de la nouvelle puissance qu'il avoit à combattre. C'étoit maintenant avec de braves soldats contre de braves soldats qu'il falloit engager la bataille; c'étoit corps à corps qu'il falloit soutenir la lutte. Les généraux qui commandoient l'ennemi n'étoient point des hommes de cour choisis par la faveur, mais les plus habiles, les plus courageux officiers du vaste empire de Russie. L'intérieur de la France étoit tranquille; mais ce calme n'eût-il pas été troublé, si, à trois cents lieues de ses frontières, Napoléon eût vu ses légions exterminées ?

La campagne, loin d'être finie, ne faisoit que commencer, et se présentoit, des deux parts, sous les plus sombres aspects. Mais

Buonaparte, dans l'intérieur comme au-dehors, étoit bien servi, parce qu'il savoit honorer et récompenser ceux qui venoient à son service, et qu'il les choisissoit non parmi d'illustres incapables, mais parmi les hommes de tous les rangs qui avoient donné des preuves éclatantes de leurs talens.

La bataille d'Eylau avoit duré douze heures, pendant lesquelles trois cents pièces de canon avoient vomi la mort sur des combattans dont les lignes étoient assez rapprochées pour que tous les coups portassent. Le carnage fut affreux; mais quelle fut la perte des deux parts, c'est ce qu'il est difficile à fixer? Des deux côtés on réclama l'honneur de la victoire; des deux côtés on cacha ses désastres, on exagéra ceux de l'ennemi. Les bulletins français portèrent à quatre le nombre des colonels tués, à mille celui des soldats, à cinq mille cinq cents celui des blessés, et, parmi eux, mille quatre-vingt-dix hors de combat pour jamais, quatre colonels, cinq généraux, et de ce nombre le général Hautpoult; un aigle perdu.

Ils chargèrent le champ de bataille de sept mille Russes tués, et terminèrent leur récit par ces mots : « Ainsi, le résultat de l'expédi-
« tion des Russes, commencée le 27 janvier, et

« dont l'objet étoit de nous jeter au-delà de
« Thorn, de tourner notre gauche, s'est trouvé
« fatal pour eux. Il a coûté à l'ennemi douze
« à quinze mille prisonniers, autant en morts
« et en blessés, quarante-cinq pièces d'artil-
« lerie et dix-huit drapeaux. »

Mais les récits des généraux russes sont bien différens. Le général Benigsen écrivit du champ de bataille, le 8 février, une lettre à l'empereur de Russie, dans laquelle il se vanta d'avoir complètement battu les Français, de leur avoir fait mille prisonniers, pris douze drapeaux, *qu'il avoit,* disoit-il, *l'honneur d'envoyer à Sa Majesté.* Il ajoutoit : « J'ai été
« attaqué sur mon centre et sur mes ailes par
« Buonaparte en personne; mais il a été dé-
« fait sur tous les points. Sa garde est venue
« attaquer le centre plusieurs fois, et chaque
« fois elle a été repoussée avec une perte con-
« sidérable. Des colonnes d'infanterie et un
« régiment de cuirassiers ont été totalement
« détruits. »

Il faisoit ensuite l'évaluation des pertes respectives; il estimoit celle des Russes à six mille hommes, mais il faisoit monter à douze mille celle des Français. Cependant, la prise de douze drapeaux étoit un fait trop invraisemblable pour être cru. On ne pouvoit concevoir, d'une part, que les Français qui étoient restés maîtres du champ de bataille les eussent perdus, et, d'une autre, qu'un général osât braver la vérité, jusqu'à dire à l'empereur qu'il les lui envoyoit. L'Europe regarda ce mot comme une de ces fraudes patriotiques dont les Russes comme les Français ne faisoient que trop souvent usage. Le rapport du général prussien Ruchel surpassoit bien autrement encore celui de Benigsen.

Il portoit à trente mille le nombre des Français tués, blessés et relevés sur le champ de bataille, diminuoit dans la même proportion celui des alliés. Il est constant que cette affaire ne fut qu'une horrible boucherie sans résultat. Le 24ᵉ régiment de ligne, commandé par le colonel Semélé, fut anéanti; et l'on peut fixer à quinze mille la perte réelle de notre armée en hommes tués ou hors de combat. Les deux parties belligérantes échouèrent complètement dans leurs projets. Buonaparte vouloit s'emparer de Kœnisberg, cette place resta au pouvoir de l'ennemi; les Russes vouloient rejeter les Français au-delà de la Vistule, ils gardèrent leurs positions. Le maréchal Augereau et le maréchal Lannes se retirèrent de l'armée, l'un frappé de la disgrâce de Napoléon, l'autre indigné de voir toute la gloire de cette prétendue victoire attribuée à Murat, qui avoit donné, sans doute, des preuves d'une extrême bravoure, mais n'avoit surpassé aucun des autres généraux.

Le nombre des blessés étoit tel, que quarante-huit heures après le combat, cinq mille Russes étoient encore sur le champ de bataille, les Français ayant manqué de moyens pour les enlever. On leur portoit du pain et de l'eau-de-vie, jusqu'à ce qu'on pût les envoyer à l'ambulance. Un champ d'une lieue carrée offroit l'affreux spectacle de quinze mille cadavres, hommes et chevaux. La terre étoit couverte de fusils, de sabres brisés, de boulets de canon; trente pièces d'artillerie étoient restées sur le champ d'honneur, et l'on voyoit auprès d'elles les canonniers tués au moment où ils vouloient encore les servir. Les blessés russes furent conduits à Thorn et dans les hôpitaux français, sur la gauche de la Vistule. Buonaparte s'étoit cru si sûr de la victoire, qu'il avoit fait écrire par le général Berthier à l'impératrice Josephine : « Demain nous serons à Kœnisberg. » Mais il fallut reprendre ses premières positions.

CHAPITRE VIII.

Continuation de la guerre. Ouvertures de paix faites par Buonaparte et rejetées. Bataille d'Ostrolenka. Siége de Dantzick. Arrivée de l'empereur de Russie et du grand-duc Constantin à Memel. Défaite des Prussiens chargés de secourir Dantzick. Attaque inutile des Russes sur toute la ligne française. Reddition de Dantzick. Siége de Stralsund abandonné par les Français. Défaite des Suédois. Arrivée du roi de Suède à Stralsund. Secours que lui promet l'Angleterre.

Après avoir séjourné huit jours sur le champ de bataille, Buonaparte reprit ses positions sur la Vistule. Mais il craignoit que les nouvelles venues d'Eylau ne fissent une trop grande impression sur quelques souverains du corps germanique, et ne les portât à la défection. Il eut recours à ses ruses ordinaires. Il envoya le général Bertrand au commandant en chef de l'armée russe, pour lui faire part des ouvertures du genre le plus pacifique. Le

Russe répondit, en soldat, qu'il avoit été envoyé pour se battre et non pour négocier. Buonaparte ne se rebuta point. Il envoya Bertrand à Memel, faire les mêmes propositions au roi de Prusse. Elles ne furent pas accueillies plus favorablement; mais ses vues étoient remplies. Il fit publier dans ses journaux que les deux puissances alliées désiroient vivement la paix, que les négociations étoient entamées, que Duroc étoit parti pour Saint-Pétersbourg, et donna à entendre qu'il avoit, comme auparavant, des intelligences sûres à la cour de Berlin. Ces bruits retinrent les cabinets qui auroient été tentés de secouer le joug qu'il leur avoit imposé, sûrs d'être secourus par la Prusse et la Russie. Ils tendoient également, par le mystère dont il avoit soin de les couvrir, à exciter des soupçons entre les cours alliées. Aussi tout resta tranquille dans les cabinets diplomatiques; mais il n'en fut pas de même dans les camps.

Malgré les désastres d'Eylau, et la nécessité où les Russes s'étoient trouvés de se retirer derrière la Pregel, les généraux ne persévérèrent pas moins dans leur premier plan de campagne, celui de prendre l'offensive contre les Français, et de les harasser sans cesse, par tous les moyens possibles, et malgré toutes les rigueurs des saisons. Tandis que les Français étoient encore à Eylau, un détachement de Cosaques fort de mille hommes parvint à reprendre trois mille prisonniers russes, à quinze lieues de ce champ de bataille.

Le général Van-Essen, à la tête de vingt-cinq mille hommes, s'avança sur Ostrolenka, aux bords de la Narew, et découvrit bientôt le corps du général Savary, qui commandoit les postes avancés. Instruit de sa marche, le général Gazan se porta sur le même point avec sa division, attaqua l'ennemi au point du jour, et le défit complètement. Mais dans le même moment, un corps russe sur la rive gauche de la rivière se présenta devant la ville d'Ostrolenka, défendue par deux détachemens des divisions Oudinot et Gazan. Les Français les laissèrent pénétrer dans la ville; et quand ils les y virent suffisamment engagés, ils les chargèrent intrépidement à la baïonnette. Trois fois les Russes se précipitèrent sur leur ennemi, et trois fois ils furent repoussés, en laissant les rues couvertes de leurs morts. Leur perte fut si grande, qu'ils se virent obligés d'évacuer la ville, et d'aller prendre position sur un monticule qui la commande. Mais les divisions françaises marchoient pour les combattre. Les troupes du général Suchet entrèrent à midi à Ostrolenka. L'armée étoit disposée ainsi qu'il suit : la droite au général Oudinot, le centre au général Suchet, la gauche au général Reille. Le général Savary se couvrit de toute son artillerie, et marcha à l'ennemi. La cavalerie d'Oudinot tombant d'abord sur un corps de Cosaques de l'arrière-garde, le tailla en pièces. Le combat s'engagea alors avec impétuosité; des deux côtés le feu fut terrible. A la fin, les Russes, entamés, abandonnèrent leurs positions, et furent poursuivis pendant trois lieues, toujours se battant, perdant toujours des soldats et du canon. Cette affaire leur coûta treize cents hommes tués, douze cents prisonniers, sept pièces d'artillerie, deux drapeaux. La victoire fut due aux habiles et savantes dispositions des généraux qui commandoient. Nos bulletins réduisirent notre perte à soixante hommes; mais on eut à regretter le général Campana, officier d'un grand mérite, né dans le département de Marengo. Ce triomphe fit oublier la perte de cinq cents Français, surpris et faits prisonniers quelques jours avant par Platow, hetman des Cosaques.

Bientôt on prit une revanche sur un corps prussien que nos troupes rencontrèrent dans leur marche sur Marienwerder : ils le mirent en déroute, et lui enlevèrent trois cents hommes et deux cent cinquante chevaux.

Buonaparte crut alors devoir s'arrêter. Il ne vouloit pas laisser derrière lui des places telles que Colberg, Graudentz, et surtout Dantzick. Mais il craignoit en même temps, s'il rentroit dans ses quartiers d'hiver, que cette résolution ne parût plutôt un effet de la crainte qu'une mesure de prudence. Pour éviter jusqu'à l'apparence d'une retraite, il adressa à son armée une proclamation qu'il eut soin de répandre en Allemagne et sur tous les points du théâtre de la guerre.

« Soldats, nous commencions à prendre
« quelque repos dans nos quartiers d'hiver,
« lorsque l'ennemi est venu attaquer nos pre-
« miers postes, et se montrer sur la basse Vis-
« tule. Nous avons marché contre lui. Nous
« l'avons poursuivi l'épée dans les reins pen-
« dant quatre-vingts lieues. Nous lui avons en-
« levé soixante-cinq pièces de canon, seize
« drapeaux ; tué, blessé ou pris quarante
« mille hommes. Les héros qui, de notre
« côté, sont restés sur le champ d'honneur,
« ont subi une mort glorieuse. Ainsi meurt
« un vrai soldat. Leurs parens seront l'éternel
« objet de nos soins et de notre munificence.

« Contens d'avoir déconcerté toutes les en-
« treprises de notre ennemi, nous allons re-
« tourner sur la Vistule, et reprendre nos
« quartiers d'hiver. Malheur à ceux qui ose-
« roient nous y troubler! Car au-delà de la
« Vistule comme au-delà du Danube, au sein
« de l'hiver comme au commencement de
« l'automne, nous serons toujours des soldats
« français, les soldats de la grande armée! »

Les deux armées se touchoient, pour ainsi dire, sur toutes leurs lignes. Les Russes, persévérant dans leur système d'offensive, firent marcher un détachement sur Braunsberg, le point le plus avancé des cantonnemens français. Le prince de Ponte-Corvo eut ordre aussitôt de les faire attaquer. Le prince en confia le soin au général Dupont, qui, le même jour, à deux heures après-midi, commença le combat. Le corps russe étoit de dix mille hommes. Ils furent enfoncés à la baïonnette, chassés de la ville, rejetés au-delà de la Passarge, perdirent seize pièces de canon, deux guidons, et deux mille hommes prisonniers. De son côté, le général Leger-Belair, instruit qu'un détachement russe étoit arrivé pendant la nuit à Pétersvald, s'y porta à la pointe du jour, le mit en déroute, prit le général baron de Korff, qui commandoit, son état-major, nombre d'autres officiers, et quatre cents soldats. Ainsi toutes les mesures des Russes venoient successivement échouer contre le courage, la vigilance et l'habileté des généraux et des soldats français.

Buonaparte, convaincu qu'ils ne feroient pas de nouveaux essais, s'occupa alors tout entier du siége de Dantzick. Il en rapprocha son quartier-général, donna le commandement du siége au général Lefebvre, mit sous ses ordres les corps polonais, hessois, badois, et les autres corps de la confédération du Rhin qui se trouvoient sur ce point. Chaque jour il voyoit ses forces s'accroître. Quatre-vingt mille hommes, Allemands, Hollandais, Espagnols, étoient en Silésie, sous les ordres de son frère Jérôme. Les membres de la confédération du Rhin, rivalisant ou de crainte ou de dévouement, s'empressoient de réparer les pertes qu'ils avoient faites. La Pologne fit une nouvelle levée de quinze mille hommes, dont trois mille de cavalerie; le roi de Wurtemberg ajouta trois nouveaux bataillons à ceux qu'il avoit déjà en Silésie; la Saxe elle-même, épuisée par la guerre, leva trois régimens, et augmenta de quinze hommes les compagnies des anciens régimens. La confédération doubla ses contingens.

Ainsi l'Allemagne, divisée d'intérêts, travailloit elle-même à sa servitude ; d'immenses sacrifices d'hommes et d'argent étoient payés de quelques couronnes, qu'un soldat de fortune plaçoit sur les têtes de ses illustres vassaux. On lira, comme des monumens d'un incroyable orgueil d'une part, et d'un incroyable abaissement de l'autre, les bulletins de cette époque. « Le prince Jérôme, disoit « le quarante-septième, est toujours devant « Breslau. Le siège avance, la ville est en feu. « Le prince est satisfait des Bavarois et des « Virtemburgeois ; ils ont mérité ses éloges. »

Mais ce n'étoit pas seulement en Allemagne que les Etats travailloient à leur propre destruction. La reine d'Etrurie leva vingt mille hommes dans son royaume, et en dépêcha une partie pour la grande armée. Le corps du marquis de la Romana fut porté à trente-un mille hommes, et réparti moitié dans les villes anséatiques, moitié dans la grande armée. La Suisse eut ordre de fournir ses troupes auxiliaires, sous peine d'être privée de la protection de l'empereur des Français. Le sénat avoit décrété en avance quatre-vingt mille conscrits sur 1807, il en décréta autant sur 1808.

La Russie ne se dissimuloit plus l'embarras de sa position. La Prusse, presque anéantie l'année précédente, n'étoit que d'un foible secours pour elle. Ses recrutemens se faisoient avec lenteur sur un terrain d'une étendue immense, mais d'une population rare et disséminée. Elle sentoit le besoin d'une prompte assistance d'hommes et d'argent de la part de l'Angleterre. Un corps anglais, envoyé sur les côtes, pouvoit se joindre à l'armée suédoise et aux insurgés prussiens, inquiéter Buonaparte sur les derrières de son armée, le forcer d'abandonner Stettin qu'il assiégeoit, et qu'il étoit difficile de défendre. Mais Buonaparte, dont la vigilance ne se reposoit jamais, avoit tout prévu : des forces considérables occupoient tous les points maritimes où il pouvoit être menacé ; et l'Angleterre, avare de ses hommes, se contentoit de fournir des subsides. Le roi de Prusse paroissoit résigné à son sort ; le roi de Suède exhaloit son ressentiment en menaces et discours dont l'unique effet étoit d'entretenir l'empereur de Russie dans des dispositions guerrières. Ce jeune empereur quitta sa cour le 28 mars, pour aller se mettre à la tête de son armée ; il n'étoit accompagné que du comte de Tolstoi. Le roi de Prusse alla à sa rencontre, l'accompagna jusqu'à Memel, et le suivit ensuite jusqu'à Kœnigsberg. Quelques jours après, le grand-duc Constantin joignit l'armée avec trente mille hommes, la plupart de la garde impériale.

Déjà la tranchée étoit ouverte devant Dantzick. L'armée de siége étoit de trente à quarante mille hommes; cette place étoit défendue par deux rangs de fortifications, par le fort de Weischelmonde, des ouvrages de terre et une vaste inondation. Sa garnison étoit, dans l'origine, de douze mille Prussiens et de six mille Russes, sous les ordres du général Kalkreuth. Si le siége de cette ville étoit poussé avec une grande ardeur de la part des assiégeans, elle n'étoit pas défendue avec moins d'intrépidité par les assiégés. A l'artillerie des Français, ils répondoient par une artillerie presque égale, et faisoient de fréquentes et courageuses sorties, dans lesquelles nous perdions souvent beaucoup de monde. Le 29 avril, ils attaquèrent avec fureur les trois parallèles, se battirent avec acharnement, mais furent repoussés avec une perte considérable. Les alliés tinrent conseil, en présence du roi de Prusse et du grand-duc Constantin, sur les moyens de sauver une place de cette importance. On ouvrit deux avis, l'un de forcer le passage de la rivière, d'attaquer les Français sur toute leur ligne, et de tenter une bataille générale ; si on la gagnoit, Dantzick étoit évidemment délivrée; l'autre, de secourir la place par mer, tant en hommes qu'en munitions et en vivres. Le premier plan parut trop dangereux : si la bataille étoit perdue, c'en étoit fait des alliés; on s'arrêta donc au second.

En conséquence, le lieutenant-général Kamenskoy, fils du feld-maréchal, s'embarqua à Pillaw, avec deux divisions, composées de douze régimens russes, et de quelques autres régimens prussiens. Le 10 mai, les troupes entrèrent dans le port de Dantzick, sur soixante-six transports, convoyés par trois frégates, et protégés par le canon de la forteresse de Weischelmonde. Buonaparte donna ordre aussitôt au maréchal Lannes, qui commandoit le corps de réserve, de se porter, en toute hâte, avec la division du général Oudinot, au secours du maréchal Lefebvre. Le maréchal arriva à l'instant même où les Russes débarquoient.

Weischelmonde est séparée de la ville de Dantzick par un espace de deux ou trois milles. Les Français occupoient cette position, et s'y étoient fortifiés. Kamenskoy se décida à les forcer, pour pénétrer jusqu'au fort, dans le dessein d'entrer ensuite dans la ville par la rive droite de la Vistule. Le général de brigade Schramm commandoit sur ce point; ses forces étoient inférieures à celles de l'ennemi. Il fut attaqué vivement, se défendit de même, et fut promptement secouru par le maréchal Lefebvre. La rive droite de la Vistule étoit défendue par le général Gardanne; le maréchal Lannes et la division Oudinot occupoient la gauche. Le général Gardanne marcha à l'ennemi; Lannes et Oudinot passèrent le fleuve, et tombèrent sur les Russes avec leur vigueur accoutumée. Après deux heures de combat, toute la ligne russe et la réserve se trouvèrent dans la plus grande confusion; le champ de bataille fut couvert de morts. Cette journée, peu meurtrière pour les Français, coûta aux Russes treize cents hommes tués, quinze cents blessés, deux cents faits prisonniers. Pour seconder l'opération du général Kamenskoy, les différens corps de l'armée ennemie attaquèrent les Français sur toute leur ligne. Mais partout ils les trouvèrent prêts à les recevoir, et partout furent repoussés. Un brigantin anglais, chargé de poudre et de munitions de guerre, ayant eu l'audace de s'avancer dans la Vistule, avec espoir d'entrer dans le port de Dantzick, fut promptement foudroyé par les ouvrages français, et forcé de se rendre, avec un aide-de-camp du général Kalkreuth, et quelques officiers anglais.

Les militaires expérimentés qui connoissoient les positions et les ouvrages de l'armée française, ne pouvoient pas s'expliquer qu'on eût pu songer à forcer ses divisions sur les points qu'elles défendoient ; aussi cette entreprise manqua-t-elle absolument, et Dantzick n'eut plus d'espoir d'être secourue. Le 19 mai, les Français se préparoient à l'assaut, lorsque le général Kalkreuth offrit de capituler, aux mêmes conditions qu'on avoit précédemment accordées à la garnison de Mayence. Les assiégeans eux-mêmes s'étonnèrent d'une pareille détermination ; car telles étoient les difficultés qui restoient à vaincre pour s'emparer de la place, que la garnison pouvoit encore tenir long-temps. Mais de dix-huit mille hommes elle étoit réduite à neuf mille. La capitulation fut acceptée. On convint que la garnison sortiroit avec tous les honneurs de la guerre; qu'elle seroit reconduite aux avantpostes de l'armée prussienne, et qu'elle s'engageroit à ne pas servir d'une année. Le 27 mai, la place fut évacuée, et remise aux Français.

Ce siége fit le plus grand honneur au maréchal Lefebvre. C'étoit assurément une chose remarquable, de voir un ancien sergent des gardes françaises se placer au rang des plus grands capitaines. Mais le général Lefebvre n'étoit pas le seul dont la révolution et le mérite eussent fait la fortune. La plupart des grands généraux de Napoléon n'avoient pas une plus illustre origine. La possession de Dantzick assuroit de grands avantages aux Français. Elle remettoit entre leurs mains huit cents pièces d'artillerie, des magasins de toute espèce, plus de cinq cent mille quintaux de grains, des caves remplies d'eau-de-vie et de vin, une immense quantité d'habits. Elle mettoit d'ailleurs l'ennemi hors d'état de troubler les Français par leur flanc gauche, et derrière eux:

Napoléon se hâta d'annoncer au sénat cette grande et heureuse nouvelle; il donna de justes éloges au maréchal Lefebvre, déclara lui conférer le titre héréditaire de *duc de Dantzick*, en formant le vœu qu'aucun des descendans du maréchal ne terminât sa carrière sans avoir versé son sang pour l'honneur et la gloire de sa patrie, comme si l'honneur et la gloire de la France exigeoient qu'elle ne se reposât jamais dans le sein de la paix, et que la vertu militaire fût au-dessus de toutes les vertus civiques.

Le lieutenant-général Kamenskoy s'étoit,

après sa défaite, retiré sous le canon de Weischelmonde, hors d'état de rien entreprendre, il resta témoin inactif de la capitulation de Dantzick, et se hâta de se rembarquer, en apercevant les Français prêts à incendier les vaisseaux qui l'avoient amené.

La forteresse ne tarda pas à suivre l'exemple de Dantzick; et à la première sommation du maréchal Lefebvre, la garnison se rendit à discrétion; le commandant de la place, abandonné de ses troupes, se sauva par mer.

Graudentz tenoit encore. Une partie de l'armée de siége de Dantzick s'y porta pour en accélérer la reddition.

Il ne restoit plus aux alliés, pour le rétablissement de leurs affaires sur la gauche de la Vistule, que Stralsund. Le maréchal Mortier, maître du Mecklembourg, de Lubeck, de Hambourg, y avoit établi complètement la domination française. Il reçut, au commencement de février, l'ordre d'entrer dans la Poméranie suédoise, et de mettre le siége devant la capitale de cette province. Elle fut investie du côté de terre, mais le siége ne fut point poussé avec vigueur. Le maréchal en laissa le soin au général Grandjean, et s'occupa de celui de Colberg. Les Suédois profitant habilement de leurs avantages, firent de fréquentes sorties, détruisirent une partie des travaux du siége, et renforcèrent considérablement la garnison.

Le siége de Dantzick ayant exigé, quelques mois après, des renforts, on les tira de l'armée de Stralsund. Le siége de la place fut abandonné, et les Français se retirèrent vers la basse Vistule; mais cette retraite ne fut pas sans difficulté. Le général Van-Essen, qui commandoit dans la Poméranie, voyant que l'armée ennemie se retiroit par petits détachemens, réunit toutes ses troupes, dans le dessein de l'accabler. Mais il avoit affaire à des généraux accoutumés à triompher de toutes les difficultés. Les Français soutinrent les attaques avec leur résolution accoutumée, occupèrent habilement des positions favorables, et de combat en combat, arrivèrent à leur destination. Cette retraite fut admirée des Suédois eux-mêmes; à peine y perdit-on cent cinquante hommes tués; les gazettes anglaises font monter le nombre des prisonniers à dix mille, mais il ne fut pas même de moitié.

Cette marche rétrograde ayant inspiré de la présomption aux Suédois, ils se hâtèrent d'occuper plusieurs points distans les uns des autres, et, par ce mouvement, affoiblirent leur ligne en l'étendant. Cette faute n'échappa point au maréchal Mortier; il marcha à l'ennemi, défit plusieurs corps, isola les autres, enleva au général Cardell cinq cents hommes et son artillerie, et réduisit les Suédois à demander un armistice, sur le prétexte d'enlever les blessés et d'enterrer les morts. Il ne s'agissoit que de vingt-quatre heures; le maréchal Mortier fut plus généreux; il accorda dix jours, en stipulant néanmoins que ses troupes occuperoient les petites îles d'Usedom et de Villin. Il connoissoit les intentions de Buonaparte, qui désiroit vivemement détacher le roi de Suède de la ligue dans laquelle il étoit entré.

Ces arrangemens annonçoient, des deux parts, des dispositions peu hostiles; elles devinrent bientôt des dispositions pacifiques; car il fut convenu, entre le maréchal Mortier et le général Van-Essen, qu'on ne reprendroit les hostilités qu'après s'être prévenus un mois à l'avance.

Mais si Napoléon déployoit de la bienveillance pour l'armée suédoise, Gustave n'en étoit pas moins disposé à soutenir la guerre, à ne jamais composer avec son ennemi. Il destitua le général Armfeld, dont les mauvaises opérations avoient causé les disgrâces de son armée, récompensa par des distinctions le général Van-Essen, prit la résolution de se mettre lui-même à la tête de ses affaires, et se rendit à Stralsund. Il y fut joint par deux mille Prussiens; et ce qui releva bien davantage ses espérances, ce fut l'arrivée du général anglais Clinton, qui vint l'assurer que la Grande-Bretagne étoit disposée à lui donner tous les secours qui lui étoient nécessaires. C'étoit la suite d'un changement de ministère. On reprochoit au précédent de s'être amusé à des négociations de paix avec Buonaparte. On paroissoit décidé à soutenir la coalition de toutes les forces de l'Angleterre ; et les nouveaux ministres se persuadoient qu'il étoit encore possible d'arrêter le cours des prospérités de Buonaparte, et de mettre des bornes à son ambition. Mais les évènemens qui survinrent presque aussitôt prouvèrent combien ils s'étoient trompés.

CHAPITRE IX.

Déclaration de Buonaparte au sujet de la guerre avec l'Angleterre. Continuation de ses succès. Propositions de paix. État de la France. Batailles d'Heilsberg et de Friedland. Paix de Tilsit. Guerre contre la Suède. Évacuation de Stralsund.

Si Buonaparte avoit éprouvé un profond dépit lorsqu'il avoit vu échouer ses immenses projets maritimes contre l'Angleterre, il n'avoit point renoncé à l'espérance de l'humilier. Désespérant d'y paroître à la tête de ses armées, il étoit résolu à lui fermer le continent, et la séparer, en quelque sorte, du reste des nations. Il déclara donc à l'Europe que la guerre qu'il faisoit ne ressembloit en rien à celles qu'il avoit faites; qu'il ne s'agissoit plus de différends entre une nation et une autre, mais d'une coalition continentale contre l'Angleterre; que, pour y parvenir, ses armées n'abandonneroient aucun pays de ceux qu'il seroit parvenu à soumettre à ses armes; et qu'il les occuperoit jusqu'à ce que l'Angleterre eût renoncé à l'empire des mers. Ce fut dans cet ordre de choses que s'ouvrit le parlement d'Angleterre. Le roi n'y parut point : l'état de sa santé ne le permettoit pas. Ses commissaires déclarèrent que le gouvernement ne négligeroit rien pour soutenir la coalition du continent; mais tandis qu'on délibéroit, Buonaparte poursuivoit le cours de ses triomphes, et profitoit, en homme habile, des vaines combinaisons de la politique ennemie, des fautes et de l'impéritie de la coalition. Il apprenoit à l'univers que ce n'est ni la multitude des hommes, ni le nombre des citadelles qui font le succès des entreprises militaires, mais la direction que le génie donne à la force.

Après la bataille d'Iéna, on avoit proposé un congrès de toutes les puissances du continent, pour arriver à un système de pacification générale. La Russie, qui avoit les yeux sur Constantinople, s'étoit opposée à l'admission des Turcs dans les délibérations communes, tandis que Buonaparte insistoit pour les recevoir, comme ses amis et ses alliés. De son côté, Alexandre exigeoit l'admission de l'Angleterre. Ces débats interrompirent les pourparlers, et les évènemens qui survinrent ensuite les ajournèrent indéfiniment. Mais

Buonaparte ne les avoit point perdus de vue. Son système étoit celui d'une parfaite égalité entre les deux *masses belligérantes :* c'étoit le nom qu'il donnoit, d'un côté, au continent, de l'autre à l'Angleterre.

Après la chute de Dantzick, il revint lui-même aux premières ouvertures, et proposa directement à l'empereur Alexandre de renouer les négociations. Il désiroit, disoit-il, bien sincèrement la paix, et son premier vœu étoit de rendre enfin le repos au monde.

Il étoit possible que ce désir fût sincère. Placé à une distance immense de ses frontières, mais vainqueur et glorieux, il pouvoit traiter de la paix avec honneur, en dicter les conditions, et rentrer en France aux acclamations de son peuple. S'il continuoit la guerre, il falloit en venir à une action générale, et la victoire pouvoit être incertaine. La bataille d'Eylau étoit une grande leçon ; ce n'étoient plus des ennemis vendus d'avance qu'il avoit à combattre. Les avantages qu'il remportoit sur les Russes coûtoient du sang, et dépeuploient ses rangs. Chaque année il étoit obligé d'en venir à des levées d'hommes extraordinaires, et de devancer l'âge prescrit pour la conscription. Ces levées ne se faisoient ni facilement ni sans murmures. Souvent les conscrits fuyoient; il falloit les aller chercher au fond des bois; on les menoit à l'armée liés et garrottés comme des criminels. Tout homme dont la jeunesse et les traits annonçoient l'âge de la conscription, ne pouvoit plus voyager librement en France. A l'entrée de chaque ville, on l'arrêtoit pour savoir s'il avoit satisfait à la conscription. Le moindre mouvement dans une province eût allumé un grand incendie. Buonaparte ne pouvoit pas non plus laisser trop long-temps le gouvernement de son empire à ses ministres. Il redoutoit surtout celui de la police, homme d'un caractère et d'une habileté effrayans pour un despote.

La dernière levée n'avoit point été accompagnée de ces hommages, de ces félicitations qui attestoient habituellement la servitude du sénat. On assuroit même que son conseiller d'État n'avoit pu en faire la demande sans éprouver une vive émotion, et l'on croyoit avoir vu quelques larmes dans ses yeux. Ce conseiller d'État étoit le comte Regnault de Saint-Jean-d'Angely; car déjà la cour de Napoléon s'étoit enrichie de comtes et de barons de nouvelle création; les évêques eux-mêmes étoient tous barons. Buonaparte, informé de ces dispositions, ne fut pas sans inquiétude; pour en diminuer l'effet, il fit annoncer que la nouvelle conscription ne seroit qu'un corps de réserve qui se tiendroit sur la frontière, sans la dépasser.

Lui-même il se tint au milieu de son armée sur la défensive, et parut renoncer à l'activité ordinaire avec laquelle il ouvroit les campagnes. Sa cour étoit nombreuse et brillante; les ambassadeurs continuoient d'y résider. M. de Talleyrand, devenu prince de Bénévent, y remplissoit ses fonctions comme à Paris. Lorsque l'ambassadeur turc fut présenté, Buonaparte le reçut avec une grande distinction; et lui dit que le sultan Sélim pouvoit compter que dorénavant l'empereur des Français et lui seroient aussi inséparables que la main droite et la main gauche; compliment qui pouvoit bien donner quelque inquiétude à l'empereur d'Autriche.

De Varsovie, la cour fut transférée à Dantzick. Buonaparte s'y montroit avec une satisfaction qui tenoit de l'orgueil; il étoit fier de se voir en possession d'une place de ce rang, et sembloit disposé à en faire la capitale de ses nouvelles conquêtes. Il en visita les fortifications; il ordonna les réparations de celles qui avoient souffert, félicita l'armée qui avoit pris part au siége, et déféra le commandement de la place au général Rapp, l'un de ses aides-de-camp les plus braves et les plus dévoués. Il avoit décerné le titre de duc au maréchal Lefebvre ; il fit distribuer 10 francs à chaque soldat.

Tandis que tout respiroit l'air des camps à la cour de Dantzick, tout respiroit le plaisir à celle de l'impératrice Joséphine. Elle étoit venue fixer son séjour à Paris ; et comme la douceur de son caractère, sa prévenance et sa grâce attiroient auprès d'elle beaucoup de monde, sa cour étoit en ce moment la plus brillante de l'Europe. Les fêtes s'y succédoient rapidement ; elle visitoit les établissemens publics, et sa présence étoit toujours marquée par quelque bienfait. Buonaparte disoit qu'il lui avoit délégué le département de la bonté. Les fêtes entretenoient le commerce intérieur, favorisoient la circulation de l'argent, et tempéroient le mécontentement public.

Quinze jours s'étoient écoulés depuis la prise de Dantzick, et les ennemis étoient restés impassibles comme les Français. Tout fait présumer que cette inaction étoit le résultat des négociations. Comment furent-elles conduites ? comment furent-elles abandonnées ? des deux parts on a gardé, sur ce sujet, le plus profond silence. Enfin, le bruit des armes ne tarda pas à retentir de nouveau. Le 6 de juin, l'armée Russe attaqua l'armée française sur toute sa ligne, essaya de lui enlever ses têtes de pont, engagea, sur la Passarge, plusieurs combats sanglans, y perdit beaucoup de monde, et fut battue partout; mais ce ne fut pas non plus sans perte du côté des Français. Le maréchal Bernadote fut grièvement blessé dans une de ces actions.

Buonaparte, instruit de ces mouvemens, quitta son camp, bivouaqua, avec le maréchal Ney, à Deppen, prit en personne le commandement de l'armée, et fit partir ses ordres sur tous les points.

Le 8, il marcha avec le quatrième corps, tomba sur la division de Kamenskoy, qui rejoignoit l'armée, le défit, et lui enleva ses positions à Aldkirken. De là, soutenu des maréchaux Ney et Lannes, de la garde impériale et de la cavalerie de réserve, il s'avança sur Gustadt; une partie de l'arrière-garde russe, composée de dix mille hommes de cavalerie, et de quinze mille d'infanterie, prit position pour lui disputer le passage. Le grand-duc de Berg, par d'habiles manœuvres, parvint à les débusquer, tomba sur eux avec trois brigades de cavalerie légère, une division de grosse cavalerie, les poussa devant lui, les força d'abandonner les redoutes devant la ville, et y entra l'épée à la main, après leur avoir fait mille prisonniers. Deux jours après, l'armée française marcha sur Heilsberg, enleva à l'ennemi quelques campemens, et atteignit, à peu de distance, son arrière-garde. Elle étoit forte de quinze à dix-huit mille hommes de cavalerie, et de plusieurs lignes d'infanterie. Une division de dragons, une brigade de cavalerie légère, et les cuirassiers d'une autre division, fondirent sur elle; deux fois ils attaquèrent avec impétuosité, et deux fois ils furent repoussés. Alors le maréchal Soult se mit en mouvement; deux corps marchèrent sur la droite, un autre sur la gauche, pour s'emparer d'un bois. L'armée entière des Russes étoit à Heilsberg; elle envoya détachemens sur détachemens pour soutenir son arrière-garde; l'action devint générale; on combattit des deux parts avec une vaillance égale; mais rien ne put résister à l'impétuosité française. Les Russes, défendus dans leur position par une artillerie formidable, essayèrent de s'y maintenir : plusieurs de leurs divisions furent mises en déroute; et le soir, à neuf heures, l'ennemi étoit sous les retranchemens. Une partie de la garde, commandée par le général Savary, soutint bravement la division Verdier. Lorsque la nuit fut presque fermée, quelques corps de l'infanterie de réserve, commandés par le maréchal Lannes, renouvelèrent le combat, dans l'intention de couper aux alliés toute communication avec Landsberg : ce que le maréchal exécuta très-heureusement.

Buonaparte passa la journée du lendemain sur le champ de bataille, l'armée entière restant sous les armes. Il vouloit terminer cette campagne par une action décisive. Il ordonna les mouvemens qu'il jugeoit les plus propres à assurer ses succès, et les combina avec tant d'habileté, que les alliés se trouvèrent complètement bloqués dans leur camp. Ils étoient toujours à Heilsberg, où se trouvoient leurs magasins, et occupoient une position également protégée par la nature et par l'art.

Quel fut leur étonnement de voir l'ennemi leur offrir la bataille dans le lieu qu'ils avoient eux-mêmes choisi pour aller le chercher, et l'attaquer avec avantage ! Déconcertés dans leurs projets, effrayés de leur situation, ils prirent la résolution de décamper pendant la nuit, d'abandonner la ville d'Heilsberg, avec tous leurs magasins et leurs blessés, et de passer l'Alla.

Si nous en croyons nos bulletins, qui ne sont guère démentis par les rapports de l'ennemi, depuis le commencement du mois jusqu'au douze, l'armée des alliés auroit perdu près de trente mille hommes. Les blessés et les prisonniers laissés au pouvoir des Français étoient de trois à quatre mille, tandis que la perte de l'armée victorieuse n'étoit que de sept cents tués, deux à trois mille blessés, et trois cents prisonniers.

Les magasins de Heilsberg étoient d'une extrême richesse : des milliers de quintaux de grain, des provisions de toute espèce. Une division de dragons et une brigade de cavalerie légère furent chargées de poursuivre les Russes, sur la rive gauche de l'Alla; en même temps, toutes les troupes légères se mirent en mouvement pour dépasser l'ennemi, et lui couper la retraite sur Kœnigsberg. Ce mouvement militaire les reporta sur les plaines malheureuses d'Eylau. Ce n'étoit plus ce champ d'horreur couvert de neige, de sang et de cadavres : le retour du printemps avoit tout changé; on voyoit des bois d'une verdure ravissante, des lacs bordés de riches villages, et arrosant des plaines fertiles. Tout brûloit d'ardeur dans l'armée française. Le 13, tandis que les maréchaux Soult, Davoust, et le grand-duc de Berg, manœuvroient sur Kœnigsberg, Napoléon, avec les corps de Ney, de Lannes, de

Mortier, une partie de la garde impériale, et le premier corps, commandé par le général Victor, s'avançoit sur Friedland. Le neuvième de hussards se précipita sur ce point, mais en fut rejeté par trois mille hommes de cavalerie ennemie. Les Russes se présentèrent sur le pont de la ville, dans le dessein de passer la rivière, et de poursuivre, malgré l'ennemi, leur retraite sur Kœnigsberg ; c'étoit le 14 juin, anniversaire de la bataille de Marengo. « Ce jour est heu-
« reux ! s'écria Buonaparte en entendant un
« coup de canon ; c'est celui où j'ai vaincu à
« Marengo ! » Les Russes marchoient, mais se trouvoient sans cesse arrêtés, et forcés de combattre. Une action générale étoit inévitable : on s'y prépara des deux côtés. A cinq heures après midi, les positions de l'armée étoient prises. Le maréchal Ney occupoit la droite, le maréchal Lannes le centre, Mortier la gauche ; le général Victor et la garde impériale formoient la réserve ; la cavalerie du général Grouchy couvroit la gauche ; les dragons de la Tour-Maubourg étoient en réserve derrière la droite ; les dragons de la Houssaye et les cuirassiers saxons appuyoient le centre.

L'armée russe fit ses dispositions aussi bien que le permettoit le terrain : sa droite s'étendoit jusqu'à Friedland, sa gauche à une lieue et demie dans la direction opposée. Elle paroissoit occuper une plaine unie. Mais ce vaste espace étoit coupé par un ravin rempli d'eau, qui formoit un lac entre Friedland et Domnow, et séparoit le centre russe de son aile droite. En avant de Friedland, à un mille et demi de cette place, étoit, sur un terrain plus élevé, un petit bois fourré, en forme de demi-cercle, devancé lui-même par un petit village; c'étoit entre cette dernière position et l'Alla que se trouvoit le champ de bataille.

Dès que Buonaparte eut reconnu les dispositions de l'ennemi, il se décida à s'emparer de la ville de Friedland. Il change tout à coup son front de bataille, fait avancer sa droite, et commence l'attaque; le feu de trente pièces d'artillerie donne le signal du combat. En même temps, la division du général Marchand, soutenue sur sa gauche d'une autre division, marche en avant, l'épée à la main. Les Russes s'apercevant que le maréchal Ney avoit abandonné le bois sur lequel s'appuyoit l'aile gauche, entreprennent de l'envelopper avec divers régimens de cavalerie, et une multitude considérable de Cosaques; mais les dragons de la Tour-Maubourg fondent sur eux, et les dispersent. Le général Victor, qui, comme on l'a vu, commandoit le corps de réserve, se fait précéder de trente pièces de canon, et se portant en avant, jusqu'à quatre cents pas des Russes, les met dans un grand désordre; ils s'efforcent de faire une diversion sur un autre point, mais inutilement. Ney continuoit sa marche, et dirigeoit jusqu'au moindre mouvement avec ce sang-froid et cette intrépidité qui caractérisoient ce brave et malheureux général. Quelques colonnes russes, qui viennent attaquer sa gauche, sont reçues à la pointe de la baïonnette, et jetées dans l'Alla; près de mille hommes périssent dans cette rivière : un petit nombre s'échappe à la nage. La gauche de Ney atteignoit le ravin. Les Russes y avoient posté en embuscade leur garde impériale, cavalerie et infanterie; elle fond sur les Français, qui sont un moment ébranlés; mais la division Dupont, placée en réserve, tombe à son tour sur les Russes; les défait complètement, avec une perte immense. Le général en chef, qui sent l'importance de conserver Friedland, détache successivement de son centre diverses colonnes pour arrêter les Français. Mais il a affaire à un ennemi actif, impétueux, plus habile que lui, soutenu d'une immense artillerie; rien n'arrête sa marche; il entre dans la ville, en chasse l'ennemi; et les rues sont, en un instant, couvertes de cadavres.

Les Russes se voyant sans ressources sur la gauche, se jettent sur le centre, qu'ils essaient d'enfoncer par des charges multipliées; cavalerie, infanterie, tout est repoussé, et les Français continuent intrépidement leur marche. Le maréchal Mortier, qui, pendant tout le jour, avoit montré l'intrépidité et le sang-froid d'un habile capitaine, après avoir soutenu l'aile gauche, s'avance à son tour, soutenu lui-même par les fusiliers de la garde impériale, que commandoit le général Savary. Les Français marchoient le long du ravin, pressant les colonnes russes, qui s'efforçoient de s'y maintenir; de sorte que cette position, sur laquelle l'ennemi avoit compté principalement, lui devenoit de plus en plus défavorable; hors d'état de tenir sur aucun point, il se vit forcé d'abandonner le champ de bataille et la victoire aux Français. Cette journée fut presque aussi meurtrière que celle d'Eylau; mais le résultat fut décisif. Pendant quelque temps, la victoire sembloit avoir balancé; mais les opérations furent conduites avec tant de concert, les généraux français y déployèrent une si grande habileté, que l'ennemi devoit nécessairement succomber. On lui doit ce témoignage, qu'il se battit constamment avec une bravoure à toute épreuve. Le carnage fut horrible; les bulletins de l'armée prussienne avouent, du côté des alliés, dix-sept mille hommes tués; le nombre des blessés fut immense. La perte de l'armée impériale française fut de trois mille blessés, et seulement de cinq cents hommes tués. On prit quatre-vingts canons, une quantité considérable de chariots et de bagages. Cette journée rehaussa la gloire des maréchaux Ney, Lannes, Mortier, des généraux la Tour-Maubourg, Oudinot, Verdier, la Houssaye, du général d'artillerie Senarmont, du colonel Curial. Le succès en fut dû en partie au général Victor, qui commandoit la réserve en l'absence du maréchal Bernadote, blessé le 5. Buonaparte lui décerna le bâton de maréchal d'Empire sur le champ de bataille. Le colonel Curial fut nommé général de brigade. Cette campagne fut appelée la *campagne des dix jours*, parce qu'en effet, les plus grands évènemens s'accomplirent du 4 juin au 14 du même mois. « La victoire de Friedland prendra place, dirent les bulletins français, parmi celles de Marengo, d'Austerlitz, d'Iéna; » on auroit pu y ajouter celle de Hohenlinden, mais la gloire en appartenoit au général Moreau. Si l'on fait attention que le succès de Marengo fut particulièrement dû au général Desaix et à la belle charge de cavalerie du général Kellerman; que l'or de la banque de France eut autant de part à celui d'Austerlitz et d'Iéna que le fer de nos soldats; que, dans tous les cas, le maréchal Davoust pouvoit réclamer la gloire d'Iéna, il ne restera que Friedland, et ce fut moins Buonaparte que ses généraux qui gagnèrent cette bataille; mais rien ne lui ravira l'honneur immortel de ses campagnes d'Italie.

La retraite de l'armée russe ne ressembla en rien à la déroute de l'armée prussienne après la défaite d'Iéna. Le 15, l'armée alliée essaya de se rallier sur la rive droite de l'Alla, tandis que les Français manœuvroient sur la rive gauche, pour leur couper toute communication avec Kœnigsberg; mais l'ennemi se retira sur la Pregel, et continua sa marche sur le Niémen. Un détachement français de quatre mille hommes se contenta d'observer leurs mouvemens sans les troubler; le pont de la Pregel fut brûlé, la marche rétrograde continua. Kœnigsberg n'étant plus tenable, fut abandonnée par le général prussien Lestocq, et le général russe Kamenskoy, qui se hâtèrent de rejoindre le gros de l'armée.

Après la bataille, Buonaparte, qui ne perdoit jamais rien de ses avantages, passa la Pregel, et le corps du maréchal Soult entra à Kœnigsberg. On y trouva une immense quantité de blé, plus de vingt mille soldats russes ou prussiens, blessés, toutes les munitions envoyées par l'Angleterre, outre cent soixante mille fusils qui n'étoient point encore débarqués. « En dix jours, disoient les bulletins de « notre armée, l'ennemi a perdu soixante mille « hommes tués, blessés, faits prisonniers, ou « mis hors de combat, une partie de son ar- « tillerie, presque toutes ses munitions, et la « totalité de ses magasins, sur une ligne de « plus de quarante lieues ; les Français ont ra- « rement obtenu de si grands avantages avec « si peu de pertes. » Ces pertes, on les évaluoit à douze cents hommes tués, et cinq à six mille blessés ; mais elles étoient réellement de vingt mille hommes tués et blessés.

Avant l'issue de cette campagne, les Russes ne trouvoient pas d'expressions pour admirer et vanter les plans du général en chef Benigsen ; après la défaite, ils n'en trouvèrent pas pour les décrier. On pouvoit reprocher à ce général une si grande confiance en lui-même et en ses troupes, qu'elle excluoit souvent la prudence. Après la bataille d'Eylau, il s'étoit proclamé vainqueur, avec une extrême ostentation, quoiqu'il n'eût à présenter aucun résultat de sa victoire. La bataille de Friedland le rendit plus modeste, et il n'hésita pas à déclarer à son empereur, que désormais tout engagement nouveau sur le champ de bataille étoit sans espoir de succès. Après la victoire, le maréchal Murat, à la tête de sa cavalerie légère et des dragons, s'étoit mis à la poursuite des alliés. Ils pressèrent leur retraite, passèrent le Niémen, brûlèrent le pont de Tilsit, et continuèrent leur marche vers le Levant. Le roi de Prusse et l'empereur de Russie se hâtèrent de quitter Tilsit, où ils avoient passé trois semaines, et Buonaparte y entra, avec sa garde, le 19 juin. Cette place, devenue célèbre par l'entrevue de l'empereur Alexandre et de Napoléon, fait partie de la Lithuanie, et tient le premier rang après Kœnigsberg : sa population est évaluée à dix mille âmes ; un commerce actif de grains y répand le mouvement et l'aisance. A peine Buonaparte y étoit-il entré, que le général en chef de l'armée russe envoya proposer un armistice. Que pouvoient espérer les Français d'une prolongation de guerre ? Napoléon sentit alors qu'il étoit de son intérêt de ne pas s'enfoncer davantage dans les régions du nord, et que les succès qu'il avoit obtenus lui assuroient d'immenses avantages. Quelque grande que fût son ambition, elle ne l'avoit pas encore aveuglé au même point qu'en 1812. Il accepta l'armistice. On convint que les hostilités ne recommenceroient qu'après s'être prévenus un mois d'avance; que la suspension d'armes comprendroit l'armée prussienne; qu'on nommeroit de part et d'autre des plénipotentiaires pour travailler à l'œuvre si désirable de la paix; que l'échange des prisonniers se feroit immédiatement. On fixa les limites entre les armées opposées, durant l'armistice; on convint d'une entrevue entre l'empereur des Français et celui de Russie : le roi de Prusse n'y fut point admis. Le 25 juin, on construisit un radeau sur le Niémen, où l'on éleva un riche pavillon. Alexandre et Napoléon descendirent en même-temps de leurs bateaux, et s'embrassèrent. Alexandre étoit frappé d'admiration. Les prodigieuses victoires de Napoléon avoient fait sur lui une vive et profonde impression; il voyoit dans ses rapides progrès quelque chose qui sembloit au-dessus des évènemens ordinaires de la vie humaine : « Vous êtes l'homme du destin, » dit-il à Napoléon; et l'entretien commença dans les termes les plus affectueux. Napoléon, de son côté, fut frappé de l'air de grandeur et de dignité d'Alexandre, de l'élévation de sa taille, de la grâce de sa personne : « J'ai vu, « dit-il à ses généraux, un beau et bon empe-« reur. »

On convint que la moitié de la ville de Tilsit seroit regardée comme un lieu neutre, et qu'elle seroit occupée par Alexandre, sa maison et sa garde. Il seroit difficile d'exprimer les témoignages de prévenance et de courtoisie que se donnèrent respectivement les officiers et soldats des deux armées. A peine avoit-on posé les armes, qu'elles ne songèrent plus qu'à oublier les fureurs de la guerre dans les fêtes et la joie des festins. L'humanité respira. La garde impériale française donna un magnifique dîner à la garde impériale russe, et à celle du roi de Prusse. Dans l'effusion des cœurs, officiers, soldats, tous se mêlèrent. On fit un échange d'uniformes; et les rues de Tilsit, après le banquet, se remplirent de Français en uniforme russe, de Prussiens en uniforme français; ils sembloient tous ne faire qu'une famille. Un voyageur qui auroit été témoin de ces scènes de gaîté, n'auroit pu s'expliquer comment de si braves gens, des peuples si bons, pouvoient passer de tant de joie et d'affection aux scènes d'horreur et de carnage qui ensanglantent les champs de bataille.

Le 7 juillet, l'empereur Alexandre et Napoléon signèrent ensemble un traité de paix. Les conditions en étoient faciles; car ils n'avoient point de démêlés personnels : tout se rapportoit à leurs alliés. Les premiers articles portèrent que désormais il y auroit paix et amitié entre les deux empereurs; que toutes les hostilités cesseroient immédiatement sur terre et sur mer; et qu'à cet effet, des courriers seroient envoyés partout où il seroit nécessaire.

Mais Alexandre avoit un grand sacrifice à faire; il avoit tenté de relever la monarchie prussienne, et il se voyoit dans la nécessité de l'abandonner. Cet empire, dont l'élévation avoit coûté au génie de Frédéric trente années de travaux, s'écrouloit de partout. Les dernières places fortes de Silésie, Weisse, Glatz, Kosel, venoient de tomber. La fortune sembloit inexorable pour un prince qui s'étoit vu si puissant. Il ne lui restoit plus de possessions que Memel, Graudentz, Colberg, et la petite forteresse de Silberberg. Frédéric-Guillaume ne conservoit qu'une existence nominale parmi les puissances.

Mais Buonaparte annonçoit pour l'empereur de Russie des dispositions si amicales, que rien n'étoit encore désespéré. Le roi de Prusse obtint d'être admis à une entrevue avec Napoléon. Dans quelle situation il s'y présentoit ! On avoit déjà vu l'empereur d'Autriche réduit au même état d'humiliation. Mais ce n'étoit pas contre le roi que la colère de Buonaparte s'étoit manifestée davantage, c'étoit contre cette jeune reine si brillante d'esprit, de grâce, de courage, de beauté, qui n'avoit pu soutenir l'idée de s'abaisser devant un soldat heureux et despote. Buonaparte avoit dit qu'il feroit pleurer amèrement ses beaux yeux. Elle versa, en effet, beaucoup de larmes; et lorsqu'elle vit l'empereur Alexandre à Memel, elle ne put s'exprimer que par des sanglots. Grâce à la médiation de ce généreux empereur, Napoléon consentit à restituer à son ennemi vaincu la moitié de ses Etats; et pour donner une haute idée de sa bonne foi et de sa générosité pour ses alliés, il enrichit le roi de Saxe d'une partie de ces dépouilles.

La Pologne prussienne passa sous la domination saxonne, et prit le titre de *grand-duché de Varsovie*. Il fut stipulé que des routes militaires seroient ouvertes à travers les Etats prussiens, pour servir de communication au roi de Saxe avec ses nouvelles possessions ; que tous les ports qui restoient à la monarchie prussienne seroient fermés aux Anglais. Le roi renonçoit à toutes ses possessions entre le Rhin et l'Elbe ; les troupes françaises devoient occuper la Prusse jusqu'à l'acquittement total des contributions dont elle seroit frappée.

Ainsi, dans l'espace d'un an, le monarque perdit cinq millions d'habitans et la moitié de ses Etats ; il comptoit, avant la bataille d'Iéna, dix millions et demi de sujets. Il se trouva réduit à l'état où étoit la Prusse en 1772, avant le partage de la Pologne. Son territoire, maintenant démantelé, ouvert sur tous les points, n'offre plus, sur les bords de la Baltique, qu'un long cordon, de cent quatre-vingts lieues de long sur quarante de large ; et cette longue rive maritime est privée de tous ses avantages par la loi qui lui est imposée, de cesser tout commerce avec l'Angleterre. Ce n'est pas tout de perdre des provinces, la Prusse perd sa gloire militaire, et cette réputation d'habileté qui exaltoit son orgueil, et faisoit dire au célèbre Kotzebuë, en parlant de ses soldats, la *première armée du monde*. M. Gentz, qui, dès ce temps, se mêloit de la politique de l'Europe, avoit aussi annoncé la destruction totale des Français. Cette première armée, cette prétendue phalange macédonienne fuit, comme un gibier timide, devant les baïonnettes françaises, depuis ses frontières occidentales jusqu'au-delà de la Vistule. Accordons néanmoins à la trahison la part qu'elle a droit de réclamer dans ces honteuses défections. Accordons aussi quelque part à la terreur des peuples et à la cruauté du vainqueur. Le maréchal Davoust se signala dans cette guerre par des actes de férocité dignes d'Attila. Des habitans d'un malheureux village ayant tué quelques soldats qui les pilloient, il fit massacrer tous les habitans, et ne craignit pas de donner une affreuse publicité à cet atroce châtiment.

« Les habitans du village de Wesdorff, dit-
« il dans une proclamation, ont eu la témé-
« rité de massacrer des Français passant par
« leur territoire. Ils ont arrêté et pillé un
« transport. Il a fallu un grand exemple pour
« mettre fin à de pareils attentats; il a été
« donné. Les habitans de ce village, à l'ex-
« ception des femmes, des enfans et des vieil-
« lards, ont tous été punis de mort. Habitans
« de la Saxe, soyez spectateurs tranquilles
« des combats, et ne vous en mêlez pas; d'a-
« près les principes établis chez les peuples

« civilisés, c'est un crime qui ne restera pas
« impuni ! »

Si l'on ajoute que, pendant l'occupation, le moindre bourg eut un gouverneur, lequel n'étoit souvent qu'un sergent, et que ce sergent avoit une table de douze couverts aux dépens des habitans ; si l'on joint à tout cela les vexations infinies qu'éprouvoient chaque jour les bons et pacifiques cultivateurs allemands, on s'expliquera facilement la revanche que prirent, huit ans plus tard, les soldats prussiens sur les villages français.

La Saxe ne pouvoit pas recevoir un bienfait de Buonaparte sans le payer d'une partie de sa liberté. Elle reçut une Constitution modelée sur celle de France; les articles en furent rédigés à Dresde, présentés à l'approbation de Napoléon, qui la signa, et la fit contresigner par son secrétaire-d'Etat.

La ville de Dantzick fut rendue à sa première indépendance, sous la protection de la Saxe et de la Prusse. Tous les princes de la maison de Saxe furent rétablis dans leurs Etats; mais il fut convenu que les ports du duché d'Oldembourg resteroient au pouvoir des Français jusqu'à la paix avec l'Angleterre. Buonaparte accepta, pour y parvenir, la médiation de la Russie, à la condition expresse que cette médiation seroit acceptée par la Grande-Bretagne, un mois après la ratification du traité qu'il venoit de conclure. Les provinces de Westphalie furent érigées en royaume pour S. A. I. Jérôme Napoléon, et l'empereur de Russie reconnut non seulement cette nouvelle monarchie, mais celle de Naples sous la puissance de Joseph, et celle de Hollande sous celle de Louis Buonaparte. Enfin, Sa Majesté Impériale reconnut la confédération du Rhin, et convint de reconnoître encore les accroissemens de territoire que son auguste allié pourroit accorder au royaume de Westphalie. Ainsi périssoit partout ce dogme religieux de la légitimité, réclamé depuis avec tant de force par les puissances, qui l'abandonnoient alors avec tant de facilité. Mais après le partage de la Pologne, qu'étoient devenus les droits des rois ? Jamais l'orgueil de Buonaparte ne monta plus haut : « Si la maison de Brandebourg, écrivit-il à « son sénat, règne encore, elle le doit à ma « sincère amitié pour le grand empereur du « Nord. »

La campagne de 1807, en portant un coup mortel à la puissance et à la renommée militaire de la Prusse, ne fut pas sans honneur pour quelques-uns de ses officiers. Le général Blücher se distingua par sa fidélité, son courage et sa persévérance. Si toutes les forteresses prussiennes eussent été défendues comme celle de Colberg, la monarchie prussienne ne seroit pas tombée si rapidement. Ce fut à ce siége que le célèbre partisan Schill, qui en 1809 acquit tant de célébrité, commença à fixer les regards sur lui. Il étoit simple capitaine en retraite, lorsque touché des malheurs de son pays et de son roi, il résolut de renoncer aux douceurs du repos pour leur offrir son bras. Il montra une activité singulière et une rare intelligence au siége de Colberg, à la tête d'une troupe libre et irrégulière, et il ne cessa de harceler les Français. Ce fut lui qui eut le bonheur d'intercepter le général Victor lorsqu'il se rendoit à Dantzick. Il prit une caisse de 100,000 ducats appartenant à l'armée française. Le roi, pour le récompenser de son courage et de ses services, l'éleva au grade de colonel, et lui donna un régiment.

Buonaparte, en laissant la paix à la Prusse, y laissoit aussi des germes nombreux de guerre. Le roi pouvoit-il voir sans douleur ses États traversés par une route militaire qui seroit constamment parcourue par les Saxons, où ils auroient des points fortifiés, des garnisons ? Son cœur devoit être pénétré d'une profonde douleur, en fermant aux Anglais ces ports par lesquels ils lui avoient envoyé des armes et des subsides. Quelles réflexions les puissances continentales ne devoient-elles pas faire sur l'inefficacité et les périls de leur alliance avec l'Angleterre? Elle étoit, comme elles, effrayée de l'ambition de Buonaparte; elle trembloit qu'il ne menaçât de nouveau son propre territoire; mais plus habile que les cabinets européens, elle se servoit d'eux pour éloigner de ses bords le péril, et poussoit elle-même Buonaparte en avant, pour l'éloigner de ses rivages. Unies entre elles, les puissances d'Allemagne et du Nord auroient pu former une masse de résistance impénétrable. Mais elles avoient affaire à un ennemi aussi rusé et aussi habile qu'ambitieux. Eblouies par les promesses et l'or de l'Angleterre, elles couroient-elles-mêmes à leur ruine, comme autrefois les nations gauloises au-devant du joug de César. L'Angleterre achetoit, au prix de quelques sacrifices pécuniaires, le repos et la prospérité.

Quelque pénible que fût le sort de la Prusse, ses malheurs excitèrent peu d'intérêt. Elle parut les avoir mérités par son indifférence pour les autres Etats, son mépris pour les lois de la morale publique, et la duplicité de son cabinet. On ne voyoit en elle qu'une sorte d'excroissance politique, qui n'avoit vécu que de pillages et d'injustices. Le célèbre Frédéric, après le partage de la Pologne, disoit lui-même : « Je fais le métier de voleur ; mais « j'ai tant de modèles et de complices ! »

Abattu par la fortune, Frédéric-Guillaume adressa de pénibles adieux à ceux de ses sujets qu'il étoit forcé d'abandonner :

« Fidèles et chers habitans de mes provin-
« ces, de mes villes, de mes campagnes (hé-
« las! elles ne sont plus à moi), mes armes
« ont été malheureuses ; la fortune a refusé de
« couronner les efforts de mon armée. Rejeté
« jusqu'aux dernières limites de mon empire,
« voyant mon allié conclure un armistice avec
« l'ennemi, j'ai dû imiter son exemple. La
« paix a été conclue aux conditions que m'im-
« posoit le malheur des circonstances : la des-
« tinée l'a voulu. Comme père, je partage les
« douleurs de mes enfans. Je vous délie donc
« de tous les devoirs qui vous unissoient à
« moi. Dans mon éloignement, je ferai les
« vœux les plus ardens pour que vous soyez
« heureux sous votre nouveau souverain.
« Soyez pour lui ce que vous étiez pour moi.
« Jamais rien n'effacera votre souvenir de mon
« cœur. »

Il pourvut ensuite au sort des officiers et
VII.

des cadets qui ne pouvoient plus être employés dans ses troupes. Il remit les uns à leurs familles; il autorisa les autres à prendre du service dans l'armée de leurs nouveaux maîtres. Il décerna de nombreuses récompenses à ceux qui s'étoient distingués par leur bravoure et leur fidélité, et ne consulta que le mérite, sans égard pour la naissance. Enfin, instruit par l'expérience, il ordonna l'expulsion des soldats étrangers.

Le roi de Suède étoit maintenant le seul monarque qui conservât l'attitude guerrière. L'armée suédoise et les Français avoient conclu un premier armistice, qui portoit que lorsque les deux parties contractantes voudroient renouveler les hostilités, elles se préviendroient dix jours à l'avance; peu de temps après, on avoit étendu le délai à trente jours. Mais le roi Gustave étant venu se mettre lui-même à la tête de ses troupes, déclara nettement qu'il s'en tenoit aux premiers termes de l'armistice, et demanda une conférence au maréchal Brune. Le maréchal s'y étant rendu; le roi lui dit que son intention étoit de n'admettre que le délai fixé par les premiers termes de l'armistice; puis tournant tout à coup la conversation sur la situation actuelle de la France, il entreprit de prouver qu'elle étoit trop violente pour pouvoir être durable. Il lui parla en termes affectueux et touchans de la maison de Bourbon, fit valoir l'esprit, le savoir et les grandes qualités de Louis XVIII, rappela la proclamation de ce prince, les engagemens qu'il avoit pris de confirmer dans leurs rangs tous les officiers qui reviendroient à lui ; il fit tous ses efforts pour détacher le maréchal des intérêts de Buonaparte, et le ramener à la cause de Louis XVIII, son légitime souverain. Il déploya dans cette conférence les plus nobles, les plus généreux sentimens, et les idées les plus élevées de justice et de religion. Le maréchal répondit avec beaucoup de présence d'esprit, sans manquer ni à ses devoirs, ni au respect qu'il devoit au rang et à la majesté de son interlocuteur.

Dès les premiers jours de son arrivée à Stralsund, Gustave IV avoit déployé une infatigable activité pour améliorer les fortifications de cette place, et protéger l'île de Rugen par de nouveaux ouvrages. Son armée consistoit en treize mille Suédois et quatre mille Prussiens. Il attendoit des secours d'Angleterre, et se croyoit, avec ces forces, capable sinon de lutter contre son redoutable adversaire, au moins de réveiller dans le cœur des Allemands le courage et les sentimens d'indépendance et d'honneur dont il étoit pénétré. Après la paix de Tilsit, se voyant seul, mais encore debout sur les ruines des monarchies allemandes, il adressa cette proclamation à la nation germanique :

« Soldats de la Germanie, écoutez un prince
« membre de l'empire germanique comme
« vous, et qui n'a jamais oublié son honneur
« et ses devoirs.... Il élève de nouveau sa
« voix pour vous rappeler que vous êtes nés
« pour l'honneur et la liberté, et non pour
« la servitude et l'infamie. Vos princes ont
« oublié les vertus de leurs ancêtres. Ils
« ont oublié que tous les peuples de la Ger-
« manie ne forment qu'un seul peuple. Ils
« vous ont livré au sort le plus honteux, en
« secondant l'ambition et les détestables pro-
« jets du Corse Napoléon Buonaparte. Se-
« couez, au nom du Dieu vivant, les indignes
« chaînes dont ils vous ont chargés. Jamais
« une plus favorable occasion ne s'est présen-
« tée pour tourner vos armes contre l'oppres-
« seur de votre malheureux pays. Du haut des
« remparts de Stralsund, l'unique boulevard
« de l'Allemagne, des milliers de braves des-
« cendront pour unir leur courage et leurs ar-
« mes à vos nobles efforts. »

Rien ne ressembloit davantage à l'esprit de

Charles XII que cette inutile et vaine proclamation. On pouvoit admirer le noble caractère du prince, son inflexible obstination dans les sentimens de l'honneur, mais non pas sa prudence. Que pouvoit faire l'Allemagne, à laquelle il s'adressoit? Que pouvoit-il lui-même entreprendre contre une armée de soixante-dix mille hommes, commandée par un général qu'avoit déjà illustré la défaite des Russes? Ses soldats occupoient un poste fortifié, à quelque distance de Stralsund; ils y furent attaqués par un détachement de l'armée française; ils firent une résistance désespérée; ils tuèrent ou blesserent près de trois mille de leurs ennemis; ils taillèrent en pièces un régiment hollandais; une de leurs batteries écrasa un régiment bavarois; mais accablés par le nombre, ils se retirèrent sous le canon de Stralsund. Là, ils se signalèrent encore par des prodiges de valeur, et quittant le rempart qui les protégeoit, se précipitèrent comme des lions sur l'armée française. Mais tant de bravoure ne put les sauver; le sang fut versé inutilement, et l'armée renfermée à Stralsund fut réduite elle-même à évacuer cette unique forteresse de la Germanie. Les Suédois prirent cette résolution le 19 d'août; mais avant d'abandonner la place, ils détruisirent leurs magasins, enclouèrent leurs canons, brisèrent leurs caissons, et les jetèrent dans les fossés. Près de se retirer, le roi voulut encore sauver l'honneur : il envoya au sénat, et aux doyens de la corporation des bourgeois, son adjudant-général, le baron de Vegesack, pour leur demander s'ils étoient résolus à se soumettre à tous les sacrifices d'un siége; que dans ce cas, ils pouvoient compter sur toute l'assistance et la protection dont la valeur suédoise étoit capable. S'ils craignoient les calamités auxquelles ils pouvoient être exposés, l'adjudant-général les engageoit à envoyer une députation au roi, pour lui faire part de leurs intentions, et traiter de la paix. Le sénat et les bourgeois ayant répondu qu'ils remercioient le roi du message dont il avoit daigné les honorer, et s'étant décidés pour la dernière proposition, le roi leur remit l'administration de la ville, et prit aussitôt des mesures pour faire passer l'armée et ses bagages dans l'île de Rugen.

Le 20 du mois, à trois heures du matin, il quitta Stralsund, se rendit à quelque distance de la place, pour donner les ordres convenables, et y resta pendant tout le passage des troupes. Pour cacher à l'ennemi ses résolutions, il envoya aux avant-postes français un de ses aides-de-camp en parlementaire, et le chargea d'annoncer qu'à l'heure qu'il plairoit au maréchal Brune de fixer, le général suédois Peyron se présenteroit pour faire des propositions relatives à la forteresse de Stralsund, et qu'en attendant, il demandoit une suspension d'armes de vingt-quatre heures. L'aide-de-camp fut reçu par le général Reille; et le maréchal ayant répondu qu'il recevroit le général Peyron à six heures du soir, une députation du sénat se présenta aux avant-postes; et un instant après, le général Peyron annonça que le roi son souverain ayant remis la citadelle à la disposition du sénat, ce prince renonçoit à toute part active dans le traité; et que pour lui, il ne se présentoit que comme simple témoin, pour savoir seulement jusqu'à quel point les conditions de la capitulation seroient justes et raisonnables.

Les troupes suédoises arrivèrent le même jour à Rugen, où elles trouvèrent un corps de huit mille Allemands, à la solde de l'Angleterre, et sous les ordres de lord Cathcart. Mais ni ce foible secours, ni l'invincible opiniâtreté du roi, ni la bravoure de ses soldats ne purent sauver l'armée. Le 9 septembre, elle se rendit, par capitulation, au maréchal Brune, et se retira en Suède. Toutes les îles de la côte d'Allemagne sur la mer Baltique furent comprises dans la capitulation, et la marine suédoise s'engagea à quitter les parages de Rugen et de la Poméranie toute entière.

L'Europe plaignit un prince dont le caractère étoit au-dessus de ses moyens. Elle s'étonna de la politique de l'Angleterre, qui, au lieu de le soutenir par une franche et puissante coopération, s'étoit bornée à de vaines promesses, et l'avoit laissé accabler sous l'immense supériorité de son ennemi. Nous verrons bientôt cet indomptable monarque s'obstiner dans sa haine contre Napoléon, et perdre son trône plutôt que d'y renoncer.

CHAPITRE X.

Rentrée glorieuse de Buonaparte dans ses États. Serviles adulations des autorités constituées. Organisation du royaume de Westphalie. Suppression du Tribunat. Modifications introduites dans le Corps législatif. Réunion des îles Ioniennes à l'empire français. Révolution de Constantinople. Effets du système continental. Attaque inattendue de l'Angleterre contre le Danemarck. Traité d'alliance entre cette puissance et la France.

Il étoit permis à Napoléon de se glorifier de la campagne qu'il venoit de terminer. C'étoit moins contre la Prusse, la Suède et la Russie que contre l'Angleterre qu'il l'avoit faite. Il y avoit déployé une capacité toujours croissante, une fermeté de caractère et une étendue de résolutions qui le plaçoient dans les régions les plus élevées de l'esprit humain. Ses généraux s'y étoient montrés les plus grands capitaines du monde ; et les palmes sanglantes qui décoroient les mains de ses soldats, démontroient que désormais nulle armée ne pouvoit rivaliser avec eux. Buonaparte n'avoit point abusé de sa victoire. S'il avoit humilié le roi de Prusse, il pouvoit l'humilier davantage. Il s'étoit assuré une grande alliance en traitant avec l'empereur de Russie; et l'on n'avoit pas reconnu, dans ses procédés envers la Suède, cet esprit de violence et d'insulte qu'il avoit manifesté dans ses écrits contre le jeune Gustave. Tout paroissoit grand dans cette campagne.

Il n'en étoit pas de même de l'Angleterre. Elle avoit promis des hommes, des armes, de l'argent : à peine montra-t elle à son allié quelques régimens, composés de déserteurs et d'étrangers qu'elle avoit enrôlés. Mais elle avoit des troupes en Egypte, elle en avoit dans la Méditerranée, pour menacer les possessions turques. On convenoit que si, occupée toute entière du salut du continent, elle eût tenu sur les côtes de la Baltique une armée de quarante mille hommes, qui se seroit jointe à l'armée suédoise, et à quelques débris de l'armée prussienne, ces forces eussent imposé à Napoléon, et auroient pu le mettre dans une position difficile, en opérant derrière lui. Mais le cabinet britannique, fidèle à ses vues de commerce et d'agrandissement maritime, parut toujours plus occupé de nourrir la discorde sur le continent que de l'étouffer.

Buonaparte rentra dans sa capitale, au bruit des acclamations, le 29 de juillet. On avoit cru qu'avant son départ, l'adulation avoit épuisé pour lui toutes ses ressources; elle en trouva de nouvelles après son retour. « Napo-
« léon, lui dit un des premiers fonctionnaires
« de l'Etat, est au-delà de l'histoire humaine.
« Il appartient aux temps héroïques. Il est
« au-dessus de l'admiration; il n'y a que l'a-
« mour qui puisse s'élever jusqu'à lui. »

On descendit plus bas encore dans le sein du Corps législatif. Cet homme, qui moissonnoit les générations pour satisfaire ses passions et ses intérêts, on le représenta comme un nouveau Titus, tout occupé du bonheur du genre humain; et parce qu'il annonça au Corps législatif quelques foibles diminutions sur le budget immense des contributions, on le salua du titre de *père du pauvre*, de *bienfaiteur de l'humanité*. On osa davantage; le président lui dit : « Eh! comment n'accueil-
« leriez-vous pas ce langage, aussi éloigné de
« la servitude qu'il le fut de l'anarchie? »

Quoique Napoléon, peu disposé à la sensibilité, accueillît ces discours avec la plus froide indifférence, il y voyoit néanmoins avec satisfaction l'abaissement complet de toutes les âmes, et jugeoit de ce qu'il pouvoit entreprendre par le degré de servilité dont il recevoit le témoignage.

Son frère Jérôme avoit, jusqu'à cette dernière campagne, mal répondu aux vues de son auguste frère. On estimoit peu ses talens, encore moins son caractère; et si l'on eût choisi les rois parmi les hommes les plus dignes de commander aux hommes, jamais le choix ne fût tombé sur lui. Mais Napoléon vouloit fortifier son trône par des trônes nouveaux, opposer aux vieilles puissances de l'Europe des puissances sorties de sa main, et dévouées à ses intérêts. Jérôme fut donc destiné à monter sur le trône de Westphalie. Alors, malheur aux souverains d'un ordre inférieur qui s'étoient déclarés contre le grand empereur des Français! Le duc de Brunswick avoit trouvé la mort dans cette guerre; ses héritiers éprouvèrent encore la perte de leurs Etats. Brunswick, Hesse-Cassel, Fulde, Paderborn, une partie du Hanovre, furent destinés à agrandir la puissance et les domaines du nouveau monarque. Mais il étoit impossible d'abandonner le soin important d'organiser cette nouvelle puissance, à un chef aussi peu expérimenté que Jérôme. Son frère lui donna une régence, et la composa des conseillers d'État Siméon, Beugnot et Jollivet, auxquels il adjoignit le général Joseph Lagrange. Ce n'étoit pas une précaution inutile; car peu de jours après son élévation au trône, Sa Majesté westphalienne s'étoit signalée, à Paris, dans une partie de plaisir dont les détails convenoient assez peu à la dignité royale.

Elle avoit rassemblé, chez un des plus célèbres restaurateurs de Paris, plusieurs de ses amis : un poëte de vaudeville, fort connu alors sous le nom d'*inévitable*, un romancier, homme de beaucoup d'esprit et de peu de décence, un jeune baron de B***, et quelques autres personnages qu'il eût été difficile d'admettre dans la cour d'un grand roi. Les commencemens du festin furent paisibles; mais la gaîté s'anima avec les vins d'entremets et de dessert; le café et les liqueurs dérangèrent totalement la tête de Sa Majesté; et comme il convenoit de monter sa maison royale d'une manière digne d'elle, elle ordonna au romancier P. L. B*** de prendre la plume, et d'écrire sous ses ordres; il eut, pour récompense de sa docilité, la chancellerie; M. A. de C***, la correspondance littéraire et la bibliothèque; un chevalier E. A.

N*** fut nommé connétable ; enfin, la liste des grands-officiers du royaume de Westphalie se compléta de la même manière. Le roi apposa sa signature, et le cachet de sa montre servit de sceau.

Après un conseil tenu si gaîment, le prince jugea à propos de passer la soirée avec ses grands-officiers ; et comme il n'avoit point de palais à Paris, on choisit les salons voisins d'une dame l'Ev***, qui tenoit une de ces maisons où les demoiselles sont accortes et prévenantes. Le roi et sa cour gardoient le plus sévère incognito ; mais il ne tarda pas à être levé. Sa Majesté ne se trouvant apparemment pas aussi satisfaite qu'elle le désiroit, fit du bruit ; ses officiers, pour se conformer aux exemples du prince, en firent comme lui ; bientôt le trouble fut dans l'asile des plaisirs. La souveraine du lieu voulut intervenir, ses titres furent méconnus : on la battit ; les nymphes elles-mêmes ne furent pas mieux traitées. La garde qui veille aux barrières du palais accourut ; le commissaire se présenta ; le prince et les grands-officiers couroient risque de passer la nuit au corps-de-garde. Dans cette extrémité, le monarque se nomma, et les baïonnettes s'abaissèrent devant lui. Mais peu d'instans auparavant, Sa Majesté avoit frappé, du bâton qui lui servait de sceptre, un des inspecteurs de la police.

Cet officier en ayant gardé rancune, dressa un procès-verbal, et alla le présenter au ministre de la police. C'étoit Fouché, homme que n'éblouissoit pas la splendeur du trône. Il manda dans ses bureaux les grands-officiers de Westphalie, les semonça comme il convenoit, se fit remettre leurs brevets, et se rendit au palais, pour semoncer aussi le nouveau souverain. Il n'eut point la peine de se faire annoncer. Comme il entroit, Sa Majesté se rendoit chez l'impératrice Joséphine. Le ministre la pria de s'arrêter, et lui représenta, avec un ton d'autorité, le scandale de sa conduite, la publicité qu'elle avoit déjà, le tort qu'elle lui feroit auprès des ambassadeurs et des princes allemands, dont la capitale étoit remplie; mais il ne lui dit point qu'il avoit pris la liberté de casser ses nominations de la veille, et de retirer aux grands-officiers de sa couronne les lettres du sceau qu'il leur avoit données.

Jérôme 1er trouvant le style de Fouché un peu trop familier, réplique avec hauteur; et sa conversation s'animant, les mêmes lettres qui voloient sur le bec de Ver-Vert, à son retour de Nantes, volent sur les lèvres du prince. Le ministre s'irrite, et se hâte de monter chez Napoléon. Il rend compte de l'orgie de la veille, et produit les brevets qu'il avoit retirés. On peut juger de la colère de l'empereur : il fait appeler le monarque de Westphalie, et, sans respect pour sa couronne, le traite de *polisson*. La nouvelle majesté déclare, avec fierté, que sa couronne est indépendante. Napoléon, emporté par la colère, saisit une canne; Sa Majesté westphalienne fuit devant Sa Majesté impériale; celle-ci pousse sa pointe, et ne s'arrête que lorsque son auguste frère est sorti de la salle des maréchaux.

Cette anecdote fut connue de tout Paris, et amusa beaucoup les salons du faubourg Saint-Germain.

Cependant, ce faubourg commençoit à se laisser éblouir par la haute prospérité de Napoléon. On croyoit sa puissance définitivement établie par le traité de Tilsit; et comme on ne s'étoit éloigné de lui que parce qu'on ne croyoit pas à la durée de son empire, on se sentit mieux disposé quand on le crut solidement établi sur le trône. Le trône a tant de faveurs à distribuer! On se demandoit déjà si l'on devoit montrer plus de fierté que l'autocrate de toutes les Russies, que tous les rois du continent. Seulement, on s'attristoit qu'il ne fût pas légitime. Arrivée à ce point, la noblesse, toujours avide de grandeurs, éprouvant chaque jour des défections, se voyant dépeuplée par les transfuges qui passoient au camp de Buonaparte, se sentit disposée à déserter toute entière la cause de Louis XVIII. On essaya cependant de faire encore quelques efforts en sa faveur. Le ministre de la police Fouché, devenu duc d'Otrante, sembloit, par ce titre, plus disposé à s'apprivoiser avec l'ancienne aristocratie. Il en recevoit les membres avec distinction, paroissoit même assez favorable à ce redoutable faubourg, dont Buonaparte avoit toujours si fortement craint les discours; il ne répugnoit point à fréquenter leurs cercles, et la haute noblesse se trouvoit volontiers avec lui. Il aimoit, quand il le pouvoit sans se compromettre, lui rendre service. Il traitoit fort légèrement les inquiétudes que manifestoit Napoléon, et disoit, en riant, que les prétendues conspirations du faubourg Saint-Germain se réduisoient à des bavardages de vieilles duchesses.

On pouvoit, en effet, remarquer que le faubourg Saint-Germain parloit beaucoup, et agissoit peu. On essaya cependant de tâter le ministre de la police; mais toutes les ouvertures à ce sujet furent reçues comme elles devoient l'être par un ministre tel que le duc d'Otrante. Elles coûtèrent même la vie au comte d'Asché, qui, étant venu d'outremer lui faire des propositions au nom de Louis XVIII, n'obtint de lui que vingt-quatre heures de garantie, et fut surpris par les agens de Napoléon, au moment où il étoit près de s'embarquer. Il avoit été trahi par une femme de son parti.

On devoit s'attendre que Buonaparte, de retour à Paris après une campagne si fatigante, seroit disposé à goûter les douceurs du repos. Mais le repos étoit un état violent pour lui; et lorsqu'il ne pouvoit développer au dehors son esprit inquiet, remuant et mobile, il falloit qu'il l'exerçât dans l'intérieur. Depuis long-temps il voyoit avec peine subsister une institution dont le nom seul rappeloit des idées de liberté et des institutions républicaines. Quoiqu'il eût étrangement mutilé le Tribunat, et que ce corps, comme tous les autres, ne se distinguât plus que par son humble soumission et la servilité de ses adulations, un sénatus-consulte du 19 du mois d'août en prononça la suppression, et lui substitua, pour la discussion préalable des lois, trois commissions, de législation, d'administration, de finances, choisies dans le Corps législatif. C'étoit anéantir tout élément de liberté; car le Corps législatif, par son organisation même, étoit tout entier à la disposition du Sénat, et le Sénat à la disposition de Buonaparte. Cependant, on y comptoit quelques jeunes législateurs qui voyoient avec peine la servitude générale, et dont les sentimens, vifs et tout pleins du feu de l'âge, faisoient quelquefois, dans leurs réunions particulières, entendre le mot de *liberté*. Pour se mettre en sûreté de ce côté, Buonaparte fit rendre un sénatus-consulte qui exigeoit quarante ans accomplis pour être membre du Corps législatif: disposition qui s'est conservée jusqu'à ce jour.

Ce ne fut pas le seul acte par lequel il marqua son retour. Le ministère fut changé presqu'entièrement. Le portefeuille de la guerre fut donné au général Clarke. Il s'étoit peu illustré dans les combats, mais il avoit servi avec zèle le Directoire et Buonaparte dans plusieurs négociations, avoit gouverné avec sagesse les provinces conquises qu'on avoit soumises à son autorité. C'étoit un homme de bien, plus recommandable néanmoins par ses qualités personnelles que par son esprit et la supériorité de ses talens. Le maréchal Berthier, devenu prince, fut fait vice-connétable. Un négociant, d'un nom peu brillant, mais versé dans la connoissance de l'administration, élevé depuis quelque temps aux fonctions de conseiller d'État, fut chargé du portefeuille de l'intérieur. Ce ministre se nommoit *Cretté,* et n'a guère laissé d'autres souvenirs, dans son ministère, que celui de l'économie de sa femme, qui n'oublia jamais les mœurs bourgeoises dans lesquelles elle avoit été élevée, et trouva, dans les cendres même des bureaux, des moyens de se faire un petit pécule. Jusqu'alors ce ministère avoit été presque toujours confié à des savans, ou à des hommes de lettres. M. François de Neufchâteau s'y étoit fait un nom par sa politesse, l'accueil qu'il faisoit à ceux qui cultivoient les sciences, les arts, ou la littérature, et les encouragemens qu'il leur donnoit. C'est à lui qu'on doit l'usage de ces riches et brillantes expositions des produits de l'industrie nationale. On y avoit vu le savant M. de Laplace, et après lui le célèbre chimiste Chaptal, auquel on dut les abondantes fabrications de sucre de betteraves, et un grand nombre de découvertes et d'applications utiles, qui dédommageoient la France, autant qu'il étoit possible, des privations que lui imposoient les rigueurs du système continental.

Mais ce qui étonna davantage, ce fut la réforme de M. de Talleyrand, devenu prince de Bénévent. Il avoit rendu les services les plus signalés à Napoléon; il lui avoit sacrifié, dans plusieurs occasions, jusqu'à ses affections particulières. On rendoit un témoignage éclatant à son esprit délié, à son extraordinaire habileté dans les négociations diplomatiques. Il avoit suivi Buonaparte dans ses campagnes, et n'avoit cessé d'être l'âme de ses conseils. Buonaparte lui retira le portefeuille pour le donner à M. de Champagny. Mais pour colorer cette disgrâce, M. de Talleyrand fut nommé vice-grand-électeur : titre brillant, mais qui fournit à la malignité de ses ennemis, matière à de nombreuses plaisanteries. M. de Champagny avoit été ambassadeur à Vienne, comme on l'a vu. Il étoit ensuite revenu en France, où il avoit succédé à M. Chaptal, dans le ministère de l'intérieur. Ce n'étoit donc qu'un échange de portefeuille qu'il faisoit. Il jouissoit de l'estime publique comme homme de bien. Son caractère étoit doux et modeste, mais peu susceptible de résistance.

Depuis le retour de Buonaparte, il étoit facile de remarquer le développement rapide de son caractère inquiet et soupçonneux. On s'aperçut qu'il redoutoit des talens supérieurs dans ses ministres, comme il les avoit redoutés et les redoutoit encore dans ses généraux. Forcé d'aller guerroyer au loin, il ne vouloit pas laisser derrière lui, dans des places éminentes, des hommes capables de fixer sur eux l'attention publique, et de devenir un point de ralliement dans des circonstances extraordinaires. Des hommes médiocres et soumis lui convenoient mieux; et nous verrons bientôt jusqu'à quel point ils portèrent la soumission. Le ministre de la police échappa cette fois à la réforme; mais il fut, peu de temps après, frappé d'une disgrâce éclatante, pour s'être montré, dans une grande occasion, plus capable et plus puissant qu'il ne convient à un despote, que rien n'effrayoit sur le champ de bataille, et que tout alarmoit dans le repos de la paix.

Le traité de Tilsit, en couvrant de gloire Napoléon, étoit de nature à exciter, sur le continent, les plus sérieuses inquiétudes. A l'extérieur, il ne montroit que la réconciliation de deux puissans monarques; mais il contenoit, en secret, le partage presque entier de l'Europe. Alexandre abandonnoit à Napoléon tout le midi de l'Europe. Il le laissoit maître de l'Allemagne, jusqu'à la Vistule. Dantzick devenoit une de ses places d'armes les plus redoutables. L'Espagne devoit donc incessamment devenir la proie de l'empereur des Français; et l'on ne sera point étonné de voir, l'année suivante, la péninsule toute entière livrée aux horreurs de la guerre. Les flatteurs de Buonaparte admiroient cette vaste conception, et voyoient désormais tout germe de guerre étouffé par le rapprochement d'Alexandre et de Napoléon. « Il ne faut plus, disoient-ils, que deux « grands empires; c'est le seul moyen de « laisser reposer l'humanité. » Mais il étoit évident qu'ils ne pourroient guère se toucher de sitôt sans se heurter; et l'ambition de Napoléon n'étoit pas de nature à s'arrêter devant un fleuve, quelqu'éloigné qu'il fût du centre de ses Etats. Il vouloit d'ailleurs que ses alliés partageassent toutes ses passions, toutes ses vues, tous ses ressentimens; et l'on ne doutoit pas qu'il ne prétendît imposer les dispositions du décret de Berlin à son puissant allié l'autocrate de toutes les Russies : ce fut, en effet, ce qui le perdit quelques années plus tard.

Dès les premiers jours de sa rentrée à Paris, il avoit tenu, avec son ministre des relations extérieures, le prince de Talleyrand, des conférences secrètes sur ses projets contre la famille royale d'Espagne. Il paroît sûr que le ministre ne les approuva pas; qu'il eut le courage de s'opposer à l'action indigne qui a laissé sur la mémoire de Buonaparte une tache ineffaçable; il eut encore le mérite de prévoir les suites funestes de cette entreprise. Cette résistance extraordinaire fut la cause de sa disgrâce.

Par une des conditions du traité secret de Tilsit, la marine du Danemarck devoit être mise à la disposition de la France : c'étoit la récompense que recevoit le souverain de ce royaume de la conduite sage, prévoyante et modérée qu'il avoit tenue dans le cours de la guerre. Mais rien ne pouvoit apaiser la soif inextinguible de Buonaparte. Les ports du Danemarck devoient aussi être fermés aux Anglais. Le cabinet de Saint-James, toujours bien instruit, se laissoit rarement devancer. Il avoit fait de vains efforts pour faire entrer dans ses intérêts le prince royal, chargé alors du gouvernement. Le Danemarck étoit trop foible pour résister à Napoléon; et c'étoit se préparer une ruine certaine, que de se déclarer son ennemi. Ce prince en étoit tellement convaincu, que rien ne put le détacher du système de neutralité qu'il s'étoit prescrit.

Il n'en étoit pas de même de Gustave, et l'on racontoit alors une anecdote qui annonçoit combien il étoit résolu de persister dans son système de guerre.

Le comte Moerner, officier suédois d'une haute distinction, ayant été fait prisonnier à Travemunde, le maréchal Murat lui fit des ouvertures relatives à son souverain, et lui proposa d'engager ce prince à renoncer à son alliance avec l'Angleterre, à se rapprocher de la France. Il lui promettoit, au nom de Buonaparte, d'augmenter ses Etats, en enlevant la Norwège au Danemarck. Le comte ayant fait part à Gustave IV de ces propositions, ce loyal monarque s'en offensa comme d'une insulte, communiqua au prince royal de Danemarck les ouvertures qui lui avoient été faites, et lui offrit la coopération de son armée, si Buonaparte entreprenoit quelque chose contre lui. Le prince se montra reconnoissant de cette grandeur d'âme, et ne put dissimuler que sa position l'obligeoit de souffrir tout ce que Buonaparte voudroit lui imposer; qu'il se devoit au repos de ses sujets et à leur bonheur.

Par le traité de Tilsit, l'empereur Alexandre avoit offert sa médiation entre la France et l'Angleterre; mais le cabinet de Saint-

James, joué tant de fois par les artifices de Napoléon, rejeta toutes les propositions de la Russie, et se prépara à la guerre. Avoit-il connoissance des conditions secrètes du traité de Tilsit ? Plusieurs personnes le crurent. Cependant l'embarras des historiens anglais, en racontant l'expédition contre Copenhague, est si grand, ils prennent tant de détours pour la justifier, et la justifient si mal, qu'il est difficile de croire qu'ils eussent, à cet égard, des notions positives. Mais Napoléon soupçonna que le secret de son cabinet avoit été trahi, et chargea le ministre de la police de faire des recherches à ce sujet. Il appela M. de Talleyrand dans l'intérieur de son cabinet, et eut avec lui plusieurs conférences. Il n'avoit jamais oublié que, dans une autre circonstance, un chef des bureaux du ministère avoit été loin d'observer la discrétion que lui imposoit sa place; et tout Paris savoit que la disparition subite de M. R. L. B*** tenoit aux soupçons que Napoléon avoit eus à son sujet.

Quoi qu'il en soit, le 7 septembre, une division de la flotte anglaise, sous les ordres de l'amiral Keith, parut dans le Sund, et s'assura tellement de tous les passages, que toute communication extérieure devint impossible, et que la Zélande se trouva complètement séparée du continent. Une armée de débarquement suivoit immédiatement la flotte principale. Elle fut renforcée par les troupes que la Grande - Bretagne avoit envoyées, comme auxiliaires, au roi de Suède. La flotte étoit sous les ordres de l'amiral Gambier, l'armée sous ceux de lord Cathcart. Ces dispositions indiquoient suffisamment les desseins hostiles de l'Angleterre; et l'on ne pouvoit douter qu'elles n'en assurassent le succès. Cependant, les officiers-généraux avoient ordre de ne rien entreprendre sans instructions ultérieures. Le gouvernement voulut tenter des négociations avant d'en venir à une rupture ouverte. On en chargea M. Jackson, qui, ayant auparavant résidé à Berlin comme chargé d'affaires, avoit acquis une grande connaissance de la diplomatie du Nord.

Il devoit prendre pour base de sa négociation, le dessein que l'on supposoit à Napoléon de fermer aux bâtimens anglais tous les ports du Danemarck, et de s'emparer de sa flotte. Il est certain qu'il étoit alors question d'une nouvelle ligue maritime contre le gouvernement britannique. Le négociateur avoit ordre de parler franchement au prince royal, d'exposer que la situation des affaires, et les termes dans lesquels il se trouvoit avec Napoléon, exigeoient, de sa part, des déterminations positives; que le gouvernement anglais ne pouvoit rester, à cet égard, dans le doute; qu'il étoit de l'intérêt de Son Altesse royale, aussi bien que de l'Angleterre, de sortir de cette indécision; qu'il étoit chargé expressément de sa cour de demander la remise de la flotte danoise à l'Angleterre, comme gage des dispositions amicales de Son Altesse royale; que sa cour s'engageoit, sur la foi de l'honneur et des traités les plus solennels, à restituer cette flotte aussitôt après la fin de la guerre; qu'elle ne pouvoit souffrir que son ennemi pût se mettre en possession de l'arsenal de Copenhague, et que tout lui faisoit un devoir de s'y opposer; qu'il étoit nécessaire que Son Altesse royale s'expliquât promptement; et qu'en cas d'hésitation, il étoit chargé de lui annoncer que sa cour emploieroit, pour obtenir l'objet de ses demandes, les forces imposantes dont elle pouvoit disposer sur le champ. Si Son Altesse y adhéroit, le gouvernement anglais la soutiendroit de toutes ses forces, contracteroit avec elle une alliance indissoluble, lui garantiroit non seulement la conservation, mais l'agrandissement de ses Etats; qu'enfin, elle mettroit à sa disposition ses flottes, ses armées, ses trésors, tout ce qu'elle possédoit, pour assurer sa couronne.

« Votre Altesse, devoit ajouter le négociateur, peut proposer toutes les stipulations qui lui paroîtront nécessaires, l'Angleterre admettra tout ce qui lui est possible. Si Votre Altesse craint que Napoléon ne lui fasse un crime de son accession à nos demandes, nous avons des moyens assez puissans pour vous donner l'air de la contrainte, et indiquer à l'Europe que vous n'avez cédé qu'à la force. Tout est prêt pour cela. Mais si Votre Altesse prend une détermination contraire, tout est prêt aussi pour une guerre prompte et décisive. »

Le prince royal étoit dans le Holstein lorsque l'envoyé anglais y arriva. Il trouva cette province dans l'agitation, particulièrement le port de Touningen. On venoit d'y apprendre que tous les bâtimens anglais avoient reçu de M. Thornton, ambassadeur anglais, l'ordre de quitter tous les ports du Danemarck, et de se réunir à l'escadre qui bloquoit l'embouchure de l'Elbe. Les Anglais prétendoient savoir que le maréchal Bernadote, qui commandoit à Hambourg, se disposoit à prendre possession des ports du Holstein et Slewigs; les ministres du prince paroissoient n'avoir aucune connoissance de ce projet; la conduite de l'ambassadeur leur sembloit un acte inouï, qui ne s'accommodoit ni avec le droit des nations ni avec ses pouvoirs.

M. Jackson se présenta au comte de Bernstorff, lui fit part de ses instructions, et sollicita vivement une audience du prince royal, auquel il étoit personnellement adressé. Le comte témoigna une vive indignation contre les procédés du gouvernement britannique, et s'expliqua avec une extrême chaleur. Le prince écouta froidement, montra beaucoup de dignité, et ajourna la conférence à Copenhague, où il se rendit. Le négociateur anglais s'embarqua à Kiel pour l'y suivre, et y arriva le 12 du mois d'août. Il vit avec satisfaction que les mesures de son gouvernement avoient été exécutées avec le plus profond secret; que nuls préparatifs n'avoient été faits en Zélande; qu'on n'y avoit pas eu seulement la pensée d'y réunir quelques forces. A l'exception d'un petit nombre de troupes bourgeoises rassemblées à Copenhague et Elseneur, il n'y avoit pas, dans toute l'île, un seul bataillon, pas un canon sur les murs de Copenhague. L'arrivée subite du prince, dont on ignoroit le motif; l'apparition des vaisseaux de guerre dans le Sund, la retraite de l'ambassadeur français, et de tous ceux des puissances dépendantes de la France, jetèrent d'abord quelque agitation dans les esprits. Il étoit évident qu'il y avoit un sujet de dissention entre la cour de Copenhague et l'Angleterre; mais on ignoroit de quelle nature il pouvoit être. Le départ de l'ambassadeur anglais augmenta l'inquiétude. Mais il étoit possible qu'on en vînt à des voies de conciliation, et l'arrivée de M. Jackson fortifia ces espérances. On recueilloit avec anxiété tout ce qui pouvoit jeter quelque jour sur la situation mystérieuse où l'on se trouvoit.

Le comte de Bernstorff n'avoit point suivi le prince royal à Copenhague. Son frère fut chargé de continuer la négociation. L'envoyé anglais insista sur une prompte audience du prince : il l'obtint; mais le jour même où il devoit entrer en conférence, il apprit que le prince étoit reparti pour Kiel. Il en témoigna un vif déplaisir, pressa le frère du ministre de déclarer nettement s'il avoit des pouvoirs pour traiter définitivement sur les bases proposées à Son Altesse royale; et sur la réponse négative, il prit des passe-ports, et alla rejoindre la flotte anglaise.

Tout étoit prêt dans l'armée. Dès le lendemain, elle débarqua, sans opposition, au village de Vedbeck, enveloppa la capitale du côté de la terre, tandis que la flotte la bloquoit complètement du côté de la mer. En même temps, les commandans anglais adressèrent aux habitans de la Zélande une proclamation dans laquelle ils exposoient les motifs de leur conduite, et déclaroient que toute hostilité cesseroit dès que le prince auroit accédé aux propositions de leur gouvernement.

Le même jour, les batteries de terre, les bombes et les batteries des vaisseaux firent sur la ville un feu si terrible, qu'elle parut, en un instant, dévorée par un vaste incendie. Les batteries des remparts et de la citadelle, montées à la hâte, ne répondirent que foiblement. Le feu des Anglais recommença la nuit suivante, mais avec relâche, soit pour ménager les munitions, soit dans l'espérance que la ville capituleroit. Nulle proposition n'ayant été faite, le bombardement recommença avec une nouvelle furie. Alors un trompette se présenta aux avant-postes avec une lettre du commandant de la ville. Il demandoit une trêve de vingt-quatre heures, pour traiter d'une capitulation, sous la réserve expresse que les troupes anglaises n'entreroient pas dans la ville. Cette capitulation fut discutée pendant trois jours, et le quatrième, les Anglais prirent possession de la citadelle, de l'artillerie, et de tout ce qui pouvoit assurer leur conquête. L'amiral anglais, maître de la flotte, de toutes les richesses de l'arsenal maritime, conduisit cette prise magnifique en Angleterre, où elle arriva le 7 d'octobre, à l'exception d'un bâtiment, échoué à l'île d'Huen, et qu'on détruisit. Six cents maisons avoient péri dans l'incendie et le bombardement.

Les écrivains anglais ont fait de vains efforts pour justifier une entreprise aussi contraire au droit public des nations civilisées. « Le gouvernement britannique, disent-ils, pouvoit-il laisser les desseins de Buonaparte s'accomplir paisiblement ? Pouvoit-il permettre que la flotte danoise tombât au pouvoir des Français ? Ne devoit-il pas employer tous ses moyens pour rompre la ligue maritime que le nord de l'Europe projetoit contre lui ? Si l'on peut lui faire quelque reproche, c'est de n'avoir pas mieux profité de ses avantages, en gardant la Zélande toute entière. Il est résulté, ajoutent-ils, de sa modération, que notre commerce, continuellement molesté dans la Baltique par les bâtimens corsaires, a fait des pertes considérables. »

Mais en apprenant cet évènement, l'Europe entière fut loin d'admirer cette modération ; la saisie de la flotte danoise fut regardée comme un attentat contre toutes lois reçues parmi les nations, comme un acte d'une odieuse piraterie. Il seroit difficile d'exprimer les transports de colère auxquels se livra Napoléon dès qu'il en fut instruit; on peut juger des déclamations dont il remplit ses journaux contre la perfidie anglaise, son audace et son mépris pour les droits les plus sacrés des nations. Ce n'étoit pas qu'il fût lui-même pénétré d'un grand respect pour ces droits; mais il ne pouvoit souffrir l'idée d'avoir été prévenu. Il voyoit de nouveau ses desseins renversés, et ne pouvoit opposer à la violence des Anglais que de vains regrets et d'impuissantes menaces.

A peine la capitulation de Copenhague avoit-elle été signée, que, par un excès d'audace et d'impudeur qu'on a peine à comprendre, sir Jackson osa proposer au prince royal de renouer les négociations. C'étoit une sorte d'insulte dont le prince se montra vivement offensé. Il défendit au négociateur anglais de mettre le pied sur le sol qu'il occupoit, et, plein d'indignation contre la violence dont il venoit d'être l'objet, rejeta avec un juste courroux toutes les propositions qui lui vinrent de son ennemi. La nation danoise partagea les sentimens de son prince. On arma de toutes parts, et bientôt la mer fut couverte de bâtimens de toute grandeur, résolus de venger l'honneur national par une guerre implacable contre le pavillon britannique.

De son côté, le prince royal défendit toute espèce de commerce ou d'échange avec les Anglais, ordonna qu'on s'assurât de ceux qui se trouvoient dans ses États, et qu'on se saisît de toutes leurs propriétés. Buonaparte signala sa colère par un acte qui en exprimoit toute l'exaltation. Il déclara que désormais il s'opposeroit à toute liaison, soit politique, soit commerciale, des puissances du continent avec l'Angleterre; il parla en dominateur suprême des nations; et le roi de Portugal ayant continué de recevoir les bâtimens anglais dans ses ports, il lui déclara qu'il le renverseroit de son trône, et prépara tout pour l'accomplissement de cette menace.

Le Danemarck, qui étoit resté neutre, fait un traité d'alliance avec la France; les Anglais sont exclus de tous les ports; et si l'on en excepte le vol de la flotte danoise, ils ne font que hâter leur expulsion des lieux dont ils vouloient se conserver l'entrée : l'Europe toute entière se soulève contre eux.

L'empereur Alexandre rompt toute communication avec le cabinet de Saint-James, annule tout acte précédemment conclu avec lui, et notamment la convention du 17 juin 1801, par laquelle les deux cabinets, conjointement avec le Danemarck et la Suède, avoient stipulé qu'ils termineroient à l'amiable tous les différends qui pourroient s'élever entre eux relativement à la neutralité armée; il proclame de nouveau le traité conclu entre la Suède et lui, à l'effet de faire respecter le pavillon des nations neutres, de leur assurer le droit de naviguer librement, de port en port, sur les côtes des puissances belligérantes, et de repousser toute prétention à la visite de leurs bâtimens. Il s'engage à rejeter toute communication ultérieure avec l'Angleterre, jusqu'à ce que le Danemarck ait reçu une éclatante satisfaction, et que la paix ait été conclue entre la France et la Grande-Bretagne. Il rappelle la conduite qu'il a tenue avec cette puissance :

« Deux fois, dit-il, j'ai pris les armes
« dans une cause où le premier intérêt étoit
« celui de l'Angleterre. J'ai sollicité en vain
« pour la faire entrer dans la cause commune

« des nations; mais loin d'agir de bonne foi,
« elle s'est contentée de contempler froide-
« ment la guerre qu'elle avoit allumée. Elle
« a envoyé ses troupes attaquer Buénos-Aires ;
« elle a entrepris de s'approprier l'Egypte ;
« elle exécute, sur les côtes du Danemarck,
« un acte de violence dont l'histoire n'offre
« aucun exemple, etc. »

Ainsi, le cabinet de Saint-James se rendoit odieux à tous les peuples, perdoit tous ses alliés du continent, travailloit lui-même au triomphe de Napoléon, et, par l'excès de son esprit dominateur et de son injustice, se trouvoit sur le point d'être frappé d'une sorte d'excommunication politique dans le monde civilisé.

Mais détournons un instant nos regards des vastes scènes dont le nord de l'Europe est le théâtre, pour les porter vers une autre extrémité. Nous avons vu Buonaparte combler d'égards et de distinctions l'ambassadeur turc, et lui déclarer, en présence du corps diplomatique, que Sélim et lui ne se diviseroient jamais; que leurs mains seroient inséparablement unies. A peine avoit-il prononcé cet engagement, qu'une vaste conspiration renversoit Sélim de son trône.

Une loi ancienne de l'empire ottoman privoit du sceptre le sultan qui, dans les sept premières années de son règne, ne donnoit point d'héritiers à la couronne; mais jusqu'alors cette loi n'avoit pas reçu d'exécution, soit parce que les sultans avoient satisfait à ses exigences, soit parce qu'ils s'étoient trouvés assez puissans, ou d'un caractère assez ferme pour la braver. Sélim III, prince doux et bienfaisant, étoit d'une constitution foible et d'un naturel timide. Dans son enfance, lorsqu'il étoit encore élevé dans le sérail, au milieu des femmes, il avoit été empoisonné par la sultane Validé, mère de Mustapha, qui vouloit faire régner son fils. Un contre-poison pris à propos lui avoit sauvé la vie, mais avoit tellement affoibli son tempérament, qu'il monta sur le trône avec la triste perspective qu'il n'auroit jamais d'enfans, et que peut-être, après sept ans de règne, il perdroit sa couronne.

La sultane sa mère partageant les mêmes craintes, crut devoir songer aux moyens de se conserver le pouvoir en le conservant à son fils; et pour mieux se l'assurer, elle remit les rênes du gouvernement à l'aga Chia-Jassi, son amant. Cet officier étoit passionné pour la discipline militaire des Européens; et dans les circonstances où il se trouvoit, la politique sembloit s'accorder avec ses sentimens particuliers. Il travailla avec zèle à former un corps exercé à la tactique des nations civilisées, et dont il pourroit disposer dans le cas où, après l'expiration des sept ans, les janissaires exigeroient que la loi de Mahomet fût accomplie. A défaut de casernes, on éleva des tentes élégantes autour de la capitale pour recevoir cette troupe; on la paya avec exactitude et générosité. Elle s'accrut rapidement. L'on prenoit pour prétexte de cet accroissement, la sûreté de la capitale, les vols et les désordres qui se commettoient aux environs, l'anarchie qui régnoit dans plusieurs provinces de l'empire.

Mais cette institution n'en choquoit pas moins les préjugés de la nation. On voyoit avec peine la révolte s'étendre sous le gouvernement d'un prince foible et incapable. La Servie, insurgée sous la bannière de Czerni-Georges, étoit sur le point de se séparer de l'empire. La Valachie, la Moldavie, la Bessarabie, étoient envahies par les Russes. La révolte de l'Arabie fermoit aux dévôts musulmans le chemin de la Mecque, et ce n'étoit qu'avec les plus grandes difficultés qu'ils pouvoient accomplir le pélerinage au tombeau du prophète Ces circonstances réunies répandoient dans le peuple et dans l'armée un mécontentement général. L'institution du *nizzam-geddid* (c'étoit le nom de la nouvelle troupe) acheva de porter les esprits à la révolte. Les janissaires, dont la bravoure et le sabre avoient fondé l'empire, voyoient avec dépit se former un corps rival, qui les menaçoit d'une destruction prochaine, et dans lequel les Grecs s'empressoient d'entrer. Tout se réunissoit pour accroître le mécontentement : l'intérêt personnel, l'orgueil et le fanatisme.

Une grande partie du corps des janissaires étoit à l'armée, sur les bords du Danube. Le bruit se répandit à Constantinople et dans la Romanie, qu'en leur absence le divan avoit l'intention de faire exclusivement occuper Constantinople et ses forts par le nizzam-geddid ; et que le dessein de cette troupe étoit de livrer aux chrétiens la ville et toute la Turquie européenne. Vers la fin du mois de mai, des signes d'insurrection se manifestèrent dans la capitale. Les janissaires qui y faisoient le service et les ulémas se réunirent dans des conférences secrètes, et l'on y prit la résolution de détrôner Sélim, et de lui donner Mustapha pour successeur.

C'est une ancienne coutume parmi les janissaires de Constantinople, de se réunir, le vendredi de chaque semaine, en une espèce de fête, dans laquelle le Grand-Seigneur, qui est janissaire lui-même, leur fait distribuer des sorbets : c'est de sa part un signe de fraternité, et, pour les janissaires, comme un nouvel engagement de fidélité et de dévouement. Le 29 de mai, les janissaires s'étant réunis sur la place d'El-Meidan, le prince leur fit offrir les sorbets ; pas un janissaire ne voulut y toucher. Au moment même où ils étoient réunis, ils virent, avec un extrême dépit, le sultan se rendre à la mosquée, entouré presque uniquement de gardes du nizzam-geddid, et de Grecs, qui s'y trouvoient en grand nombre. Cette complaisance du Grand-Seigneur pour des chrétiens leur parut une sorte d'apostasie. Ils reprochoient aussi au prince ses égards pour l'ambassadeur français, le général Sébastiani, contre lequel on étoit parvenu à leur inspirer des soupçons odieux et une haine violente.

Cinq mille janissaires occupoient Bujucderé, les forts de la mer Noire, et le canal de Constantinople. Après le départ de l'armée pour le Danube, Sélim leur avoit envoyé, par Mahomed-Effendi, ancien ambassadeur à Londres, des uniformes européens et de l'argent, avec une invitation, plutôt qu'un ordre, d'entrer dans la troupe régulière. Lorsqu'il commença à lire les instructions dont il étoit porteur, au nom du sultan, il fut interrompu par des murmures violens, et bientôt par des cris de rage. Un officier tirant son cimeterre, le lui déchargea sur la tête, et l'abattit à ses pieds, en s'écriant : *Au nom du Dieu vivant, ce n'est pas un musulman que je tue, mais l'Anglais Mahomed.*

Dès que cette nouvelle parvint à Sélim, la frayeur pénétra facilement dans un cœur foible et sans courage ; il se hâta d'envoyer aux janissaires le bostangi-baschi, avec de l'argent pour apaiser les désordres ; cet officier étoit chargé de désavouer Mahomed, d'assurer aux janissaires qu'il avoit substitué de fausses instructions à celles qui lui étoient confiées ; et qu'en le mettant à mort, ils avoient justement puni un indigne faussaire. Le perfide bostangi remit le message, mais garda pour lui l'argent. Les janissaires, loin de rentrer dans le devoir, ne virent plus, dans leur souverain, qu'un homme indigne de gouverner, qui rachetoit sa couronne par une lâcheté. La sultane mère de Sélim étoit morte ; l'aga Chia-Jassi, homme de cœur et de résolution, s'étoit retiré de la cour, et le sultan s'étoit livré à des conseillers aussi foibles et aussi incapables que lui.

L'infâme bostangi, à son retour, assura à son timide et crédule maître que tout étoit tranquille. Mais les rebelles qu'il venoit de quitter ayant abandonné leurs garnisons, vinrent se joindre à leurs camarades de Constantinople; et tous ensemble, au nombre de quinze mille hommes, s'emparèrent des batteries du sérail, et forcèrent les trois régimens de service qui s'y trouvoient à se réunir à eux. De là ils se portèrent au faubourg de Tophana, où ils se rendirent maîtres de la fonderie des canons, et plantèrent leur étendard. Pour rassurer la ville sur les suites de cette démarche, ils répandirent une proclamation où ils protestoient de leurs intentions pacifiques, se choisirent un chef, placèrent un sabre par terre, et jurèrent, en mettant le pied dessus, de ne commettre aucune violence ni contre les musulmans ni contre les chrétiens, et de ne prendre aucune résolution que du consentement du muphti ou des ulémas. De là ils se rendirent à la place d'El-Meidan, dans l'ordre le plus parfait; et deux de leurs camarades ayant commis un vol léger, ils les mirent sur le champ à mort.

Arrivés au lieu du rendez-vous, ils se formèrent en conseil de guerre, et envoyèrent une députation au muphti, aux ulémas et aux cadis, pour leur demander quelle peine méritoit celui qui avoit établi le *nizzam-geddid*. Le muphti répondit, conformément au Koran, *la mort,* attendu qu'il s'est rendu coupable d'avoir introduit parmi les croyans les mœurs des infidèles, et projeté la suppression des janissaires, c'est-à-dire des véritables défenseurs de la loi et du prophète. Alors les janissaires envoyèrent à Sélim une sommation écrite de leur livrer douze têtes du divan. Le sultan, sans hésiter, leur envoya d'abord celle du bostangi-baschi, et quelques minutes après, six autres, que les janissaires brisèrent sous leurs pieds. Deux membres du divan eurent le courage de se présenter d'eux-mêmes pour se justifier, et prouver que, loin d'avoir violé la loi du prophète, ils s'étoient opposés de tous leurs moyens à l'introduction de la tactique européenne. La troupe insurgée, après les avoir écouté tranquillement, leur permit de retourner chez eux; mais non contente des sacrifices qu'elle avoit obtenus, elle demanda la déposition du sultan. Le muphti envoya une députation à Sélim, pour lui rendre compte de ce qui se passoit, et le conjurer, au nom du peuple, d'obtempérer à la demande qu'on lui faisoit.

Sélim avoit prévenu les insurgés, et s'étoit rendu de lui-même, une heure auparavant, à la prison de Mustapha, son neveu, l'avoit pris par la main, lui avoit affectueusement souhaité un meilleur règne que le sien, en lui recommandant de ne pas toujours céder aux conseils de ceux qui l'entouroient, surtout lorsqu'il seroit question d'introduire de grandes innovations dans le gouvernement. En même temps il avoit porté à ses lèvres une coupe empoisonnée, et se disposoit à l'avaler, lorsque Mustapha, que cette scène avoit attendri jusqu'aux larmes, la saisit, la jeta à ses pieds, en protestant à son oncle que sa vie lui seroit éternellement sacrée; qu'il ne cesseroit de le respecter comme son oncle, et de le regarder comme un ami.

Lorsque la députation arriva au sérail, elle trouva sur le trône un nouveau sultan; elle s'empressa de faire part de cet évènement au camp des janissaires; et Mustapha s'étant rendu à la mosquée, suivant l'usage dans ces sortes d'occasions, ils quittèrent tous leur camp pour le suivre; et la cérémonie étant achevée, ils allèrent reprendre leurs postes respectifs. Ainsi finit cette révolution, presque sans effusion de sang. On crut alors que la politique et l'or de l'Angleterre y avoient eu une part considérable; mais elle s'accomplit sans aucune influence étrangère, et ne fut réellement qu'une révolution du sérail.

CHAPITRE XI.

Etat de l'Europe après la paix de Tilsit. Système continental. Entreprise du cabinet anglais sur Constantinople. Prise de l'île hollandaise de Curaçao. Ouverture du Parlement d'Angleterre. Discours du roi. Représailles contre la France. Nouveaux accroissemens de l'empire de Napoléon. Voyage en Italie. Invasion du Portugal. Traité secret de Fontainebleau, entre la France et l'Espagne.

APRÈS la célèbre bataille de Friedland et la paix de Tilsit, le continent européen étoit aux pieds de Buonaparte. Mais la Grande-Bretagne continuoit de défier son pouvoir, et, loin de paroître craindre sa vengeance, menaçoit sans cesse la vaste étendue des côtes de son empire. Si le commerce de l'Angleterre étoit très-resserré en Europe, il étoit immense dans les autres parties du monde. Buonaparte n'avoit rien à opposer aux dominateurs des mers : Trafalgar et le misérable système des escadrilles avoient presque anéanti sa marine. La Suède et le Portugal résistoient encore, mais il leur étoit désormais impossible de maintenir leur indépendance. Le Danemarck, occupé jusqu'alors à se tenir dans une stricte et prudente neutralité, s'étoit vu dans la nécessité de s'unir à la France, pour venger l'affront qu'il avoit reçu du cabinet britannique. Buonaparte s'irritoit de son impuissance.

Hors d'état d'atteindre son ennemi sur mer, il forma le projet chimérique de guerroyer sur terre, en lui fermant tous les ports non seulement de l'Europe, mais du monde entier. Ce n'étoit point une pensée neuve. Elle avoit été conçue en 1796, sous le Directoire, et présentée aux gouvernemens neutres sous les plus brillantes couleurs. Mais elle avoit séduit peu de monde, et n'avoit trouvé de partisans que parmi les Etats soumis à l'influence de la France, et dans lesquels il étoit plus sûr d'obéir que de raisonner. Trompés dans leur attente, les conseils qui gouvernoient alors décrétèrent que les bâtimens neutres seroient traités par la France comme ils se laissoient traiter par l'Angleterre. Ce décret fut notifié aux Etats-Unis d'Amérique par l'ambassadeur français; et dans l'espace de peu de temps, les croiseurs de France et ceux d'Espagne firent des prises considérables sur le commerce américain. Un nouveau décret déclara de bonne prise tout bâtiment qui se trouveroit chargé, en tout ou en partie, de marchandises anglaises, quel qu'en fût le propriétaire, ferma les ports de France à tout bâtiment neutre qui auroit touché les côtes de l'Angleterre, et, pour compléter ce système barbare, ordonna de mettre à mort tout marin de nation neutre qui se trouveroit sur les bâtimens anglais. On retrouvoit dans cette dernière disposition le caractère féroce de la Convention nationale, dont les membres formoient encore la majorité des deux conseils.

Le gouvernement anglais en arrêta l'exécution par une loi de représailles. Il étoit facile de prévoir que l'effet le plus sûr d'un pareil système seroit la ruine complète du commerce de la France; que pour atteindre l'ennemi, elle déchiroit ses propres entrailles, enlevoit tout espoir à l'agriculture et à l'industrie. Le Directoire, instrument aveugle d'une autorité violente et tyrannique, l'avoit compris dès l'origine, mais il n'avoit osé présenter aucune remontrance. Enfin, pressé par la nécessité et le cri de la nation, il se décida à parler. Il exposa dans un message la détresse du commerce, et présenta le projet d'une loi de navigation moins funeste aux productions et à l'industrie nationale. Son mémoire étoit, en 1799, sous les yeux des conseils, et soumis à une commission, lorsque Buonaparte prit les rênes du gouvernement. Le premier acte de son autorité fut d'abroger le décret rendu précédemment. Il annonçoit alors des intentions pacifiques, et paroissoit disposé à fortifier son pouvoir par la modération et le rétablissement des lois.

Mais, depuis cette époque, le désir de la vengeance et les conseils violens de son ambition l'avoient ramené au système des conseils de la république. Par un décret de Hambourg, confirmé bientôt à Milan, il déclara en état de blocus non seulement les îles Britanniques, mais toutes leurs possessions, en quelque lieu du monde qu'elles fussent situées. Il défendit à tous les Etats du continent, même au Portugal, tout commerce avec les bâtimens qui viendroient de l'Angleterre, ou de tout autre point de sa domination. Il fit plus; il proscrivit toute communication avec les bâtimens qui porteroient la plus légère charge venue du sol britannique, ou de tout autre lieu soumis à ses lois. Pour s'assurer de l'exécution de ses ordres, il établit des résidens dans tous les ports, où il ne permit l'entrée aux neutres qu'avec un certificat d'origine, c'est-à-dire avec des preuves officielles que les objets dont ils étoient chargés ne provenoient d'aucune possession anglaise. Ces mesures de rigueur produisirent, pendant quelques mois, l'anéantissement complet du commerce anglais sur le continent; mais le bien sort presque toujours de l'excès du mal. Le gouvernement anglais sentit la nécessité de prendre des mesures extraordinaires. On opposa rigueurs à rigueurs. Les neutres furent soumis à des conditions non moins dures que celles qui leur avoient été imposées par la France. Les Etats-Unis firent cause commune avec elle. Christophe, devenu maître de Saint-Domingue, s'allia avec le cabinet de Saint-James; l'industrie trouva les moyens d'éluder la gêne des certificats d'origine; le commerce lointain se prêta un mutuel secours; les certificats d'origine devinrent eux-mêmes un objet de spéculation, jusque parmi les résidens du gouvernement français. Nos alliés n'avoient plus de moyen de veiller à la conservation de leurs colonies. Curaçao et une escadre hollandaise tombèrent au pouvoir des Anglais, et tout devint anarchie et confusion dans le commerce.

On avoit vu, au nord, le Danemarck se

tenir constamment dans un système de neutralité. Constantinople, au midi, imitoit la même politique. Le général Sébastiani y avoit obtenu un crédit puissant; et quoique le divan parût décidé à conserver la paix, cependant, depuis les évènemens d'Iéna, et la marche toujours victorieuse de Buonaparte, il paroissoit incliner pour la France plus que pour l'Angleterre. La position de l'empire ottoman devenoit difficile. L'armée française de Dalmatie n'étoit pas moindre de quarante mille hommes, et pouvoit être facilement renforcée par celle d'Italie. Buonaparte, qui ne perdoit jamais rien de ses avantages, voulut que le divan prît un parti décisif pour lui ou contre lui. Le général Sébastiani fut chargé de présenter une note impérative, et de déclarer au Grand-Seigneur que si les Dardanelles et le canal de Constantinople continuoient de rester ouverts aux ennemis de la France, l'empereur Napoléon regarderoit la sublime Porte comme l'alliée de l'Angleterre et de la Russie. Ces évènemens avoient lieu au mois de février. Les ministres de Sa Hautessse alléguèrent en vain les traités de paix et de commerce qui les attachoient à la Grande-Bretagne et à l'empereur Alexandre, l'ambassadeur français soutint que les lois d'une stricte neutralité exigeoient non seulement que les Dardanelles et le détroit fussent fermés aux vaisseaux de guerre des ennemis de la France, mais même aux vaisseaux marchands qui porteroient des armes, des habits, des munitions pour les puissances avec lesquelles la France étoit en guerre. Il ajouta que si la sublime Porte se croyoit engagée, par ses traités, à laisser ces passages libres, alors Napoléon, usant des mêmes droits, marcheroit par terre, à travers les Etats du Grand-Seigneur, pour aller joindre son ennemi sur les bords du Niester.

L'ambassadeur anglais, M. Arbuthnot, se hâta de transmettre à son gouvernement la note du général Sébastiani. De son côté, le cabinet russe, effrayé de voir son crédit et celui de l'Angleterre décheoir à Constantinople, pressa le cabinet de Saint-James de prendre des mesures promptes et décisives pour rétablir leur influence. Il demandoit qu'on envoyât aux Dardanelles un armement capable d'imposer au divan. On commença par des négociations; et pour les appuyer, sir Thomas Duckworth fut mis à la tête d'une escadre chargée de forcer le passage des Dardanelles, et de bombarder Constantinople si le gouvernement turc n'accédoit point aux conditions qui lui seroient imposées. La flotte étoit de sept vaisseaux de ligne, de plusieurs frégates, et de tous les bâtimens nécessaires pour un bombardement. La flotte débarqua à Ténédos, où elle reçut M. Arbuthnot, qui avoit fui de Constantinople pour se soustraire à la violence du peuple. Elle entra ensuite aux Dardanelles. Un vaisseau turc de 64, quelques corvettes et quatre frégates étoient à l'ancre sous les forts. Sir Sidney Smith, qui connoissoit ces mers, eut ordre de les attaquer, et de les détruire s'ils opposoient quelque résistance. Mais la flotte passa sans avoir besoin de tirer un coup de canon, et sans répondre au feu des forts, qui ne lui causa presque aucun dommage. On vouloit, par cette conduite pacifique, prouver aux Turcs que l'Angleterre avoit le désir de conserver leur amitié. Mais quand il fut question de passer entre Sestos et Abydos, l'escadre anglaise eut à soutenir un feu très-vif des deux châteaux; elle y répondit par un feu si terrible, qu'il fit taire promptement celui de l'ennemi, et que l'escadre entière acheva le passage. La petite flotte turque, attaquée alors par Sidney Smith, fut poussée sur la côte, et brûlée. Il restoit à passer la Pointe-Pesquier, défendue par une formidable batterie de trente pièces de canon. Elle fut enlevée par un détachement de soldats de la marine. L'escadre se tint à huit milles de Constantinople. Alors à des actes de violence succédèrent des procédés d'une feinte et perfide courtoisie. Un parlementaire se présenta au sérail avec une lettre de l'ambassadeur, M. Arbuthnot. Il y rappeloit les efforts qu'il avoit faits pour conserver, par des négociations amicales, la bonne amitié entre son gouvernement et Sa Hautesse, et exprimoit le désir d'éviter toute rupture. « Les intérêts, disoit-il, de la Grande-Bretagne et de l'empire ottoman sont les mêmes. Les Anglais se rappelleront toujours le temps où ils ont été assez heureux pour combattre, comme des frères, avec les armées de la sublime Porte, contre l'ennemi commun. La bravoure que viennent de déployer en ce moment les troupes ottomanes ne fait que leur inspirer une nouvelle estime, un nouveau désir de conserver leur amitié. Le divan doit trouver une preuve éclatante de ces dispositions dans la conduite de l'amiral, qui, pouvant exécuter sur le champ les ordres qu'il avoit reçus, a mieux aimé prendre une position à huit milles de la capitale, et se propose de la conserver aussi longtemps qu'il sera nécessaire pour recevoir la réponse du divan, pourvu qu'elle arrive le lendemain, avant le coucher du soleil, et qu'elle contienne l'assurance de satisfaire aux justes demandes de Sa Majesté britannique. Dans ce cas, toute démonstration hostile cesseroit dès le moment. Mais dans le cas contraire, M. Arbuthnot déclare avec peine que sa mission est terminée, et que rien n'arrêtera l'exécution des ordres dont l'amiral est chargé. »

Sir Duckwort écrivit, de son côté, au reiss-effendi, une lettre dans le même sens. Mais il lui proposoit, pour gage de bonne amitié, de lui faire remettre tous les vaisseaux de guerre de la sublime Porte, avec tous les magasins et approvisionnemens, lui offrant à ce prix de s'abstenir de toute entreprise sur la capitale, et de se retirer au-delà des Dardanelles. Il donnoit une demi-heure au divan pour délibérer sur sa lettre, lorsqu'elle auroit été traduite en langue turque. « Ce moment passé, rien ne l'arrêteroit, disoit-il ; et s'il se voit forcé de détruire la marine turque et d'employer les immenses moyens qui sont en son pouvoir, la faute en sera non point à son souverain, mais au gouvernement du Grand-Seigneur. » Le vaisseau parlementaire chargé de cette lettre partit dès la pointe du jour. Mais l'officier qui devoit la présenter ne put obtenir la permission de débarquer. L'ambassadeur anglais dépêcha un second parlementaire, chargé d'une note additionnelle, où l'on demandoit que le Grand-Seigneur déclarât nettement s'il vouloit être à Buonaparte ou à l'Angleterre. Une autre note fut adressée au reiss-effendi. Mais déjà Constantinople étoit dans la plus grande fermentation : le peuple se réunissoit de toutes parts pour mettre les flottes en sûreté, et opposer une vive résistance à l'ennemi.

Il n'en est pas de la capitale de l'empire ottoman comme des autres villes. La plupart de ses maisons sont d'une misérable construction, et quand le feu les dévore, le dégât est bientôt réparé. On se disposa donc à tout subir plutôt que d'admettre les insultantes propositions des Anglais. Cependant, le reiss-effendi offrit de traiter, et proposa de choisir le lieu où les négociations s'ouvriroient. Mais cette démarche ne ralentit rien des préparatifs de défense. Hommes, femmes, enfans, vieillards, Turcs, Grecs, Arméniens, ouvriers, soldats, prêtres, tous rivalisèrent de zèle pour repousser l'ennemi. La côte se couvrit de fortifications, les forts furent armés extraordinairement. Ces ouvrages étoient dirigés par des officiers de génie tirés précédemment de l'armée de Dalmatie.

En même temps, la mer s'agita avec tant de violence, que l'escadre anglaise se trouva dans l'impossibilité d'exécuter ses projets. Sa position devint d'autant plus inquiétante, qu'à mesure que les travaux des Turcs avançoient, le retour offroit plus de difficultés. Il fallut cependant s'y déterminer. Les forts étoient garnis d'une immense artillerie : il fallut en subir le feu. Des bouches énormes lançoient des masses de marbre pesant jusqu'à huit cents livres. Les Anglais les évitoient, parce qu'il étoit facile de les distinguer dans l'air, et qu'ils s'ouvroient pour leur laisser un passage. Une d'elles cependant fracassa en deux le mât principal d'un vaisseau de 74, et l'on eut beaucoup de peine à le sauver. Les Anglais perdirent, dans cette expédition, deux cent cinquante hommes tués ou blessés, et se firent un ennemi irréconciliable du Grand-Seigneur. Le général Sébastiani avoit fortement contribué aux courageuses déterminations des Turcs; et cette entreprise donna de nouveau l'idée la plus déshonorante de la bonne foi et de la politique anglaises. On regarda comme un acte digne d'un peuple barbare le projet de détruire une ville telle que Constantinople, qui, quoique mal bâtie, renfermoit encore de magnifiques monumens des arts, et de superbes minarets.

C'étoit donner un immense avantage à Buonaparte; car s'il respectoit peu les traités, il savoit au moins colorer ses violations de prétextes plausibles; jamais d'ailleurs il n'avoit commis d'aggressions aussi violentes que celles de l'Angleterre contre le Danemarck et Constantinople : le droit des gens, celui des nations périssoient entièrement dans ce nouveau genre de guerre. Cette malheureuse expédition produisit un effet fâcheux, même en Angleterre.

La santé du roi étoit loin de s'améliorer; il ne put ouvrir le Parlement. Le discours du trône fut prononcé par lord Eldon, chancelier; mais il ne présenta aucune vue importante. Le Parlement se rassembloit dans de fâcheuses circonstances. Le roi ne pouvoit plus parler de ses alliés, il les avoit perdus tous. La marche de Buonaparte ne trouvoit plus d'obstacles. Il étoit difficile de compter la Suède pour quelque chose; et le Portugal, resté fidèle à la Grande-Bretagne, devoit bientôt subir le joug imposé à toute l'Europe. L'Irlande n'étoit point tranquille; et cette superbe Angleterre, dont les flottes parcouroient toutes les parties du monde, se voyoit comme exilée de l'Europe, dont elle faisoit partie.

Buonaparte ne songeoit plus qu'à l'accomplissement du traité secret de Tilsit, et préparoit tout pour en assurer le succès. Mais au milieu de ces projets, il n'oublioit pas sa capitale et la prospérité de l'empire français, s'il est quelque prospérité au milieu des calamités de la guerre. Pour satisfaire en même temps ses sujets et sa vanité, pour faire croire que les soins les plus importans ne le détournoient jamais des moindres détails d'administration, du camp de Varsovie, il décréta la construction d'un nouveau pont, en face du Champ-de-Mars, et voulut qu'il portât le nom d'*Iéna*. Il donna des ordres pour l'élargissement des quais, pour l'érection d'un arc de triomphe à l'entrée des Tuileries, et l'augmentation des fontaines publiques. La campagne de 1807 n'avoit rien coûté au trésor. Les contributions de guerre avoient suffi pour entretenir l'armée et accroître la fortune des généraux. Les contributions s'élevoient à près d'un milliard, et l'on n'avoit aucun frais de la guerre à supporter : les finances étoient donc plus florissantes que jamais ; Buonaparte lui-même entassoit des trésors : mais que de larmes ces richesses avoient coûté ! On comptoit, parmi les prisonniers prussiens, cinq mille cent soixante dix-neuf officiers, et près de cent vingt-quatre mille soldats ou sous-officiers; cinquante mille hommes avoient expiré sur le champ de bataille. Les dépouilles du Nord avoient enrichi le Muséum et la Bibliothèque impériale de trois cent cinquante tableaux, de deux cent quarante-deux manuscrits rares et précieux, de cinquante statues, quatre-vingts bustes, cent vingt-deux objets d'art en bronze, une foule d'armes, dont on composa un muséum particulier.

Mais en même temps que Napoléon fascinoit, par ses brillantes conquêtes, l'esprit vif, irréfléchi et léger des Français, il travailloit à resserrer leurs chaînes et fortifier sa domination. Les juges, en vertu des lois constitutionnelles, étoient inamovibles : un sénatus-consulte les assujettit à une épreuve de cinq ans, après lesquels on pourroit ou les constituer définitivement ou les destituer. On les soumit à une épuration : et plusieurs ayant été reconnus incapables ou corruptibles, furent renvoyés.

Les tribunaux ordinaires furent dépouillés du droit de juger dans les causes relatives à la politique, à la fraude ou à la contrebande. Buonaparte établit, pour ces sortes de prévarications, un tribunal spécial de trois juges dans chaque département. Tous les Etats dépendans de la France furent régis par des administrateurs et des officiers français; le Code Napoléon y fut établi comme loi suprême. Les Etats de la Baltique, la Westphalie, l'Italie, la Hollande eurent des fonctionnaires publics français; et ces Etats s'en consoloient en disant que les Français étoient la *noblesse du genre humain*. Les côtes de la Hollande et du nord de l'Allemagne étoient gardées par des troupes françaises, sous le prétexte de veiller à l'exécution des décrets sur le blocus du continent.

Le roi de Hollande, quoique sous le joug de son frère, essayoit néanmoins de laisser quelque liberté au commerce de ses sujets. Buonaparte le sut, le réprimanda, et lui enjoignit de ne pas laisser sortir de ses ports ni de la côte un seul bateau pêcheur, sans un soldat qui seroit chargé de surveiller toute communication avec les Anglais. La misère ne tarda pas à devenir affreuse dans cette terre essentiellement commerçante.

Il falloit une épouse au roi de Westphalie. Buonaparte avoit rompu son mariage avec Mlle Paterson, fille d'un simple négociant américain. L'ambition des alliances royales agitait cette âme avide de grandeurs. Il avoit posé la couronne sur la tête du roi de Saxe, il avoit agrandi ses Etats, et l'on s'étoit étonné de le voir prodiguer à ce prince les marques de la plus éclatante amitié. Tant de déférence ne s'accordoit guère avec le naturel de Napoléon ; mais il avoit ses vues secrètes. Jérôme étoit à peine assis sur son trône, que Napoléon demanda au monarque saxon la main de sa fille pour ce fils de la Fortune. Mais le cœur élevé de la princesse ne put soutenir l'idée d'une pareille alliance. Jérôme n'avoit rien qui pût balancer l'obscurité de son rang et de sa naissance ; ses mœurs étoient connues pour mauvaises. Toutes les instances de Napoléon ne purent vaincre les hauteurs et la répugnance de la princesse : il fallut, de toute nécessité, porter ses regards sur une autre cour.

La fille du roi de Wurtemberg, plus docile, ne refusa point sa main. Bientôt la Westphalie et la Bavière eurent des gardes nationales. On y fit entrer tous les hommes en état de servir. On initia les généraux aux usages et aux secrets de la tactique française. C'étoit une armée destinée à être employée bientôt contre l'Autriche. Car, dans les plans de Napoléon, cette puissance devoit disparoître ; et les Bavarois étant les ennemis naturels des Autrichiens, il comptoit particulièrement sur leur coopération; il savoit bien que l'Autriche ne disparoîtroit pas sans de violens combats. Depuis la paix de Presbourg, elle ne s'étoit point oubliée. Peu confiante dans la bonne foi de Napoléon, elle avoit travaillé, avec une grande activité, à réparer ses pertes, à ranimer l'esprit militaire, remplir les cadres de son armée, mettre ses forteresses en état de défense. Celle de Brannau ne fut évacuée par les Français que sur la fin de l'année 1807. Mais Buonaparte retint la partie du territoire autrichien située sur la rive droite de l'Isonzo; et pour paroître agir avec justice, il offrit et donna en échange, au gouvernement autrichien, la ville et le district de Monte-Falcone, sur la rive gauche de ce fleuve : échange qui ne valoit pas la dixième partie du territoire qu'il s'étoit réservé.

Chaque jour révéloit quelque partie des articles secrets du traité de Tilsit. Les bouches du Cattaro furent définitivement remises entre les mains des Français. La Russie porta même l'attention envers la France jusqu'à lui prêter ses vaisseaux pour porter ses troupes d'Otrante aux îles Ioniennes, dont elles alloient prendre possession. Les cabinets de Saint-Pétersbourg et de la sublime Porte en avoient précédemment garanti l'indépendance;

mais le traité de Tilsit avoit tout changé. Depuis le retour de Buonaparte en France, la diplomatie du continent étoit dans une extrême activité, et Fontainebleau étoit devenu le centre de toutes les opérations politiques. Son intime union avec la Russie excitoit l'attention de tous les cabinets de l'Europe. Le projet de partager le continent en deux vastes empires n'étoit plus un secret; et lorsqu'on vit Buonaparte quitter tout à coup sa résidence royale pour se rendre en Italie, on ne douta plus qu'il ne fût question de la destruction de l'empire ottoman, et que cette grande entreprise n'eût été résolue aussi à Tilsit. Mais avant le départ de Napoléon, d'autres projets avoient été arrêtés à Fontainebleau, et déjà tout étoit prêt pour leur accomplissement.

Il étoit difficile de se persuader que Buonaparte, maître de toute l'Italie, voulût y laisser, sous les apparences de la liberté, un royaume qu'il avoit fondé lui-même, mais dont l'existence ne pouvoit plus se concilier avec son agrandissement et les vues qu'il avoit sur la péninsule italienne. Il falloit donc que le royaume d'Etrurie disparût; mais il falloit aussi conserver des apparences de justice, et offrir à la reine un dédommagement suffisant.

Cette affaire se traita à Fontainebleau, entre les plénipotentiaires d'Espagne et les agens diplomatiques de Napoléon. Il fut convenu que la ville d'Oporto, et la province entre Minho et Douro, seroient détachées du royaume de Portugal, et données en toute souveraineté au roi d'Etrurie, sous le titre de *royaume de Lusitanie septentrionale;* que le prince de la Paix auroit en toute souveraineté la province d'Alentejo et le royaume des Algarves, sous le titre de *prince des Algarves;* et que ces deux nouvelles souverainetés reconnoîtroient pour protecteur Sa Majesté catholique. Les autres provinces du royaume de Portugal devoient rester en réserve jusqu'à la paix. A cette époque, elles ne seroient restituées à la maison de Bragance qu'en échange de Gibraltar, de la Trinité, et des autres colonies que les Anglais avoient conquises sur l'Espagne. Buonaparte s'engageoit à reconnoître Sa Majesté catholique comme empereur des deux Amériques. En vertu de ce traité, les Espagnols ouvriroient l'entrée du royaume aux troupes françaises, et se joindroient à elles pour opérer la conquête du Portugal.

Cette négociation n'étoit qu'une déception complète ; mais le piége étoit tendu avec un extrême artifice, et la cour d'Espagne l'accepta avec le plus aveugle empressement. La reine étoit flattée de voir son favori élevé à la dignité de souverain. Le titre d'*empereur* chatouilloit la foiblesse du roi Charles IV. L'espérance de recouvrer un jour Gibraltar n'étoit pas non plus un médiocre sujet de satisfaction. Godoï s'applaudissoit de tant d'avantages, et ne pouvoit manquer de servir Napoléon de tout son crédit. Il étoit loin d'y voir sa perte, et la chute totale du trône de ses maîtres. Mais, quelque habile qu'il se crût, il avoit affaire à un homme plus artificieux que lui. La conquête du Portugal n'étoit que le premier acte du grand drame qui devoit anéantir l'empire de Philippe V.

Buonaparte en avoit déjà préparé les premiers élémens à Madrid, et c'étoit de la main de Godoï lui-même qu'il s'étoit servi pour les mettre en mouvement. Ce favori, l'objet de la haine publique, inspiroit aussi une aversion particulière au prince des Asturies. Ce jeune héritier de la couronne, isolé au milieu de la cour, sentoit le besoin d'un appui, non seulement contre le prince de la Paix, mais contre ses propres parens; car cet homme adroit, ambitieux et intrigant, sembloit avoir fasciné leur raison, leur jugement et leur cœur.

Ferdinand ne pouvoit guère trouver d'appui qu'auprès de Napoléon. Celui-ci profita habilement de sa situation, et lui fit insinuer, par son ambassadeur, le marquis de Beauharnais, de demander pour épouse une princesse du sang de Napoléon; car depuis la création de l'empire français, il n'étoit pas une de ses parentes qui ne fût devenue princesse.

Cette idée séduisit d'autant plus le jeune Ferdinand, qu'il craignoit de se voir obligé de recevoir une épouse du choix de Godoï. Il consentit à la proposition de l'ambassadeur, sous la réserve néanmoins du consentement et de l'approbation de sa royale famille, et manifesta ses intentions dans une lettre qu'il adressa à l'empereur des Français. Si l'on fait attention au prestige dont la victoire avoit entouré Napoléon, à son immense pouvoir, à l'opinion qu'il avoit donnée de son extraordinaire génie, à son alliance avec l'empereur Alexandre, à la facilité avec laquelle il avoit obtenu la main de la princesse de Wurtemberg, à l'étourdissement où il avoit jeté l'Europe toute entière, on s'étonnera moins de voir l'héritier du trône d'Espagne, le descendant de Louis XIV, chercher une alliance dans l'obscure maison de Buonaparte. Cet honneur ne pouvoit regarder que la fille de

Lucien, née de la fille d'un aubergiste de Saint-Maximin, ou d'une parente de l'impératrice Joséphine de Beauharnais.

La lettre du prince des Asturies ne fut pas long-temps un mystère. Godoï en fut promptement informé, et ne négligea rien pour donner à ces communications secrètes toutes les couleurs d'une conspiration. Il n'eut pas de peine à persuader le roi et la reine, personnages d'une crédulité excessive et d'un esprit très-borné. Le prince fut arrêté, et conduit au monastère de Saint-Laurent. Tous les membres des divers conseils d'État furent réunis dans l'appareil le plus solennel, comme s'il eût été question du salut de la monarchie, et l'on y lut un acte fabriqué par Godoï, mais revêtu de la signature du roi, où le prince des Asturies étoit accusé d'avoir tramé une horrible conspiration pour détrôner son père. On parloit de chiffres saisis dans l'appartement du prince, et on les produisit devant le conseil. Il étoit facile de reconnoître, dans cette pièce, la main du favori et l'ignorance où le roi étoit de la vérité, car tous les sentimens parternels y étoient oubliés.

Le prince des Asturies étoit aimé des Espagnols de toute la haine qu'ils portoient à Godoï. A la première nouvelle de son arrestation, un cri général s'éleva contre le prince de la Paix, et l'on ne douta pas que cette prétendue conspiration ne fût une infernale machination de sa part pour perdre le légitime héritier du trône, et satisfaire les vues audacieuses qu'il avoit lui-même sur la succession de la couronne. Le roi écrivit à Napoléon pour se plaindre de l'ambassadeur français, mais Napoléon ne répondit point. Son silence et le cri général de la nation espagnole, la fermentation qui se manifesta sur tous les points du royaume, jetèrent la terreur dans l'âme de Manuel Godoï. Il ne vit alors de salut pour lui que dans une prompte réconciliation du fils avec ses augustes parens. Il feignit alors un hypocrite intérêt pour Ferdinand, lui dressa une lettre d'excuse et de repentir pour ses parens, et la lui fit signer. Elle portoit : « Je suis coupable; j'ai mé« connu mes devoirs envers Votre Majesté; « j'ai manqué à mon père et à mon roi ; je « ne dois rien faire que de son consentement. « Mais j'ai été supris, j'ai dénoncé le cou« pable, et je supplie Votre Majesté de per« mettre à un fils repentant de baiser ses « pieds. »

Le roi, qui n'avoit d'autres lumières que celles qu'il recevoit du favori, d'autre affection et d'autre volonté que celles dont on lui laissoit l'usage, pardonna. Mais il voulut néanmoins que le procès fût instruit, et que les pièces lui en fussent remises sous les yeux, en se réservant de faire grâce. Ainsi, le prince fut soumis à une information judiciaire, et subit des interrogatoires comme un accusé. On vit dès lors se développer le caractère qu'il n'a cessé de manifester depuis : une extrême disposition à suivre les avis de ceux qui l'entourent, et plus de dispositions encore à les abandonner dès que son propre intérêt paroît l'exiger. Il rendit compte des moindres détails de ses liaisons avec le marquis de Beauharnais. Il n'étoit coupable que d'imprudence et de légèreté; mais malgré le pardon de son père, Godoï n'oublia rien pour le montrer à la nation comme criminel de lèse-majesté, et fit signer au roi une circulaire aux évêques, pour ordonner, dans leurs églises, des actions de grâces à Dieu, qui avait sauvé la famille royale d'une affreuse conspiration.

Ce fut dans ces circonstances que le traité de Fontainebleau fut apporté à Madrid. Le secret en étoit demeuré impénétrable entre le roi, la reine et le prince de la Paix. Les ministres n'en avoient pas eu la moindre connoissance. Ainsi, c'étoient les chefs de la monarchie eux-mêmes qui tramoient leur propre ruine, et se déroboient à leurs plus fidèles conseillers pour se perdre plus sûrement. Mais dénués d'esprit, de lumières et de courage, ils se regardoient comme de bons rois, parce qu'ils étoient dévots.

Buonaparte connoissoit tous ses avantages, et voyoit d'avance, dans l'incapacité de la famille et la félonie de leur favori, le moyen prochain d'ajouter à son vaste empire le magnifique héritage de Charles-Quint.

Il partit le 15 novembre pour l'Italie. Jamais il n'avoit déployé plus de pompe, ni marché avec un plus grand appareil. Ce voyage avoit été annoncé dans toute les gazettes, et le sort du monde sembloit en dépendre. Mais il fut bientôt aisé de s'apercevoir que Napoléon n'avoit eu d'autre intention que d'occuper l'attention des cabinets de l'Europe, et fixer leurs regards sur l'Italie, tandis que ses desseins sur l'Espagne commenceroient à s'accomplir. Des députations arrivèrent de tous les points d'Italie, portant aux pieds de son trône le tribut de leur soumission et de leur flatterie. Il les reçut avec un faste asiatique, et leur promit les plus hautes destinées. On remarquoit parmi eux le nouveau roi de Bavière, venant faire hommage du Tyrol, qu'il tenoit de la générosité de Buonaparte.

Le reine régente d'Etrurie, accoutumée à obéir, se soumit sans murmure à son sort, annonça à ses sujets que des arrangemens entre son auguste père et l'empereur des Français, l'obligeoient à les quitter, et les délia du serment de fidélité. Buonaparte, de son côté, suivant sa coutume d'humilier ses victimes, leur promit de les venger de l'état de léthargie où les Bourbons les avoient tenus jusqu'alors, en les associant à sa gloire; et ce peuple, façonné depuis long-temps à sa domination, ne vit aucun changement dans sa situation politique. Le vice-roi Eugène Beauharnais fut déclaré héritier de la couronne d'Italie, avec des clauses qui faisoient de son royaume un état dépendant de la France. Le comte Melzi fut élevé au titre de *duc de Lodi;* et Buonaparte partit pour aller visiter Venise, où il fut reçu avec les mêmes honneurs et le même empressement. Il donna des ordres pour l'accroissement du commerce, la défense extérieure de la ville, et repartit pour Paris. Depuis son élévation au trône, il affectoit tous les usages des autres souverains; il crut qu'il y auroit plus de grandeur de sa part à feindre l'incognito, et rentra en France sous le nom de *comte de Venise*. Il traînoit à sa suite la reine d'Etrurie et son fils. Cette princesse, d'un caractère foible et d'un esprit peu étendu, avoit expédié un courrier à son père, pour le conjurer d'intercéder auprès de Napoléon, et de conserver à son fils l'héritage si légitime de son royaume. Mais le roi d'Espagne n'étoit pas plus libre qu'elle. On lui répondit qu'il falloit obéir de bonne grâce; que tout étoit convenu avec l'empereur des Français, et qu'elle auroit un autre héritage en Portugal. C'étoit sa propre sœur qu'il s'agissoit de dépouiller : elle ne pouvoit concevoir qu'on lui imposât un pareil sacrifice. Elle partit de France avec la résolution de ne jamais y consentir. Les évenemens lui donnèrent bientôt de nouvelles instructions.

Depuis le décret de Berlin, le roi d'Angleterre avoit, par droit de représailles, ordonné que tous les ports de France et ceux des pays ses alliés fussent soumis aux mêmes lois maritimes, aux mêmes interdictions que s'ils étoient actuellement et réellement bloqués par les forces navales britanniques; que tout commerce avec ces ports fût interdit. Tout bâtiment qui en sortiroit devoit être légitimement capturé; les navires, non seulement des puissances neutres, mais des puissances alliées, assujettis à la visite des croiseurs anglais, soumis à une station dans un des ports de la Grande-Bretagne, et à une contribution sur leur chargement.

On conçoit facilement le dépit de Buonaparte lorsqu'il eut connoissance de cette déclaration. Il y répondit par deux décrets ; l'un de Paris, qui portoit saisie et confiscation des bâtimens qui, après avoir touché en Angleterre, entreroient dans les ports de France ; l'autre, de Milan, qui déclaroit les navires étrangers qui se seroient soumis à l'ordonnance du roi d'Angleterre, privés de la garantie de leur pavillon, *dénationalisés,* réputés propriétés anglaises, et de bonne prise lorsqu'ils seroient capturés par des vaisseaux français.

C'étoit, des deux parts, ramener la barbarie, étouffer la civilisation, se faire une guerre de sauvages. Le décret de Berlin avoit donné ses fruits : la folie avoit engendré des folies. Mais celles de Napoléon étoient d'autant plus extraordinaires, qu'il n'avoit aucun moyen de les soutenir.

Pour accomplir ses desseins sur le Portugal, il falloit forcer cette puissance à la guerre, en lui imposant des obligations qu'elle ne pût remplir. Après la paix de Tilsit, Buonaparte avoit exigé d'elle qu'elle fermât tous ses ports aux Anglais; qu'elle s'assurât de la personne de tous les Anglais qui résidoient en Portugal, et qu'elle confisquât toutes les propriétés anglaises. Dans le cas contraire, Napoléon lui déclaroit la guerre; et pour lui montrer de quelle manière il la lui feroit, il n'attendit pas sa réponse, et ordonna la saisie de tous les vaisseaux portugais qui se trouveroient dans les ports de France. Le prince régent de Portugal, pour détourner l'orage, consentit à fermer ses ports, mais se refusa aux deux autres conditions.

Sa situation étoit extrêmement difficile. Il sentoit que, quelque chose qu'il fît, il ne pouvoit sauver ses Etats d'Europe; car s'il accédoit à tout, bientôt il se verroit exposé à de nouvelles exigences. Ses forces ne lui permettoient pas de lutter contre la puissance de Napoléon; il pouvoit tomber, de sa personne, entre les mains, de ce redoutable conquérant, et perdre sa liberté, ses Etats européens et ses riches colonies du Brésil. L'Angleterre elle-même étoit hors d'état de le sauver, car elle n'avoit pas d'armée à opposer aux armées françaises. Le prince régent forma donc dès lors le projet d'abandonner ce qu'il ne pouvoit conserver, et de se retirer au Brésil. Il disposa tout pour l'exécution de ce dessein, en donna avis au gouvernement anglais, avertit les sujets de Sa Majesté britannique de quitter au plus tôt ses Etats, et de vendre leurs propriétés; et lorsqu'il crut que tout cela étoit exécuté, il se rapprocha de Napoléon, et déclara ses ports fermés aux bâtimens de la Grande-Bretagne. Et pour paroître accéder à ce qu'on exigeoit de lui, il fit arrêter quelques Anglais qui étoient restés dans ses Etats, et saisir quelques propriétés sans importance. Alors tout sembla rompu avec l'Angleterre. Lord Strangford, ambassadeur à Lisbonne, demanda et obtint ses passe-ports, et se retira sur l'escadre de sir Sidney Smith, qui bloquoit étroitement l'embouchure du Tage. Mais ces apparences d'hostilités ne durèrent pas long-temps, et le prince régent fut bientôt obligé de recourir à la protection de l'Angleterre.

Tandis qu'il délibéroit, Buonaparte agissoit. Ses troupes marchoient à grandes journées, sous les ordres du général Junot. Le 13 novembre, un décret de Paris avoit déclaré la maison de Bragance déchue du trône. Le général français étoit le 26 à Abrantès, c'est-à-dire à vingt lieues de la capitale, que le régent ignoroit encore et le décret de Napoléon et le danger qui le menaçoit. On vit alors à quelles calamités les peuples sont exposés quand ils ont pour arbitres de leur sort des princes sans prévoyance, sans lumières et sans courage. Tout périt sous de pareils maîtres. La cour de Lisbonne ne songea, dans cette extrémité, qu'à elle-même. Elle rassembla à la hâte ses trésors, ses bijoux, tout ce qu'elle avoit de précieux, sans oublier les reliquaires de ses chapelles; mais elle oublia les habitans de Lisbonne, qu'elle abandonna à la discrétion du vainqueur, et son armée, qu'elle n'eut ni le temps ni les moyens d'embarquer.

Le 29 novembre, au matin, la flotte portugaise sortit du Tage avec le prince du Brésil, toute la famille royale, et plusieurs personnes de leur conseil ou de leur suite, qui s'attachèrent à leur fortune. Cette flotte consistoit en huit vaisseaux de ligne, quatre fortes frégates, des corvettes, des bricks, et quelques autres bâtimens légers. Elle offroit le spectacle d'une flotte de trente six voiles, quittant la terre de la patrie pour aller chercher un asile au-delà des mers. L'escadre anglaise la salua à son passage, et détacha quatre vaisseaux de ligne pour l'accompagner jusqu'au Brésil.

La cour étoit encore dans le Tage, que déjà les Français se montroient sur la hauteur des environs de Lisbonne. Quioque l'on fût prévenu depuis long-temps de leur marche, on fut frappé de leur apparition comme d'un phénomène extraordinaire. Le prince régent et ses courtisans, accoutumés à la mollesse des palais, ne pouvoient se persuader qu'une armée entreprît jamais de s'engager dans les montagnes du Beira, surtout au commencement de l'hiver; ils regardoient cette route comme impraticable, et ne pouvoient imaginer non plus que les Français marchassent par d'autres chemins que les routes ordinaires. Ils mesuroient l'activité et les jambes des soldats sur les leurs. Mais rien n'arrêta l'armée conquérante. Buonaparte avoit parlé, il falloit que ses ordres s'accomplissent. Une foule de malheureux périrent dans les précipices, dans les neiges, dans les flots, d'autres périrent de fatigue et de misère. Jamais ces considérations n'avoient arrêté l'empereur des Français. Les hommes étoient à ses yeux des instrumens. Il en sacrifioit autant qu'il étoit nécessaire pour réussir. Il en comptoit la consommation comme on a calculé une dépense d'argent.

Junot entra aussi facilement à Lisbonne qu'il avoit parcouru les provinces portugaises. Rien n'avoit été prévu par la cour; nulle part on n'avoit reçu d'ordres. Lorsque l'armée franco-espagnole s'approcha des frontières du Portugal, le gouverneur de Badajos écrivit au gouverneur de la province de Tras-os-Montes, pour savoir de lui si l'on seroit reçu en ami ou en ennemi. « Nous ne pouvons, lui répondit le « gouverneur, vous recevoir en amis, et nous « ne sommes pas en état de vous traiter comme « ennemis. »

Junot trouva encore dans le Tage quatre vaisseaux de ligne qui n'avoient pu suivre les autres, quelques bâtimens d'un ordre inférieur, et un magnifique arsenal. On s'annonça comme amis, comme protecteurs du peuple portugais; mais, pour plus de sûreté, on commença par le désarmer. On défendit aux habitans de Lisbonne de se réunir plus de dix, on plaça de l'artillerie dans les rues, on leva de fortes contributions pour l'entretien de l'armée, on les gratifia enfin de tous les avantages d'une occupation. On étoit entré à Lisbonne le 30 novembre; le 28 du mois suivant, un décret de Buonaparte ordonnoit la levée de 100 millions sur sa nouvelle conquête.

Ce fut sous ces auspices que commença l'année 1808, époque mémorable dans les destinées de Buonaparte, et marquée en quelque sorte pour préparer sa chute.

CHAPITRE XII.

Accroissement de l'empire de Napoléon. Réunion, au territoire français, de Kehl, Cassel, Wesel et Flessingues. Prise du fort de Scylla, en Calabre. Accession du roi d'Espagne au décret de Milan. Formation d'une armée d'observation dans le département de la Gironde. Levée de quatre-vingt mille conscrits. Continuation de la guerre de Portugal. Premiers mouvemens en Espagne. Évènemens d'Aranjuez.

JAMAIS la fortune n'avoit souri avec plus de charmes à Buonaparte; et l'on pouvoit dire de sa puissance, comme de celle d'Alexandre, que la terre se taisoit devant lui. A sa parole, les trônes s'élevoient et disparoissoient; les États, les provinces et les villes se séparoient de leurs antiques souverains pour passer sous son joug. Les fleuves n'o posoient plus d'obstacles aux agrandissemens de son empire. A peine étoit-il de retour à Paris, qu'il prononça la réunion à son

Empire des villes de Kehl, Cassel, Wesel et
Flessingues. Le fort de Scylla tenoit encore
en Calabre; il tomba devant l'armée française, et le royaume de Naples fut entièrement conquis. Quel avertissement pour la
maison de Bourbon, que la chute du trône
des Deux-Siciles, l'invasion de la Toscane et
de tous les Etats qu'elle possédoit en Italie!
C'étoient les branches d'un grand arbre sur
lequel la cognée commençoit à s'exercer. Les
Bourbons de Madrid, loin de s'en alarmer,
redoubloient d'empressement et de servilité
auprès de l'oppresseur de l'Europe; et, sans
prévoyance comme sans courage et sans dignité, honteusement asservis au plus perfide
et au plus lâche des favoris, ils se soumettoient humblement à tout ce que Napoléon
exigeoit d'eux, lui prodiguant leurs trésors,
leurs vaisseaux et leurs soldats. A la première réquisition, Charles IV, homme de
bien, mais d'un esprit foible et borné, accéda au décret de Milan, et prononça, contre
les Anglais, toutes les interdictions prescrites par Napoléon. Cependant, des signes précurseurs de l'orage s'annonçoient de
toutes parts; les provinces voisines des Pyrénées se couvroient de soldats; une grande
armée étoit réunie dans la Gironde, sous les

ordres du grand-duc de Berg. Un sénatus-consulte imposé par Buonaparte, ordonnoit une levée de quatre-vingt mille hommes.

De si grands préparatifs ne pouvoient regarder la guerre de Portugal, qui paroissoit finie depuis le départ de la famille royale. Tous les obstacles s'étoient aplanis devant la marche triomphale du général Junot; et tandis que la maison de Bragance, fugitive et détrônée, cherchoit un asile au-delà des mers, quelques journées d'étapes lui suffirent pour se rendre maître des villes qu'elle avoit timidement abandonnées. Toutes les places s'empressoient d'ouvrir leurs portes, et d'accepter les conditions du vainqueur. Buonaparte avoit, le 15 novembre 1807, déclaré à Paris que la maison de Bragance avoit cessé de régner; le 1er février 1808, le commandant de son armée, Junot, renouvela cette déclaration à Lisbonne même. C'étoit la seconde fois que, de son sceptre d'airain, Buonaparte brisoit le sceptre de ses ennemis. Presque au même moment, le prince régent et toute sa famille arrivoient à Rio-Janeiro. L'Europe, abattue par la mauvaise fortune, ou enchaînée par des traités, voyoit ces grands évènemens, et en prévoyoit de plus redoutables, sans pouvoir s'y opposer. La Russie elle-même, par un traité secret, avoit consenti à l'anéantissement du trône des Bourbons en Espagne, sous l'humiliante condition d'envoyer la famille régnante gouverner l'Etrurie. Réduits à chercher des espérances et des consolations jusque dans les plus dures nécessités de la fortune, les ennemis de Buonaparte se réjouissoient de voir les princes de Portugal loin des atteintes du conquérant, et faisoient des vœux pour que la maison d'Espagne, si elle étoit attaquée, suivît ce triste et malheureux exemple. C'étoit surtout dans le plus riche et le plus illustre quartier de la ville que ces folles idées trouvoient le plus de crédit. Buonaparte le savoit, s'en applaudissoit, et les entretenoit. Déjà il se figuroit Charles IV et sa famille abandonnant leur palais, leur trône, pour aller s'embarquer à Cadix, et lui livrer, sans coup-férir, le magnifique héritage de Philippe V.

Aussi habile artisan de ruses que grand capitaine, il avoit gardé à ce dessein, auprès de lui, don Izquierdo, avec lequel il avoit négocié secrètement le traité de Fontainebleau. C'étoit un homme d'une naissance obscure, d'un esprit borné, et servilement dévoué au prince de la Paix. Il étoit ou facile à tromper ou facile à séduire. Buonaparte s'appliqua à lui remplir l'âme de terreurs. Il affectoit de se plaindre de la mauvaise foi de la cour de Madrid, et de rappeler la fameuse proclamation du prince de la Paix, lorsqu'il étoit occupé de la redoutable guerre de Prusse et de Russie. De son côté, le grand-duc de Berg n'oublioit rien pour servir son auguste beau-frère; il entretenoit une correspondance intime avec le favori du prince, et le tenoit dans une grande anxiété depuis les évènemens du palais de l'Escurial, et la conduite qu'il avoit tenue envers le prince des Asturies. Il lui inspiroit adroitement que Buonaparte se regardoit comme compromis dans ce procès; qu'il étoit mal satisfait qu'on eût essayé de voir une conspiration dans la lettre toute franche et toute naturelle que lui avoit écrite le prince des Asturies, et n'oublioit rien pour lui persuader que son beau-frère avoit une affection particulière pour le jeune Ferdinand. Lorsque Napoléon crut, par ses artifices, avoir suffisamment préparé le négociateur espagnol, il le fit partir subitement pour Aranjuez, avec une défense de communiquer à qui que ce soit les instructions verbales dont il étoit chargé. Il arrive au palais dans le plus grand secret, est admis dans le cabinet du roi à l'heure même où il se présente, tient avec le roi, la reine et le prince de la Paix, une conférence dont l'objet reste impénétrable pour tous les ministres et les personnes les plus distinguées de la cour.

Ici va commencer un ordre d'évènemens du plus haut intérêt. L'année 1808 deviendra une des époques les plus mémorables de la vie de Napoléon; elle éclairera le plus noble et le plus généreux spectacle qu'un grand peuple puisse donner au monde. L'Espagne arrêtera le cours des destinées de Buonaparte, comme autrefois elle mit un terme aux travaux d'Hercule. L'Europe sera témoin d'une lutte terrible entre la plus noire des perfidies, soutenue de toutes les forces d'un vaste empire, et la fidélité héroïque d'une nation surprise et attaquée presque sans armes. Tout sera grand d'un côté, tout sera vil de l'autre; et l'armée elle-même aura en horreur la guerre à laquelle son honneur et sa fidélité lui feront un devoir de coopérer. La mémoire de Napoléon recevra une souillure que rien ne pourra effacer; ses lauriers seront flétris; et pour cette fois, son génie, sa puissance, et toutes les ressources de la ruse, se trouveront au-dessous de son entreprise; et la vertu courageuse triomphera de tous les efforts du crime.

On a dit depuis long-temps que le soleil

n'éclairoit sur la terre rien de nouveau. Lorsque le premier roi des Français, Clovis, prince guerrier, ambitieux, et dissimulé comme Napoléon, voulut étendre les limites de son empire, et s'emparer du royaume de Cologne, il commença, comme Buonaparte, à semer la division dans la famille royale, s'insinua dans l'esprit et la confiance du jeune prince Chlodéric, lui persuada que son père vivoit trop et régnoit mal, et, par de lâches séductions et de perfides promesses, le détermina à lui enlever la couronne et la vie. Ce fils impie et dénaturé se flattoit d'acquérir, par ce crime, un allié puissant qui le maintiendroit sur le trône. Bientôt il reçut une terrible leçon. A peine avoit-il commis le plus noir des forfaits, que Clovis accourut, se saisit, par trahison, de sa personne, le fit condamner à mort comme parricide, et se mit en possession de ses Etats.

Les mœurs de notre siècle ne permettoient pas à Napoléon de suivre ce sauvage exemple dans toute sa nudité; il en prit ce qui pouvoit se concilier avec le temps où il vivoit; et après avoir, comme Clovis, armé les membres de la famille royale les uns contre les autres, les avoir attirés dans ses embûches, il se saisit de leur couronne.

Cependant, tout étoit en rumeur à la cour d'Espagne. L'empressement avec lequel on avoit reçu don Izquierdo, le mystère profond qui couvroit sa conférence, étoient devenus tout à coup le sujet des plus vives inquiétudes. La famille royale paroissoit ensevelie dans une morne tristesse. Le prince de la Paix, auparavant si fier, si confiant, ne se montroit plus qu'avec un front soucieux. Bientôt on s'aperçut que les princes rassembloient ce qu'ils avoient de plus précieux, et paroissoient occupés d'un grand projet. Les courriers se succédoient avec une extraordinaire célérité. Les troupes françaises se débordoient de toutes parts sur l'Espagne, et s'emparoient des citadelles. Les Espagnols les leur livroient avec une confiance aveugle, persuadés qu'ils n'avoient pas d'amis plus sûrs, et qu'ils venoient détrôner Godoï, et assurer l'héritage de la couronne au prince Ferdinand. Napoléon venoit d'envoyer au roi le grand-cordon de la Légion-d'Honneur, et douze magnifiques chevaux normands. Bientôt le voile est déchiré : la vérité se découvre dans toute sa nudité.

On annonce que la santé du roi exige une température plus douce que celle de Madrid, et qu'il se propose de faire quelque séjour à

Séville. Dix mille ouvriers sont employés tumultuairement à faire les préparatifs du voyage, car un roi ne sait pas se soustraire au péril sans éclat; l'empire tyrannique de l'étiquette domine encore ses destinées, même au milieu des plus pressans dangers.

Alors les yeux se dessillent; le voile qui couvroit la mission de don Izquierdo n'est plus un mystère. Lâche confident du prince de la Paix, il n'a pu apporter à son pays que des malheurs. La fuite récente de la famille royale de Portugal est d'un funeste augure et d'un effrayant exemple. Les desseins perfides de Napoléon se découvrent; il a enlevé à l'Espagne une partie des forces qui pouvoient la défendre; le corps de la Romana est occupé en Danemarck, sous la surveillance d'un général aussi habile que déterminé; un autre corps est en Italie. L'avenir se montre sous le plus sinistre aspect. Quel sera le sort de l'Espagne, si ses souverains, comme ceux de Portugal, l'abandonnent à l'ambition de Buonaparte? Les réflexions se pressent dans l'âme des Espagnols fidèles à l'honneur de leur patrie; la haine dont ils sont animés contre le prince de la Paix s'accroît de tout le danger où il a mis ses rois et son pays. Bientôt les signes précurseurs d'une tempête prochaine se manifestent; ce cri : *la patrie et le trône sont en danger !* éclate dans les airs, et retentit jusqu'à Aranjuez; le peuple des campagnes accourt, et se mêle à celui des villes : tout est rumeur et confusion. Le palais du monarque est entouré. Ce n'est pas son nom, cependant, qu'on entend au milieu des malédictions publiques, c'est celui seul de Manuel Godoï; c'est sa tête que demande la multitude. La garde du roi, animée de la même haine qu'elle, oppose peu de résistance. Le palais de Manuel est investi. Aussi tremblant dans l'adversité qu'il étoit audacieux et confiant dans la haute fortune, il se cache sous des matelas, et se dérobe ainsi à la fureur publique. Mais son palais est pillé, ses meubles sont brisés. Bientôt on pillera de même, on ruinera toutes ses propriétés. La vengeance populaire s'étendra jusque sur les établissemens utiles qu'il a formés. On dévastera, on foulera aux pieds les plantes rares exotiques et précieuses qu'il a rassemblées dans un jardin, à l'exemple du jardin botanique de Paris. On détruira jusqu'à des bateaux construits pour sauver des hommes. Les cris *vive Ferdinand! meure Godoï!* se succèdent alternativement. Le roi et la reine, effrayés, font appeler le premier. Il les rassure, envoie quelques-uns de ses amis au peuple, et engage le monarque à se montrer, à rassurer la multitude sur le projet d'un départ pour l'Amérique. Dès que le vieux souverain se montre, le silence le plus profond succède à l'agitation la plus bruyante. Ses paroles ramènent le calme. La multitude ne s'écoule pas tout à coup; mais ses dispositions annoncent un lendemain meilleur. On croyoit le prince de la Paix fuyant loin du séjour du roi.

Mais un évènement imprévu ramène bientôt le désordre. Godoï, pressé par la soif, étouffant sous ses matelats, se jette aux pieds de la sentinelle qui veille dans son appartement, et la conjure, au nom de l'humanité, de lui procurer un verre d'eau; il lui offre sa montre, enrichie de diamans, tout ce qu'il possède, tout ce qu'il pourra recouvrer. L'inexorable soldat dédaigne fièrement ses supplications et ses offres, et annonce au peuple que le traître, le tyran est retrouvé. Le tumulte est au comble; la foule se presse dans l'intérieur du palais; le tyran échappe à la sentinelle, et se réfugie dans un grenier; on l'y suit; on se saisit de sa personne; on l'accable de coups : il va périr; son corps sera déchiré en morceaux, lorsque tout à coup Ferdinand se montre, exhorte le peuple, lui demande la grâce du coupable, et promet qu'il en sera fait bonne et prompte justice. Le cri de *vive le prince des Asturies !* lui répond que la grâce est accordée. La garde se saisit du favori; il traverse les rues au milieu des plus terribles imprécations, et bientôt il tombe, du faîte des grandeurs et de l'éclat du palais, dans l'ombre d'un cachot.

Ferdinand eut-il quelque part à l'insurrection d'Aranjuès ? Aucune preuve ne s'élève contre lui; les témoignages les plus respectables de l'Espagne lui sont favorables. Cependant, l'histoire a rassemblé quelques dépositions qui pourroient faire croire qu'il a pu y prendre une part indirecte et peut-être involontaire.

Depuis les persécutions que le prince de la Paix avait osé se permettre contre lui, depuis le procès que ses propres parens lui avoient intenté, ce jeune prince étoit devenu l'objet d'un vif intérêt et d'un tendre attachement de la part des Espagnols; on craignoit tout des honteuses affections de la reine pour Godoï, et de la foiblesse d'un roi dont le cœur étoit dépourvu de toute volonté, et l'esprit de toute idée. On ne doutoit pas que le prince de la Paix n'osât porter l'audace jusqu'à poser un jour sur sa tête la couronne des Espagnes.

Les personnages dont le prince aimoit à suivre les conseils jouissoient de la considération publique; c'étoient les ducs de l'Infantado, d'Ayerbe, le chanoine Escoïquiz, son précepteur. Ils avoient formé son conseil secret dans l'affaire de l'Escurial; et quoiqu'un jugement solennel les eût déclarés innocens, ainsi que le prince, ils n'en avoient pas moins été condamnés arbitrairement à l'exil. Mais du fond de leur retraite, ils excitoient encore puissamment l'intérêt public. Leurs amis et ceux du prince, répandus dans les provinces, et surtout celle de la Manche, la plus voisine d'Aranjuez, la plus riche et la plus populeuse, manifestoient publiquement leurs craintes sur les dangers dont le prince des Asturies étoit environné, sur les vues coupables d'un favori qui s'étoit depuis long-temps emparé, dans le cœur d'une mère dénaturée, de la place que devoit y occuper son fils. Ces craintes s'étoient encore accrues par la présence de la reine d'Étrurie, qui portoit à son frère la même haine, et au favori le même amour que la reine. Quelques écrits répandus en secret, quelque argent distribué à propos, préparèrent facilement l'explosion qui éclata le 17 mars. Effrayé des rassemblemens qui se formoient autour de la résidence royale, le prince de la Paix conçut le projet de s'échapper furtivement avec le roi et la reine, à la faveur de la nuit. Sa garde particulière devoit remplacer la garde du roi, et servir d'escorte aux augustes fugitifs. Mais il étoit impossible de faire les dispositions et de donner les ordres convenables sans exciter la surveillance du palais. Si l'on en croit des témoignages qui ne sont pas sans autorité, le prince des Asturies, résolu de rester, avertit ses amis que le départ devoit avoir lieu le jour même, à sept heures du soir. Le bruit s'en répandit avec la rapidité de l'éclair. Toutes les portes d'Aranjuès furent occupées, le palais de Manuel et les hôtels de tous ses parens envahis; une partie de la garde ou se joignit au peuple, ou ne lui opposa aucune résistance; et le roi, comme on l'a vu, se crut lui-même en danger. Mais, en supposant même que ni le prince des Asturies ni ses amis ne se fussent donné aucun mouvement pour provoquer ou accélerer l'insurrection populaire, le danger où l'Etat se trouvoit ne suffisoit-il pas pour provoquer le soulèvement d'une nation fière et courageuse, et qu'indignoient depuis long-temps les impudiques mystères de la cour?

Quoi qu'il en soit, les désordres du 18 avril,

l'enthousiasme du peuple pour l'héritier légitime de la couronne, son silence pour ses rois, ses cris contre leur indigne favori, portèrent tant de trouble et d'émotion dans l'âme du roi et de son auguste compagne, que le 19 ils prirent la résolution d'abdiquer un sceptre que la violence pouvoit briser entre leurs mains. Ils se sentoient trop faibles pour supporter des revers si subits; la couronne leur sembloit un fardeau trop pesant, s'il n'étoit supporté par le prince de la Paix; et comme ils avoient mis tout en lui, ils se trouvèrent dépouillés de tout en le perdant. Ainsi, plus accablés peut-être de son malheur que de celui de leur pays, ils renoncèrent sans douleur à l'éclat et aux misères du trône. Ils se felicitèrent même de leur nouvelle situation; ils en témoignèrent leur joie à leurs plus fidèles courtisans, et saluèrent du nom de *roi* ce même fils qu'ils avoient, si peu de temps auparavant, dénoncé à leurs sujets et à l'Europe toute entière, comme un enfant dénaturé qui avoit conçu le dessein d'attenter à leurs jours. Mais il sembloit décidé que tout, dans cette déplorable révolution, seroit odieux. Le fils reçut sans hésitation le sceptre des mains de son père, et parut plus empressé de régner que les circonstances ne le permettoient. Dès le lendemain, il ordonna les préparatifs de son entrée à Madrid; et le conseil de Castille ayant ajourné la reconnoissance de cette abdication subite, il s'en plaignit vivement, et lui enjoignit d'obéir.

Cependant, il étoit loin encore de posséder ce trône, sur lequel on pouvoit soupçonner maintenant qu'il désiroit s'asseoir depuis long-temps. Murat, instruit des évènemens d'Aranjuez, avoit précipité sa marche sur Madrid; il y arrivoit avec cinquante mille hommes; quarante autres mille étoient échelonnés de Madrid à Bayonne. Il arrivoit en conquérant et en ennemi : les Espagnols le reçurent en protecteur et en allié. Ils admiroient sa personne, le cortége dont il étoit entouré, l'état brillant des troupes françaises; ils se persuadoient enfin qu'il alloit faire cesser tous les troubles qui agitoient le palais et divisoient la famille royale.

Ferdinand, de son côté, se flattoit que la présence de Murat contribueroit à l'affermir sur le trône; que le projet d'une alliance avec la famille de l'empereur lui concilieroit l'amitié et la protection de tous ceux qui lui appartenoient. Enfin, la reine, Charles IV et la reine d'Etrurie, ne voyoient en lui qu'un puissant médiateur, qui les aideroit sinon à recouvrer le trône, du moins à obtenir la grâce et la liberté du prince de la Paix. Ainsi, l'Espagne toute entière se réjouissoit de sa présence. Il avoit bien d'autres vues; mais il sut habilement les dissimuler. L'enthousiasme public pour Ferdinand se déployoit avec trop d'exaltation, l'ivresse du peuple étoit trop générale et trop vive pour qu'il osât laisser pénétrer ses desseins.

Le 24 avril, le jeune roi fit son entrée à Madrid. Elle eut lieu sans aucune pompe extraordinaire; mais le peuple ne pouvoit contenir sa joie, et Ferdinand entra à son palais au milieu des vœux et des acclamations de la population toute entière. Murat, témoin de cet évènement, n'y prit aucune part. Il avoit un autre rôle à jouer. Buonaparte, déconcerté dans ses projets par les évènemens inattendus d'Aranjuès, avoit adopté un autre plan. Il ne s'agissoit plus de pousser la famille royale hors de sa capitale, de l'embarquer à Cadix, et de l'envoyer régner en Amérique : Ferdinand n'y eût jamais consenti. Il falloit maintenant entretenir et accroître la division dans la famille royale, l'avilir aux yeux de la nation, se présenter comme arbitre, l'attirer dans des embûches, sous prétexte de réconciliation, lui arracher le sceptre et le briser. Jamais projet ne fut plus facile à remplir : les victimes venoient s'offrir d'elles-mêmes.

Depuis sa renonciation au trône, Charles IV étoit plus que jamais sous l'influence de l'épouse que la mauvaise fortune lui avoit donnée. Cette princesse, toute occupée de ses indignes affections, ne voyoit rien que la captivité du prince de la Paix, et, pour obtenir sa liberté, étoit prête à tout sacrifier, honneur, trône, patrie. La reine d'Etrurie, sa fille, partageoit, comme on l'a dit, son intérêt pour Godoï et sa haine pour Ferdinand ; toutes leurs pensées étoient renfermées dans ce cercle étroit et déshonorant : sauver Godoï, perdre Ferdinand. Et néanmoins on louoit la piété de ces princesses.

Elles savoient que le prince de la Paix avoit, depuis long-temps, entretenu une correspondance intime avec le grand-duc de Berg, qu'il le regardoit même comme un ami. Elles ne doutèrent pas que ce général ne s'intéressât vivement pour lui ; et pendant plusieurs jours elle l'accablèrent de lettres pour *ce pauvre prince de la Paix*. On rougit pour la majesté du trône quand on lit cette humiliante correspondance.

« Nous ne voudrions pas, écrit la reine-
« mère, le roi et moi, être importuns et en-

« nuyeux au grand-duc, qui a tant à faire;
« mais nous n'avons aussi ni d'autre ami ni
« d'autre appui que lui et l'empereur, en qui
« nous espérons tous quatre, le roi, le pauvre
« prince de la Paix, ma fille Louise et moi,
« laquelle nous a écrit hier au soir ce que le
« grand-duc lui avoit dit, qui nous a pénétrés
« et remplis de reconnaissance et de conso-
« lation, espérant tout de ces deux sacrées et
« incomparables personnes, le grand-duc et
« l'empereur. Personne ne nous dit rien; on
« ne répond pas même aux choses que nous
« demandons les plus nécessaires. Mais rien
« de tout cela ne nous intéresse, et seulement
« le bon sort de notre unique et innocent ami
« le prince de la Paix, l'ami du grand-duc,
« où il exclamoit, même dans sa prison; au
« milieu des affreux traitemens qu'on lui fai-
« soit, il appeloit toujours son ami le grand-
« duc. Il désiroit son arrivée; il se faisoit une
« satisfaction s'il vouloit accepter sa maison;
« il avoit des cadeaux à lui faire. Nous crai-
« gnons qu'on ne le tue ou empoisonne, s'ils
« connoissent qu'on va le sauver, etc. »

A la suite de cette lettre, la reine supplie le grand-duc d'aller porter à son ami des consolations et des espérances, d'employer même sa propre garde pour le mettre en liberté. Les lettres de la reine d'Etrurie sont encore d'une plus honteuse abjection.

Au milieu de ces intrigues, Ferdinand portoit, dans la plus profonde sécurité, le sceptre que lui avoit remis son père, et ne voyoit dans Murat qu'un puissant allié, disposé à renouer avec lui tous les liens d'amitié qui unissoient Charles IV à Napoléon. Murat lui ayant demandé, au nom de l'empereur, l'épée de François Ier, il s'empressa de la lui accorder.

Cependant, le grand-duc ne lui rendoit pas de visites; il ne lui décernoit aucun de ces tributs de respect que l'on paie à la majesté des rois. Il ne traitoit Ferdinand que d'altesse royale; et le jeune prince s'en étant plaint, il lui répondit qu'il attendoit des instructions de l'empereur; qu'il ne doutoit pas que Napoléon ne le reconnût roi d'Espagne, mais qu'il ne l'avoit pas encore fait; qu'il attendoit peut-être des éclaircissemens positifs sur les troubles d'Aranjuès; mais qu'il entroit dans ses projets de se rendre lui-même à Madrid, et de régler tous les intérêts d'une famille pour laquelle il professoit une amitié particulière.

En même temps, il engageoit, sous main, le vieux roi à protester contre son abdication, à se plaindre de la violence et des procédés de son fils; il lui assuroit que Napoléon n'approuvoit pas sa démission, et l'engageoit à s'abandonner tout entier à la foi de son ami Buonaparte.

Ces conseils ne pouvoient guère manquer d'être accueillis avec empressement par la reine, et de faire impression sur un roi foible, dont tout le génie consistoit à jouer du violon, et passer à la chasse une partie de ses jours.

Ferdinand avoit écrit à Buonaparte pour lui faire part de son avènement au trône; Charles IV en avoit fait autant pour le prévenir de son abdication, et sa première lettre ne portoit aucun signe de mécontentement; la seconde fut d'une nature toute différente. Il disoit qu'il n'avoit déposé le sceptre que par la force des circonstances, et pour sauver sa vie et celle de la reine; il se plaignoit amèrement de son fils, et déclaroit se remettre à la disposition du héros son ami pour tout ce qu'il voudra bien ordonner de son sort, de sa personne, de celle de la reine et du prince de la Paix. Jamais, sous le régime despotique des Romains, les rois n'étoient descendus plus bas. Dans une autre lettre à Murat, il accusoit son fils d'avoir tramé le complot d'Aranjuès et conspiré contre sa vie. « Nous devions, disoit-il, la reine et moi, être assassinés la nuit suivante. Notre coupable fils veut nous envoyer à Badajoz, mais nous ne voulons pas nous y rendre. Nous sollicitons un asile en France.

Ainsi, cette malheureuse famille travailloit elle-même à sa propre destruction. Jamais la passion n'avoit été plus aveugle. Murat continuoit de jouer son rôle avec plus d'adresse qu'il n'appartenoit à un militaire aussi brave que lui. Il ne cessoit d'annoncer l'arrivée prochaine de Napoléon : et des deux parts on se félicitoit de cet heureux évènement. Le jeune roi ordonna des préparatifs extraordinaires pour le recevoir. On distribua le programme des fêtes qu'on se proposoit de lui donner. Jamais, à la veille d'une tempête, on n'avoit été dans une plus profonde sécurité. On jugeoit Napoléon d'après le caractère français; mais Napoléon en avoit un à lui. Bientôt Murat insinua adroitement au jeune Ferdinand que ce seroit, de sa part, un acte d'une égale politesse et d'une égale habileté, d'envoyer son frère don Carlos au-devant de Napoléon; que l'empereur des Français ne pourroit manquer d'être sensible à cette marque de déférence; qu'elle le disposeroit à reconnoître, sans difficulté, les évènemens d'Aranjuès, déconcerteroit les démarches que pourroient faire la reine et son auguste époux ; et qu'enfin le nouveau roi ne verroit plus luire sur son trône que des soleils sans nuage.

Pour donner plus de poids à ces discours, on faisoit arriver à Madrid de nombreux équipages aux armes et au nom de S. M. l'empereur des Français.

Ferdinand, qui sentoit le besoin d'un appui, consentit à tout, envoya son frère, accompagné de trois grands d'Espagne et d'une nombreuse suite. Ils arrivèrent à Burgos et jusqu'aux frontières, sans rien entrevoir qui annonçât la prochaine arrivée de Napoléon. Ils s'arrêtèrent à Tolosa, pour attendre qu'il arrivât à Bayonne. Ils étoient porteurs d'une lettre de Ferdinand, remplie de témoignages de respect et d'affection, et dans laquelle il demandoit de nouveau la main d'une princesse du sang impérial.

Tout à coup on voit paroître à Madrid le général Savary, aide-de-camp de Napoléon. Il se présente comme chargé de féliciter le prince sur son avènement au trône, et de l'assurer de l'amitié de Napoléon, s'il veut conserver pour lui les mêmes sentimens que son père. Il confirme la nouvelle de la prochaine arrivée de son maître. Ferdinand lui fait l'accueil le plus empressé, et lui témoigne le plaisir qu'il aura de recevoir un si grand hôte, et de faire personnellement connoissance avec lui. Cependant, le général français venoit sans lettres de créance; il n'apportoit pas un seul mot de la main de son auguste maître. Mais telle étoit la crédulité du prince, de ses ministres et de ses courtisans, qu'ils ne doutèrent pas un instant de la loyauté de l'envoyé français. Alors le général insinua à Ferdinand que s'il se mettoit lui-même en route pour recevoir Napoléon, il étoit impossible que ce prince ne fût singulièrement touché d'une si haute marque de prévenance. Il assura qu'il devoit avoir déjà dépassé Bayonne, et que le roi n'auroit que quelques lieues à faire pour le rencontrer. Ferdinand hésitoit; quelques-uns de ses conseillers croyoient que la dignité de sa couronne exigeoit plus de retenue. Mais sa mauvaise fortune l'emporta : il résolut d'aller jusqu'à Burgos s'il le falloit, et demanda au roi son père une lettre pour l'empereur des Français. Il le prioit de s'expliquer sur les évènemens d'Aranjuès, et d'assurer à l'empereur que son abdication avoit été tout à fait libre. Charles IV étoit trop avancé pour lui donner une pareille lettre : il la refusa.

Si l'on en juge par la correspondance des deux princes, la bonne foi paroîtra toute entière du côté de Ferdinand. Les lettres de Charles IV sont d'une nature odieuse. On y est constamment affligé de voir un père flétrir son fils du nom d'*assassin*, sans rapporter aucune preuve d'une pareille accusation. Malgré le refus de Charles, Ferdinand n'hésita pas à préparer son départ.

On raconte qu'en ce moment des bruits d'une nature sinistre se répandirent à Madrid. Soit qu'ils eussent été semés à dessein par Murat, pour accroître le trouble, soit qu'ils n'eussent d'autre fondement que les soupçons et la prévoyance du peuple, que le simple bon sens dirige souvent mieux que les hommes les plus habiles, on disoit que Napoléon désapprouvoit la démission du roi Charles, et qu'il venoit pour le replacer sur le trône, et lui rendre son ami le prince de la Paix. Ces bruits ayant fait quelque impression sur Ferdinand, le général Savary s'empressa de le rassurer, en lui jurant sur sa tête que Napoléon arrivoit avec les dispositions les plus affectueuses et les plus franches, et le dessein formel de reconnoître Ferdinand roi d'Espagne et des Indes. Ces protestations dissipèrent tous les nuages; et le 10 avril, le roi partit de sa capitale, pour aller se livrer lui-même à son perfide ennemi. Avant de s'éloigner, il créa une junte de gouvernement, composée de son oncle don Antonio et de ses ministres, à l'exception de Pedro-Cevallos, ministre des affaires étrangères, qui l'accompagnoit dans son voyage. Le général Savary suivoit dans une voiture de la cour. Le prince emmenoit avec lui, outre don Pédro Cevallos, le duc de l'Infantado, le duc de San-Carlos, son ancien précepteur le chanoine Escoïquiz, et quelques autres seigneurs qui, dans tous les temps, lui avoient témoigné le plus grand intérêt. Ils étoient tous convaincus, comme lui, de la bonne foi de Napoléon, et ne soupçonnoient rien du sort qui les attendoit. Cependant, des présages funestes auroient pu leur dessiller les yeux. Murat s'étoit emparé, à Madrid, du palais *Casa de Campo*, qui offroit une excellente position militaire. On avoit pu facilement remarquer, dans le mouvement des troupes françaises, des dispositions qui n'annonçoient rien de pacifique; et la lecture du *Moniteur* seule suffisoit pour inspirer les plus vives alarmes.

Enfin, le jeune Hervas, beau-frère du maréchal Duroc, ayant été envoyé à Madrid avec le général Savary, avoit eu le courage et la loyauté de faire part de ses craintes aux ministres de Ferdinand. Mais rien ne put ouvrir des yeux qui se glorifioient de leur aveuglement. Le roi arriva à Burgos sans avoir la moindre nouvelle de Napoléon, sans recevoir une seule lettre de lui. Il commença à s'étonner. Il falloit ou qu'on eût trompé le prince sur ce voyage, ou que Napoléon se crût au-dessus de tous les égards dus à un souverain. Dans l'un et l'autre cas, l'honneur et la prudence ne permettoient pas de s'engager plus avant. On tint conseil, et l'avis le plus déraisonnable et le plus funeste l'emporta. Misérable condition des princes qui n'ont point, par eux-mêmes, assez de lumières pour gouverner! Trop souvent, ils courent, avec leurs ministres, se précipiter dans l'abîme! On résolut donc d'aller jusqu'à Vittoria, où le général Savary assuroit qu'on ne pouvoit manquer de trouver Sa Majesté impériale. Ce général étoit-il dans la confidence de Napoléon? On ne le croit pas. Il l'a souvent nié; et l'on sait que Napoléon ne donnoit pas facilement son secret: tout étoit dans sa tête. Si l'on vouloit se conserver auprès de lui, il falloit accomplir aveuglément ses ordres; il ne permettoit le raisonnement qu'aux hommes de son conseil. On doute même que Murat connût toute la profondeur du rôle qu'on lui faisoit jouer. On arrive à Vittoria. Napoléon ne s'y trouve pas plus qu'à Burgos. Alors nouveaux conseils, nouvelles inquiétudes. Don Carlos et les grands qui l'accompagnoient étoient à Bayonne; mais ils n'avoient rien pénétré des desseins de Buonaparte, et leurs yeux étoient aussi fascinés que ceux de Ferdinand et de sa cour. En ce moment, un homme d'une haute expérience, qui avoit été ministre en 1798, et depuis jeté dans les prisons pour avoir entrepris de détruire l'inquisition, don Mariano Luis de Urquijo, sollicita et obtint la permission de se rendre à Vittoria, et d'entretenir les conseillers du prince. Il exposa, dans une conférence vive et animée, les dangers du prince. Il expliqua, avec une rare sagacité, l'article du *Moniteur* où Buonaparte rendoit compte des évènemens d'Aranjuès, découvrit les projets sinistres cachés dans cet article, et insista vivement pour que la famille royale se mît en sûreté.

« Depuis 1805, dit-il, Napoléon n'a cessé
« de méditer l'expulsion de la dynastie ac-
« tuelle du trône des Espagnes. Il la regarde
« comme incompatible avec l'établissement
« de sa propre maison. L'heure fixée pour
« l'exécution de ses desseins est arrivée : l'oc-

« cupation de la péninsule par ses armées
« suffit pour le prouver. En ce moment même,
« ses mesures sont prises; les postes occupés
« par ses troupes, autour de Vittoria, ne lais-
« sent aucun doute à cet égard. Le roi et sa
« suite ne sont rien moins que ses prison-
« niers; et si le prince n'avise à son propre
« salut par les mesures les plus promptes et
« les plus précises, c'en est fait de sa personne
« et de sa dynastie.

« Quel peut être, ajouta-t-il, le but de ce
« voyage? Le roi, en l'entreprenant, a-t-il
« pris assez de soin de sa dignité? S'en ira-t-il
« dans un royaume étranger sans garantie
« pour sa liberté, sans même avoir été re-
« connu roi par celui qu'on appelle si im-
« prudemment son ami? Quand Louis XIV
« et le roi d'Espagne s'assignèrent une entre-
« vue dans l'île des Faisans, quelles précau-
« tions ne prit-on pas, de part et d'autre,
« pour la sûreté de leurs personnes? L'his-
« toire est remplie d'exemples des plus noi-
« res trahisons. Les Espagnols eux-mêmes
« ont violé toutes les lois de la bonne foi en-
« vers les monarques de l'Amérique. L'his-
« toire des rois est remplie de perfidies... »

Les conseillers de Ferdinand l'ayant interrompu pour lui représenter qu'il étoit impos-

sible de prêter de pareils sentimens à un héros tel que Buonaparte; que s'il étoit capable d'une si noire trahison, toute l'Europe se souleveroit contre lui; que les Espagnols se leveroient en masse pour se venger d'un pareil affront; que l'on ne se dissimuloit pas que Napoléon n'eût des vues sur les provinces du nord de l'Espagne, mais que tout cela se réduiroit à la cession de quelque territoire, en échange du Portugal, don Urquijo détruisit en peu de mots ces idées chimériques, rappela les perfidies de Charles-Quint, ses violences envers les monarques qui étoient tombés entre ses mains, et observa judicieusement que le peuple ne voyant que les résultats, ne lui en avoit pas moins décerné le titre de *héros*. Il fit voir que, suivant les principes les plus ordinaires du droit commun de la légitimité, l'abdication de Charles IV pouvoit être contestée; qu'elle avoit été faite au milieu du tumulte; que le conseil de Castille avoit hésité à la reconnoître, et que rien n'avoit été réglé sur les indemnités du roi et de sa famille, et les moyens de leur assurer une existence digne de la majesté de leur rang. Il montra l'Europe abattue sous les coups de Napoléon, et hors d'état de troubler ses conquêtes; l'Espagne sans Constitution, sans principes fixes de gouvernement, dépouillée d'une partie de ses forces, que Napoléon lui avoit enlevées, couverte de soldats français, et dégarnie de ses places fortes, qu'elle leur avoit livrées elle-même; que le cabinet de Saint-James verroit avec un secret plaisir la péninsule tomber dans l'anarchie, et profiteroit de ces désordres pour soulever ses colonies d'Amérique, et y fonder son commerce. Don Urquijo proposoit d'aller à Bayonne comme ambassadeur, d'explorer le terrain et de négocier avec Buonaparte.

Tant de sagesse et de prévoyance ne touchèrent que le duc de l'Infantado : le reste des courtisans persista dans ses préventions; et le général Savary ayant offert de se rendre à Bayonne pour éclaircir les doutes du conseil, on résolut d'attendre son retour. Il ne tarda pas à revenir avec une lettre de son maître. Napoléon y disoit que ses affaires du Nord avoient retardé son voyage; qu'il avoit eu l'intention de se rendre à Madrid, pour proposer au roi Charles, son ami, quelques utiles réformes, et surtout le renvoi du prince de la Paix; que le tumulte d'Aranjuès étoit d'un mauvais exemple; qu'il ne falloit jamais accoutumer le peuple à se faire justice lui-même; qu'il ne convenoit ni à la dignité ni aux intérêts de Ferdinand de livrer don Manuel aux épreuves d'un jugement criminel ; qu'il en pourroit naître des révélations fâcheuses ; qu'il devoit penser que s'il tenoit le sceptre de son père, il le tenoit aussi de sa mère. Il demandoit qu'on reléguât le prince de la Paix en France, et terminoit en assurant qu'il jugeroit les évènemens d'Aranjuès avec impartialité; et que si l'abdication du roi avoit été vraiment libre, il n'hésiteroit pas à reconnoître Ferdinand comme roi; mais qu'il avoit besoin de causer avec lui. Enfin, il lui rappeloit l'affaire de l'Escurial, déclaroit au prince qu'il n'étoit point exempt de tout reproche dans cette affaire, et blâmoit surtout la lettre confidentielle qu'il lui avoit écrite. « Devenue roi, « disoit-il, Votre Altesse royale saura com- « bien les droits du trône sont sacrés. Toute « démarche près d'un souverain étranger, de « la part d'un prince héréditaire, est crimi- « nelle. »

Cette lettre auroit suffi pour ouvrir les yeux à tout autre qu'à Ferdinand et à ses conseillers. C'étoit par les suggestions secrètes de l'ambassadeur français que cette lettre avoit été écrite, et maintenant on lui en faisoit un crime. Napoléon ne s'offroit point en ami; mais en maître ; il prétendoit juger, et non concilier. Mais il est des temps où les conseils des rois semblent égarés par un esprit de vertige. Il fut décidé qu'on iroit à Bayonne; et Ferdinand s'y fit précéder par une lettre où il s'exprimoit plutôt en solliciteur et en sujet qu'en roi. Tout sentiment de dignité sembloit éteint dans ces débiles enfans de Henri IV et de Louis XIV, comme autrefois dans les races appauvries de Clovis et de Charlemagne.

La nouvelle du départ de Ferdinand excita une violente rumeur à Vittoria. Plus sage que son souverain, le peuple vit l'orage qui le menaçoit, et se souleva. Des sujets fidèles voyant la ville entourée de troupes françaises, et le prince en quelque sorte prisonnier, vinrent lui offrir de le sauver; un d'entre eux surtout insista vivement sur les moyens qu'il avoit de le dérober à la surveillance des Français; mais il fut repoussé avec hauteur, et on lui rappela que son rôle étoit d'obéir et non pas de conseiller. Le jeune Hervas renouvela ses prédictions, et ne fut pas mieux écouté. On se disposa donc à partir. Mais quand le peuple vit les voitures du roi près de franchir les portes de la ville, il se précipita au-devant d'elles, et se disposa à couper les traits qui retenoient les chevaux; dans le tumulte, rien n'étoit peut-être plus facile à Ferdinand que d'échapper. Il aima mieux se montrer, du haut de sa voiture, à la multitude, lui faire une harangue, et l'assurer qu'il seroit bientôt de retour, et que son ami Buonaparte étoit pour lui dans les plus heureuses dispositions. On croit communément que le général Savary avoit reçu de Napoléon l'ordre de l'amener de gré ou de force; mais il n'eut aucun besoin d'employer la violence. Il paroît même constant que la voiture du prince s'étant cassée en route, il aida lui-même à la relever, au lieu de monter à cheval avec sa suite, et de rentrer dans ses Etats : ce qui lui eût été très-facile, attendu qu'il n'avoit aucune escorte française; mais il n'en eut pas même la pensée. Si l'on cherche la cause de tant d'aveuglement, c'est qu'il espéroit, à force de soumission auprès de Buonaparte, conserver sa couronne, comme le vieux roi, et surtout la reine, se flattoient de la reprendre, et de recouvrer leur ami le prince de la Paix, en s'humiliant aux pieds de Napoléon. Avant d'arriver à Irun, le directeur des douanes avoit déployé un zèle extraordinaire pour le salut du prince; il pouvoit disposer d'environ deux mille sujets dévoués. Il avoit recueilli le propos d'un officier français qui, dans la gaieté d'un festin, avoit dit que Ferdinand marchoit, sans le savoir, en prisonnier, de Vittoria à Bayonne. On rejeta encore ses propositions avec dédain, et l'on arriva à Irun. Là, de fidèles Espagnols s'effraient, comme à Vittoria, de la résolution de Ferdinand; et quoique la place soit entourée de troupes françaises, ils offrent au prince de le sauver des mains de ses ennemis. L'hôte de la maison où il est descendu fait les plus vives représentations. « Il embarquera Sa Majesté, si elle y consent, sur un bâtiment dans la baie de Saint-Sébastien. Il répond sur sa tête de sauver son prince. »

Inutiles efforts! Le prince veut absolument voir Napoléon, son ami, lui raconter lui-même les évènemens d'Aranjuez, le convaincre qu'il n'a point usurpé la couronne. Déjà il lui a écrit deux lettres où il a commencé à s'expliquer à ce sujet. Son ancien précepteur Escoïquiz partage son aveuglement, et résiste à toutes les observations. Enfin, le cortége royal franchit les frontières d'Espagne, et se trouve, le 20 avril, à Saint-Jean de Luz, sur le territoire français.

Dès que Buonaparte en fut instruit, il ne put contenir sa joie; et se croyant maître de sa victime, il n'hésita pas à révéler tout son plan aux grands d'Espagne que Ferdinand lui avoit envoyés en ambassade. Ceux-ci ne perdirent pas un instant pour aller avertir leur roi ; il étoit trop tard : les mesures étoient trop bien prises, et Ferdinand comprit alors toute l'horreur de sa situation. Ses conseillers le comprirent de même; mais il fallut se résigner à subir tout ce qu'il plairoit à Buonaparte d'ordonner. Ainsi nous avons vu en 1815, lorsque ce même homme, relégué dans l'île d'Elbe, quitta son exil pour venir reconquérir sa couronne, nous avons vu les conseils de Louis XVIII fermer l'oreille, avec la même obstination, à tous les avis qui leur étoient donnés, et repousser avec hauteur ceux qui venoient les avertir de l'orage qui les menaçoit. Ferdinand étoit parti de Madrid le 10 avril; il arriva le 20 à Bayonne. On lui avoit préparé la maison la plus décente de la ville. Lorsqu'il fut près d'y arriver, Buonaparte s'y rendit avec le maréchal Berthier, et attendit à la porte la victime qui venoit s'offrir au sacrifice. Les deux monarques s'embrassèrent avec tous les signes d'une affection réciproque. Quelques minutes après, Napoléon se rendit au château de Marrac, et envoya son grand-maréchal du palais inviter le prince à dîner. Le repas fut court; mais Ferdinand étoit satisfait : Buonaparte l'avoit embrassé une seconde fois. Il rentra à son palais de

Bayonne dans la plus profonde sécurité, s'applaudissant de n'avoir pas écouté les avis de ceux qui vouloient le détourner de ce voyage. Le charme ne dura pas long-temps. Quelques minutes après, le général Savary se fit annoncer, et, ayant été admis à l'audience du prince, lui déclara, au nom de l'empereur son maître, que la maison de Bourbon avoit cessé de régner en Espagne. C'étoit lui qui étoit venu à Madrid annoncer au prince l'arrivée prochaine de Napoléon; qui l'avoit engagé, pour les intérêts de sa couronne, à prévenir Napoléon en allant à sa rencontre; lui qui l'avoit décidé à quitter Vittoria; lui qui lui avoit promis, sur sa tête, que Napoléon n'avoit que des vues de conciliation et de bienveillance. Il dut lui en coûter beaucoup pour se charger d'une aussi cruelle mission. Mais c'étoient là de ces jeux où se plaisoit Buonaparte, de ces épreuves auxquelles il aimoit à soumettre ceux qui s'attachoient à sa fortune. Il seroit difficile de peindre la confusion et le trouble où cette nouvelle jeta le roi et sa suite. Il resta quelque temps sans voix. Enfin, s'étant remis, il répondit qu'il étoit loin de s'attendre à de pareilles embûches; et protestant contre la violence qui lui étoit faite, il représenta que s'il étoit en son pouvoir de renoncer au trône pour lui-même, il n'étoit pas le maître de disposer des droits de sa famille ; que Napoléon ne devoit point attendre de sa part une pareille concession. Tandis qu'il avoit avec le général Savary ce pénible entretien, Buonaparte en avoit un autre avec le chanoine Escoïquiz, qu'il avoit gardé avec lui après le dîner. Il savoit que ce chanoine, ancien précepteur de Ferdinand, avoit conservé un grand empire sur l'esprit de son élève, et que c'étoit lui surtout qui l'avoit décidé au voyage de Bayonne. Il se flatta de le faire entrer dans ses vues, et peut-être dans ses intérêts. Cette conversation, devenue célèbre, a été conservée toute entière, et publiée par ce chanoine.

« Je désire beaucoup, lui dit Buonaparte,
« d'après la bonne opinion qu'on m'a donnée
« de vous, vous entretenir des affaires de vo-
« tre prince. Je ne saurois, dans ma position,
« ne pas m'intéresser au sort malheureux du
« roi son père. Il réclame ma protection, et
« l'Europe entière a les yeux sur moi.

« L'abdication de Charles IV, faite au mi-
« lieu d'une garde séditieuse et d'un peuple
« révolté, indique suffisamment qu'elle fut
« forcée. Je ne puis la regarder comme réelle
« que lorsque le roi, qui m'a adressé une

« protestation, abdiquera de nouveau, et sans
« contrainte.

« D'ailleurs, les intérêts de mon empire
« exigent absolument que la maison de Bour-
« bon, ennemie implacable de la mienne,
« perde le trône d'Espagne. Ce changement
« est dans l'intérêt de votre nation. La dynas-
« tie que j'établirai vous donnera une bonne
« Constitution, et son alliance avec moi as-
« surera le bonheur de la péninsule. Cepen-
« dant, j'estime Ferdinand ; il est venu me
« trouver avec confiance à Bayonne, je veux
« traiter cette affaire avec lui, et le dédom-
« mager, autant qu'il est possible, ainsi que
« ses frères, de ce que ma politique m'oblige
« de leur enlever.

« Proposez donc à Ferdinand de renoncer
« à tous ses droits sur la couronne d'Espagne,
« de recevoir, en échange, l'Etrurie, avec le
« titre de *roi*, et une entière indépendance
« pour lui et ses héritiers. Dites-lui que je lui
« ferai compter en pur don, pour son établis-
« sement, une année des revenus de son nou-
« veau royaume. Lorsqu'un traité aura été si-
« gné à cet égard, je lui donnerai ma nièce
« en mariage, pour l'assurer de toute mon
« amitié, et nos conventions seront signées
« de suite, avec la solennité nécessaire. Si

« Ferdinand rejette mes propositions, je m'en-
« tendrai avec son père : ni lui ni ses frères
« ne seront admis à aucune négociation. Ils
« perdront tout sans indemnité. Si le prince
« fait ce que je désire, je conserverai à l'Es-
« pagne son intégrité territoriale, son indé-
« pendance, ses lois, sa religion, ses usages.
« Voilà tout mon système : je ne veux pas un
« seul village pour moi. Si tout ceci ne con-
« vient pas à votre prince, il est libre de s'en
« retourner; nous fixerons le terme de sa ren-
« trée, et nous déciderons la question par les
« armes. »

Ces propositions étoient si étranges, qu'elles laissoient au chanoine le plus vaste champ de défense. Il soutint, dans cette occasion, la réputation qu'il avoit acquise d'homme d'Etat et d'homme d'esprit. Buonaparte le laissa parler avec une grande liberté. Il repoussa victorieusement l'allégation que l'abdication de Charles IV n'avoit pas été libre, décrivit les évènemens avec beaucoup de précision et d'exactitude; et Napoléon, charmé de sa présence d'esprit, de la justesse et de la vivacité de sa dialectique, le tira avec familiarité par l'oreille. « On m'avoit parlé de vous, chanoine, dit-il en riant ; je vois, en effet, que vous en *savez long*. » — « Pardonnez, sire, reprit Escoïquiz ; mais je vois que Votre Majesté en sait *bien plus long que moi.* »

Buonaparte ayant rappelé la proclamation hostile de l'Espagne à l'époque de la guerre de Prusse, le chanoine lui répondit vivement qu'elle étoit l'ouvrage du favori ; que Ferdinand y étoit tout à fait étranger. Il fit l'éloge de ce prince, et entreprit de prouver que l'alliance projetée entre lui et une princesse du sang de Napoléon cimenteroit l'union des deux empires, et assureroit le bonheur de l'un et de l'autre. Il lui représenta courageusement les suites de ses funestes résolutions : le soulèvement général du peuple espagnol, une guerre d'extermination, des flots de sang répandus, une haine irréconciliable, la perte irrévocable des colonies, qui ne consentiront jamais à passer sous une nouvelle dynastie.

« J'ai deux cent mille hommes à dépenser, répondit Buonaparte, et j'ai pris mes précautions auprès de vos colonies. »

Là finit la conférence ; et Napoléon se flattant apparemment de faire mieux le lendemain, appela de nouveau le chanoine Escoïquiz dans son cabinet. L'entretien fut aussi vif que le premier. Le chanoine conserva son caractère, et parla avec une éloquence qui commençoit à faire quelque impression sur Buonaparte, lorsqu'il rompit tout à coup la conversation.

Le jeune roi d'Espagne, en arrivant à Bayonne, ne s'étoit pas dissimulé qu'il auroit des sacrifices à faire, qu'on lui demanderoit, suivant toute apparence, ou la cession du territoire espagnol jusqu'à l'Ebre, en échange du Portugal, ou une route militaire à travers ses Etats, pour passer de France en Portugal. Il étoit d'avance décidé à tout accorder, tant il avoit le désir de conserver sa couronne.

Lorsqu'il apprit qu'il s'agissoit d'accepter le trône d'Etrurie pour celui d'Espagne, et d'épouser la fille de Lucien pour unique dédommagement, il ne put contenir sa colère, et se décida à tout refuser. Mais il étoit venu lui-même se jeter dans les bras du spoliateur; que pouvoit sa colère? Il ne lui restoit d'autre ressource que de tenter la voie des négociations, et de fléchir son oppresseur, s'il étoit possible. Buonaparte, mécontent de la fermeté du chanoine, voulut essayer s'il réussiroit mieux avec le ministre Cevallos. Il lui fit proposer une entrevue avec M. de Champagny. C'étoit assurément pour celui-ci un grand sujet de douleur d'être chargé d'une pareille.

mission. Il s'étoit jusqu'alors acquis la réputation méritée d'un homme de bien; mais il n'avoit pas assez prévu ce qu'il en coûtoit pour s'attacher à Napoléon. Il falloit, quand on se livroit à lui, se décider à recevoir le sceau de la servitude. On étoit suspect dès qu'on le rejetoit. Un homme de cœur eût peut-être préféré une honorable démission; mais ce n'est pas dans les cours, et auprès des despotes, que le cœur s'élève et se fortifie.

La conférence s'ouvrit entre M. Cevallos et M. de Champagny; Napoléon s'étoit placé de manière à tout entendre. Le ministre espagnol éprouvoit le regret le plus amer d'avoir contribué à décider le voyage de Ferdinand. Il voyoit, comme toute l'Europe, le comble de la perfidie dans la conduite de Buonaparte. Il ne manqua ni à ses devoirs, ni à l'honneur, ni à l'attachement qu'il avoit voué à son jeune monarque. La conférence fut vive et animée. Il s'expliqua avec une grande liberté; il repoussa, avec la logique la plus vigoureuse, tous les argumens de M. de Champagny, et l'entretien alloit se terminer sans résultat, lorsque Napoléon parut. Ce qu'il venoit d'entendre l'avoit mis dans une extrême agitation. Il accabla d'injures don Pédro Cevallos; et dans le trouble où la colère l'avoit mis, il lui prodigua la dénomination de *traître*, pour avoir été successivement ministre de Charles IV et de Ferdinand VII.

Après une scène aussi violente, M. de Cevallos ne pouvoit plus reparoître. Napoléon fit dire à Ferdinand qu'il lui falloit un négociateur plus docile, et Ferdinand nomma M. le chevalier Labrador. C'étoit un homme ferme, rempli d'honneur, aussi incapable de livrer les intérêts de son maître que M. de Cevallos. Buonaparte put commencer alors à prendre une idée du caractère espagnol. Il n'avoit, depuis son arrivée à Bayonne, apporté, dans la discussion, que sa volonté. Il crut devoir alors recourir aux formes diplomatiques, et appuyer ses opérations de pièces officielles. Il chargea M. de Champagny de lui faire un rapport sur la situation et les intérêts réciproques de la France et de l'Espagne. C'étoit peut-être pour le ministre le moment de se rappeler le mot du poëte Philoxène à Denys : *Qu'on me reconduise aux carrières*. Mais déjà M. de Champagny avoit fait tous les sacrifices sur les autels de la peur et de la flatterie; et nous verrons bientôt quelles réquisitions il avoit adressées précédemment à la cour de Rome pour la soumettre au joug de Buonaparte.

Le ministre exposa donc à l'empereur Napoléon que ses intérêts exigeoient qu'il prît une résolution décisive à l'égard de l'Espagne. Il représenta la dynastie régnante comme une race avilie, dégénérée, et devenue, par ses divisions intestines, l'objet du mépris de ses propres sujets. Il rappela la proclamation du prince de la Paix, lorsque Napoléon étoit aux prises avec les puissances du Nord, en exagéra la perfidie, et conclut que si jamais l'empire français se trouvoit occupé de nouveau avec les puissances du Nord, il ne pouvoit attendre de l'Espagne que des trahisons. Il accumula tous les sophismes de l'injustice, de l'ambition et de la mauvaise foi, pour justifier une mauvaise action, et termina en répétant à Napoléon ce que Napoléon lui avoit dicté : « *Il faut qu'un prince ami de la France règne en Espagne; c'est l'ouvrage de Louis XIV qu'il faut recommencer. Ce que la politique conseille, la justice l'autorise.* » Principe monstrueux, propre à justifier tous les crimes.

En terminant sa conférence avec M. de Champagny, le chevalier de Labrador avoit demandé si le roi étoit libre, et le ministre de France lui avoit répondu qu'on ne pouvoit élever le moindre doute à cet égard. « Dans ce cas, avoit répondu M. de Labrador, je vais engager Sa Majesté à faire ses préparatifs de départ. » M. de Champagny observa qu'il falloit, avant tout, prendre les ordres de l'empereur. On adressa donc, à cet effet, une note particulière à Sa Majesté l'empereur. Mais elle resta sans réponse, et ne servit qu'à faire surveiller davantage le malheureux roi d'Espagne. Les ministres de ce prince enfermoient ceux de Buonaparte dans un cercle dont il étoit difficile de sortir. Ils leur demandoient si Napoléon reconnoissoit Ferdinand comme roi; et lorsqu'ils répondoient que Napoléon se réservoit de décider la question plus tard, ils leur répliquoient que, dans ce cas, ils ne concevoient pas qu'on demandât au prince des Asturies son abdication.

Napoléon se trouvoit donc embarrassé dans ses propres filets. Il auroit pu dénouer la difficulté comme Alexandre, en se défaisant de Ferdinand. On croit qu'il en eut la pensée; mais les conséquences d'un aussi indigne parti se présentèrent en foule, et l'effarouchèrent. Il fallut donc prendre une autre marche, et revenir au vieux roi d'Espagne et au prince de la Paix. En exigeant la liberté de don Manuel Godoï, Buonaparte étoit bien sûr d'obtenir ensuite tout ce qu'il voudroit des vieux souverains, car Godoï étoit bien plus cher à la reine qu'une couronne. Murat parla donc avec l'autorité que ses forces lui donnoient ; il fallut obéir ; et le prince de la Paix sortit de sa prison, au grand mécontentement de Ferdinand et de toute la nation espagnole. Il fut alors facile de prévoir les plus grands malheurs. La fermentation étoit générale. Le peuple adoroit Ferdinand, moins pour ses qualités personnelles, qui étoient bornées, que pour la haine qu'il portoit au favori. La perfidie de Napoléon redoubloit l'affection qu'on lui portoit. Un incendie immense étoit près de s'allumer. Buonaparte vouloit couvrir son usurpation de quelques formes légales. Il tenoit surtout à une abdication. Ne pouvant l'arracher au fils, il voulut l'obtenir du père ; et reprenant le ton de la douceur, et toutes les apparences de l'amitié, il invita le roi et la reine à se réunir en famille à Bayonne, où toutes les difficultés seroient promptement aplanies. Ils ne se firent point presser. Ils voyoient, dans cette démarche, le moyen de recouvrer la couronne, et de replacer Godoï au rang qu'il occupoit précédemment. S'il falloit faire quelque cession de province, ils étoient tout prêts ; n'étoit-ce pas assez pour eux de posséder leur cher prince de la Paix ?

Mais ils étoient tellement pénétrés de leur propre incapacité, qu'ils ne voulurent point arriver les premiers à Bayonne; ils s'y firent précéder par leur favori. « C'est un misérable, disoit Buonaparte dans ses entretiens familiers, qui m'ouvrira les portes de l'Espagne. » Il livra en effet tout, et les portes de son pays, et son roi, et l'honneur, et la reconnoissance, se flattant de recevoir largement le prix de sa bassesse et de ses trahisons. Buonaparte ne pouvoit se trouver dans une situation meilleure. C'étoit avec ce *misérable* qu'il alloit avoir à traiter, avec une mère dénaturée, et un roi dont la foiblesse touchoit à l'imbécillité. Charles IV et sa méchante épouse arrivèrent à Bayonne le 1er mai. Il y fut reçu avec empressement par Napoléon, et conduit à Marrac avec tous les honneurs dûs à son rang. Il arrivoit sans cortége, sans pompe, sans aucune de ces marques extérieures qui annoncent la majesté royale; c'étoit un souverain dépouillé qui se présentoit en suppliant. On vit alors que le souvenir des Bourbons n'étoit point effacé du cœur des Français. Une multitude immense, venue des campagnes et des villes voisines, entouroit le château, et se plaisoit à retrouver dans la figure du vieux monarque, les traits les plus remarquables de celle des Bourbons. La tête de Charles IV avoit à la fois de la grandeur et de la simplicité; sa taille étoit élevée; la bonté respiroit dans toute sa personne; et s'il eût épousé une autre femme, peut-être eût-il vécu heureux et honoré.

Buonaparte, habile à préparer ses succès par des moyens en apparence vulgaires, mais dont il connoissoit toute la puissance, avoit fait répandre la veille, avec une extraordinaire profusion, le récit des troubles d'Aranjuez, et l'acte de protestation du roi. Il faisoit en même temps composer en espagnol, contre la famille royale, des libelles destinés à être distribués dans la péninsule : car il entroit dans sa politique de se faire un appui de l'opinion publique, ou du moins de ne se mettre jamais en opposition avec elle : système que l'on a depuis bien malheureusement abandonné. Il fit annoncer en même temps que toute négociation avec Ferdinand étoit rompue, et qu'il ne seroit plus désormais considéré comme roi. Il fit, en conséquence, défendre qu'on lui rendît les honneurs qu'il avoit reçus jusqu'à ce jour.

Buonaparte se préparoit à jouir d'un spectacle déplorable : un père armé contre son fils, une mère dénaturée soufflant, dans le cœur d'un époux, devenu son esclave, les honteuses passions dont le sien étoit souillé ; un roi livrant aveuglément sa couronne, ses sujets, sa famille toute entière à l'avidité d'un perfide mais habile aventurier ; abandonnant un vaste État à tous les fléaux de l'usurpation et de la guerre civile.

A peine le malheureux Charles IV étoit-il arrivé, que Buonaparte eut un entretien particulier avec lui (1), pour convenir de la conduite à tenir envers Ferdinand.

Le vieux roi ayant appelé devant lui le prince Ferdinand, lui intima l'ordre de lui remettre la couronne, ne lui laissant que quelques heures pour réfléchir, et le menaçant, s'il refusoit, de le traiter, lui et ceux qui l'accompagnoient, comme des sujets rebelles et traîtres à leur roi. Napoléon et la reine étoient seuls présens à cette scène. Le jeune prince ayant voulu faire quelques observations, son père se leva précipitamment de son siége, accabla son fils de reproches et d'injures, et se livra à un tel accès de colère,

―――――――――――――――――――――

(1) Tout ce qu'on a dit à cet égard dans les journaux français, est un roman écrit sous la dictée de Buonaparte.

que Buonaparte lui-même en fut ému. Peu s'en fallut que ce malheureux père ne se portât, envers Ferdinand, à des extrémités qu'on pardonneroit à peine aux hommes de la dernière classe. La vieille reine joignit ses fureurs à celle de son époux. Elle éclata en imprécations et en menaces; et se tournant vers l'empereur des Français, elle le supplia de la venger, et d'envoyer son fils à l'échafaud. Elle fit horreur à Napoléon lui-même : « Quelle femme et quelle mère ! » s'écria-t-il en rendant compte de cette funeste scène aux personnes de sa cour.

Cependant, rien n'étoit plus propre à servir ses desseins. Quel intérêt pouvoit inspirer désormais une famille tombée dans cet excès d'avilissement ? Ferdinand, retiré dans ses conseils, délibéra sur la conduite qu'il avoit à tenir. Pouvoit-il refuser la couronne à son père ? Pouvoit-il la déposer sans conditions sur la tête d'un roi captif ? Il répondit qu'il consentoit à rendre à son père le sceptre qu'il avoit librement déposé, mais à condition que ce prince retourneroit à Madrid; qu'il n'emmèneroit à sa suite aucune des personnes qui étoient devenues, par leur conduite, un objet de haine et d'horreur pour la nation espagnole ; que dans le cas où la santé du roi ne lui permettroit pas de régner lui-même, Ferdinand prendroit, sous son autorité, les rênes du gouvernement ; qu'enfin la question de l'abdication seroit soumise soit aux cortès, soit au conseil suprême de la Castille.

Cette réponse étoit loin de convenir à Napoléon ; elle supposoit la rentrée de la famille royale en Espagne ; et ce n'étoit pas pour la renvoyer à Madrid qu'il avoit employé tant de ruses pour l'attirer à Bayonne. Le vieux roi l'ayant consulté sur la réponse qu'il devoit faire à son fils, Napoléon en dicta les idées principales au prince de la Paix, qui les rédigea et les fit signer par Charles IV. Ce prince s'y plaignoit des violences qu'il avoit éprouvées, dissimuloit l'intention qu'il avoit eue de quitter l'Espagne pour émigrer dans ses États d'Amérique ; assuroit qu'il n'avoit rassemblé des troupes autour de sa personne que pour paroître devant Napoléon avec l'éclat et la dignité qui convenoient à son trône. Il disoit qu'il avoit eu la douleur de voir son propre fils entrer dans une conspiration contre lui : « Qu'avez-vous fait ? ajoutoit-il. Vous avez « mis en désordre tout mon palais ; vous avez « soulevé mes gardes-du-corps ; votre père « lui-même a été votre prisonnier. Mon pre- « mier ministre, que j'avois élevé et adopté

« dans ma famille, a été traîné sanglant de
« cachots en cachots ; vous avez flétri mes
« cheveux blancs, vous les avez dépouillés
« d'une couronne portée avec gloire par mes
« ancêtres, et que j'avois conservée sans ta-
« che; vous vous êtes assis sur mon trône.
« Vieux et accablé d'infirmités, je n'ai pu
« supporter ce malheur ; j'ai eu recours à
« l'empereur des Français, non plus comme
« un roi, à la tête de ses troupes, et environné
« de l'éclat du trône, mais comme un roi
« malheureux et abandonné. J'ai trouvé pro-
« tection et refuge au milieu de ses camps;
« je lui dois la vie, celle de la reine et de mon
« premier ministre. Mon cœur s'est ouvert à
« lui. Il connoît tous les outrages que j'ai re-
« çus de vous; il m'a déclaré qu'il ne vous
« reconnoîtroit jamais pour roi. Mes droits
« sont clairs; mes devoirs encore davantage.
« Je dois épargner le sang de mes sujets, et
« ne rien faire, sur la fin de mes derniers
« jours, qui puisse porter, dans les Espagnes,
« le ravage et l'incendie, et les réduire à la
« plus horrible misère. Votre conduite envers
« moi et vos lettres interceptées ont mis une
« barrière d'airain entre vous et le trône d'Es-
« pagne. Je suis roi par le droit de mes pères;
« mon abdication est le résultat de la force et

« de la violence. Pendant toute ma vie, je me
« suis sacrifié pour mes peuples ; j'ai régné
« pour eux, j'agirai pour eux. Je mettrai en
« oubli toutes mes souffrances, et lorsque je
« serai assuré que la religion de l'Espagne,
« l'intégrité de mes provinces, leur indépen-
« dance et leurs priviléges seront maintenus,
« je descendrai dans la tombe, en vous par-
« donnant l'amertume de mes dernières an-
« nées. » On croyoit entendre le vieux roi
Priam.

Il étoit aisé de reconnoître, dans cette lettre,
la main de Napoléon; la dernière pensée annonçoit suffisamment que ce roi malheureux
étoit prêt à tous les sacrifices; le traître Godoï
l'y avoit préparé; et Napoléon, en parlant de ce
lâche favori, disoit : « Il n'a disputé que sur
la pension. » La lettre du roi avoit été écrite
le 2 mai, et ce jour-là même, Madrid étoit le
théâtre d'une scène sanglante.

Napoléon voulant avoir toute la famille
régnante entre les mains, avoit donné ordre
à Murat de faire partir la reine d'Etrurie, le
jeune roi son fils, l'infant don Antonio, frère
du roi Charles IV, et l'infant François de
Paule, frère de Ferdinand. Le peuple de Madrid vit sans intérêt partir la reine d'Etrurie;
il savoit qu'elle étoit complice de la haine de

la reine-mère pour le prince des Asturies, et de ses honteuses affections pour Godoï; mais lorsqu'il vit les préparatifs du départ de don Antonio et du jeune François de Paule, il n'écouta plus que son désespoir, et se souleva.

Ce mouvement vertueux s'étendit promptement dans toute la capitale et les environs. On s'arma pour la défense des princes; on tira quelques coups de fusil. Murat déploya alors toutes ses forces : la multitude fut enveloppée par les troupes françaises; elle se défendit avec acharnement, et le combat s'engagea sur tous les points de la capitale. Les suites de l'insurrection pouvoient être affreuses, lorsque MM. Offaril et Azanza employèrent tous leurs efforts pour calmer le peuple, et obtinrent du grand-duc de faire cesser le feu, et de leur adjoindre le général Harispe, qui connoissoit la langue et les mœurs des Espagnols. Le conseil de Castille s'assembla, joignit ses efforts à ceux des meilleurs citoyens, et le sang cessa de couler. Murat fit publier des proclamations et une amnistie. Tout rentra dans l'ordre. Les Français avoient fait des prisonniers; par une atroce perfidie, au lieu de les rendre à leurs familles, on les conduisit, pendant la nuit, au Prado, où ils furent tous fusillés. Alors il n'y eut plus de réconciliation à espérer entre les Français et les Espagnols.

» Il n'en est point, même aujourd'hui, en Espagne comme en France. Tous les secours de la religion sont offerts aux malheureux que la justice ou la violence condamnent à mort; on leur donne plusieurs jours pour s'y préparer. Cette exécution, doublement impie sous le rapport de la religion et des traités, inspira une haine profonde aux Espagnols contre les Français; et dès ce moment, on dut s'attendre à une guerre implacable entre les deux nations. Murat devint un objet d'horreur, et son nom est resté éternellement souillé de cette tache sanglante. On n'est pas d'accord sur le nombre des victimes. Le conseil de Castille, dans son manifeste, le porte, du côté des Espagnols, à cent quatre hommes tués, cinquante-quatre blessés, trente-cinq perdus dans le tumulte. Mais Murat présidoit alors ce conseil. M. Azanza, dans sa relation, estima la perte des Espagnols à plusieurs milliers. On convient généralement que les Français ne perdirent pas moins de cinq cents hommes. Avant ce malheureux évènement, le conseil de Castille voyant que Murat affectoit de ne reconnoître pour roi que Charles IV, avoit envoyé une députation à Ferdinand pour prendre ses instructions, il lui demandoit surtout de décider s'il falloit prendre les armes. Ferdinand répondit qu'étant prisonnier, il ne voyoit d'autre ressource que d'investir le conseil de tous ses pouvoirs, et de s'en reposer sur sa sagesse, son courage et sa fidélité; mais il autorisoit le conseil à prendre toutes les mesures convenables pour empêcher l'entrée de nouvelles troupes françaises en Espagne, à faire tous les préparatifs de guerre, et à la déclarer lorsqu'il seroit emmené de Bayonne dans l'intérieur de la France. Mais quand ces instructions arrivèrent, Murat étoit déjà à la tête du conseil. Il n'avoit pas perdu de temps pour en prendre la présidence après le départ de don Antonio; tout se régloit par ses ordres et sa volonté.

Il est facile de concevoir l'effet que produisit à Bayonne la nouvelle de l'insurrection de Madrid. Napoléon en devint furieux. Il avoit dit plusieurs fois que les grands étoient dans ses intérêts, et que le peuple étoit un ramas de canaille que quelques volées de canon mettroient en fuite. La disposition générale des esprits lui révéloit une guerre nationale et des difficultés qu'il n'avoit pas prévues. Le 5 mai, il fit lui-même part au roi Charles IV de ce désastreux évènement, et lui déclara qu'il étoit temps d'en finir. Le prince des Asturies fut appelé de nouveau au conseil de ses parens, n'eut pas la permission de s'y asseoir, et devint, pour la seconde fois, l'objet d'une scène dont la violence surpassa la première. On lui reprocha le sang qui venoit de couler à Madrid, les sentimens des Espagnols pour lui, leur disposition à la révolte. La reine-mère se surpassa encore en injures, en malédictions, en violences.

On lui intima, sous peine de la vie, l'ordre de remettre, sans hésiter et sans condition, sa couronne à son père. Le prince, interdit et confus, sortit le cœur navré, se soumit à son malheureux sort, et fit une abdication pure et simple. Le même jour, Charles IV mit le comble à ses foiblesses (le respect interdit un autre mot), en abdiquant lui-même en faveur de Napoléon. Cet acte est un monument que l'histoire doit conserver comme un exemple frappant de l'abaissement où un roi peut se réduire lui-même, lorsqu'il laisse prendre, à des êtres vils et déshonorés, un funeste empire sur ses lumières, son caractère et sa raison.

« S. M. le roi Charles IV n'ayant eu en vue,
« toute sa vie, que le bonheur de ses sujets,
« a résolu de céder, comme il cède par le pré-

« sent, à S. M. l'empereur Napoléon, tous ses
« droits sur le trône des Espagnes et des In-
« des, comme le seul qui, au point où en sont
« arrivées les choses, peut rétablir l'ordre. »

« L'intégrité du royaume sera maintenue.
« Le prince que S. M. l'empereur Napoléon
« jugera devoir placer sur le trône d'Espagne,
« sera indépendant, et les limites de l'Espagne
« ne souffriront aucune altération.

« La religion catholique, apostolique et
« romaine, sera la seule en Espagne.

« S. M. l'empereur Napoléon s'engage à
« donner refuge dans ses Etats au roi Char-
« les, à la reine, à sa famille, au prince de la
« Paix, ainsi qu'à ceux de leurs serviteurs qui
« voudront les suivre.

« Le palais impérial de Compiègne, les
« parcs et les forêts qui en dépendent, seront
« à la disposition du roi Charles, sa vie du-
« rant.

« S. M. l'empereur donne et garantit à
« S. M. le roi Charles une liste civile de
« 60 millions de réaux. A la mort du roi Char-
« les, le douaire de la reine sera de 2 mil-
« lions.

« S. M. l'empereur s'engage à payer à tous
« les infans d'Espagne une rente annuelle de
« 400,000 francs.

« S. M. l'empereur Napoléon donne à S. M.
« Charles IV le château de Chambord, avec
« les parcs, les forêts et les fermes qui en dé-
« pendent, pour en jouir en toute propriété, et
« en disposer comme bon lui semblera. »

Ainsi descendoit humblement du trône le petit-fils de Louis XIV, le fils de Charles III, l'un des plus grands rois dont l'Espagne pût se glorifier. Ses malheurs datèrent du jour où il épousa une femme indigne du nom d'épouse, de mère et de reine. Ferdinand joignit sa renonciation à celle de son père, et fit, avec la magnifique terre de Navarre en France, et un million de francs en rente annuelle, l'échange d'une des plus illustres couronnes du monde ; et cette terre de Navarre ne lui resta même pas. Ces malheureux princes ne surent ni se réconcilier ni mourir. Ils avilirent le sceptre dans un temps où il avoit le plus de besoin d'être honoré pour se conserver dans les mains royales qui le portoient. Ainsi fut consommé, le 10 mai 1808, une des plus lâches actions de Napoléon, un acte de trahison et de perfidie qui flétrira éternellement sa mémoire. Cependant, ses flatteurs ont cherché à l'excuser, et n'ont pas craint de consigner dans leurs apologies intéressées qu'il n'avoit eu en vue que le bonheur de l'Espagne. Voici de quelle manière ils le font parler dans le *Mémorial de Sainte-Hélène* :

« J'ai été assailli de reproches que je ne mé-
« ritois pas. L'histoire me lavera. On m'ac-
« cusa, dans cette affaire, de perfidie, d'em-
« bûches, de mauvaise foi, etc. Il n'y avoit
« rien de tout cela. Jamais je ne manquai de
« foi, ni ne violai de paroles, pas plus en-
« vers l'Espagne qu'envers toute autre puis-
« sance.

« On saura un jour que, dans les grandes
« affaires d'Espagne, je fus complètement
« étranger à toutes les intrigues intérieures
« de la cour; que je ne manquai de foi ni à
« Charles ni à Ferdinand; que je n'employai
« point de mensonges pour les attirer tous deux
« à Bayonne, mais qu'ils y accoururent à l'envi
« l'un de l'autre. Quand je les vis à mes pieds,
« je pus juger par moi-même de leur incapa-
« cité; *je pris en pitié le sort d'un grand*
« *peuple*. Je saisis aux cheveux l'occasion uni-
« que que me présentoit la fortune, de régé-
« nérer l'Espagne, l'enlever à l'Angleterre, et
« l'unir fortement à mon système. Mais loin
« d'employer d'ignobles et foibles détours,
« comme on l'a répandu, si j'ai péché, c'est
« par une audacieuse franchise, par un excès

« d'énergie. Bayonne ne fut pas un guet-à-
« pens, mais un immense coup d'État. »

Il est difficile de fausser plus audacieusement la vérité ; et lorsque l'écrivain de Sainte-Hélène a fait parler ainsi son héros, il n'avoit probablement pas sous les yeux la conversation de Napoléon avec le chanoine Escoïquiz, où l'empereur des Français avoue que c'étoit un coup monté depuis long-temps. Il ne se rappeloit pas que cet acte de spoliation avoit été confidentiellement indiqué dans le traité secret de Tilsit, et que la Russie avoit un agent diplomatique à Bayonne. Il seroit facile d'accabler de raisonnemens l'auteur officieux du *Mémorial de Sainte-Hélène;* mais les faits que j'ai rapportés, et dont l'autorité est incontestable, suffisent pour répondre à tout ce que les plus intrépides panégyristes de Napoléon ont écrit pour le justifier.

Cette suite d'indignes trahisons flétrit ses lauriers ; le cœur de tout homme de bien se souleva contre un acte qui n'avoit rien d'humain, rien de français ; et si quelque chose de plus peut nous étonner dans cet horrible drame, c'est d'avoir vu tous les souverains souffrir sans se plaindre une aussi noire perfidie, et conserver avec Napoléon leurs relations de bonne amitié. Mais alors l'honneur n'avoit plus d'asile. Les ministres de Napoléon, et particulièrement M. de Champagny, éprouvèrent le sentiment le plus pénible en se voyant condamnés à conduire une si odieuse négociation, à la justifier, même à la louer. Ce fut un grand affront fait à tous les principes de la morale, que ce mot du ministre des affaires étrangères : « *Ce que la politique conseille, la justice l'approuve.* »

A peine cette œuvre d'iniquité étoit-elle consommée, que les victimes furent conduites chacune à sa destination : Charles IV à Compiègne, avec la reine d'Etrurie et son cher favori Godoï ; Ferdinand, son oncle et ses frères, au château de Valençay, riche et belle propriété de M. de Talleyrand. Le prince des Asturies devoit posséder la magnifique terre de Navarre. Il fut considéré comme prisonnier, et tenu en captivité pendant tout son séjour en France. C'étoit ainsi que Napoléon étoit esclave de sa parole. Le duc de Laval étoit gouverneur de Compiègne. Un Montmorenci devint ainsi le gardien d'un roi détrôné, d'un roi issu du sang des Bourbons.

Mais ce n'étoit pas assez pour Buonaparte d'avoir fait tomber dans ses piéges la famille royale d'Espagne, d'avoir arraché du front de deux rois la couronne qu'ils portoient, il entreprit d'associer, en quelque sorte, le peuple espagnol à sa fraude, et de la couvrir de son consentement. Depuis le départ de l'infant don Antonio, Joachim Murat s'étoit mis à la tête du conseil de gouvernement, et tout se régloit par son autorité. Buonaparte voulut réunir autour de lui une grande junte d'État, qui représentât la nation toute entière, et approuvât tout ce qu'il avoit fait. Son désir fut promptement satisfait. Il avoit exigé que Ferdinand adressât au gouvernement provisoire de Madrid un acte d'adhésion aux traités de Bayonne, ainsi qu'une exhortation à tous les Espagnols de s'y conformer de cœur et d'esprit. Mais ces actes ostensibles étoient secrètement désavoués par des instructions particulières. Il étoit évident que tous les conseils de l'Espagne étoient dans la plus violente oppression. Ils se soumirent à tout. Buonaparte exigea qu'on les consultât sur le choix du prince auquel il convenoit de donner la couronne. Ses ordres confidentiels leur indiquoient Joseph Buonaparte; ils ne manquèrent pas de le désigner. La junte suprême, le conseil de Castille, la municipalité de Madrid exprimèrent le même vœu. Jusqu'à quel point la tyrannie dégrade-t-elle donc les âmes? Les chefs d'une nation fière et courageuse se transforment en serviles courtisans; ils poussent l'abaissement jusqu'à décerner à leur oppresseur des louanges que Trajan eût à peine méritées.

Lorsque Buonaparte vit que tout s'accomplissoit suivant ses désirs, il adressa aux Espagnols une de ces proclamations enflées d'orgueil et de vanité avec lesquelles il se flattoit d'imposer aux peuples.

« Votre nation périssoit. J'ai vu vos maux,
« je vais y porter remède. Votre grandeur et
« votre puissance font partie de la mienne.
« Votre monarchie est vieille, ma mission est
« de la rajeunir. Je veux que vos derniers ne-
« veux conservent mon souvenir, et disent : *Il*
« *est le régénérateur de notre patrie.* »

En même temps, Murat faisoit le choix de ceux qui doivent composer la grande junte de Bayonne, et les prenoit dans les classes supérieures de la nation, et parmi les hommes les plus dociles. Les colons d'Amérique furent chargés de représenter leur patrie. Ils arrivèrent à Bayonne le 15 juin. Le projet de Napoléon étoit de leur faire adopter une Constitution, et reconnoître son frère Joseph pour souverain légitime des Espagnes et des Indes. La junte devoit être de cent cinquante membres : quatre-vingt-dix seulement obéirent à l'invitation de Murat. Joseph, arrivé quelques jours auparavant, avoit été reçu avec tous les honneurs de la royauté. Les adresses des provinces espagnoles affluaient de toutes parts. Les députés se hâtèrent d'y joindre leurs hommages, et la diète s'ouvrit sous les auspices de Napoléon.

On en réunit les membres dans le grand salon du château de Marrac; on leur donna des bureaux, des plumes et du papier, pour rédiger l'adresse au prince.

Buonaparte s'en étoit institué le censeur. Le duc de l'Infantado s'étant exprimé d'une manière timide et ambiguë : « Ce n'est pas « cela, lui dit Buonaparte; c'est une déclara-« tion claire et précise. Point d'hésitation, « monsieur, s'il vous plaît. » Et le duc fut obligé de remettre son thême sur le métier. Enfin, les députés ayant satisfait leur redoutable régent, vinrent aux pieds de Joseph lui présenter l'expression de leur joie, celle de leurs espérances, et la promesse de leur fidélité et de leur dévouement. Cent cinquante articles, extraits des diverses Constitutions publiées en France, formèrent le Code constitutionnel d'Espagne; tous furent acceptés comme Napoléon le vouloit, et les membres de la junte se disposèrent à se séparer. Mais il falloit, avant tout, prendre congé du grand homme. Les députés, réunis dans le grand salon, prononcèrent leur discours, et se rangèrent en cercle autour de Napoléon. M. l'ancien archevêque de Malines, présent à cette cérémonie, rapporte une anecdote qui prouve que les plus brillans génies ont, comme les astres, leurs éclipses. Soit que le héros n'eût pas préparé sa réponse, soit qu'il fût mal inspiré, à peine put-il articuler quelques mots insignifians et interrompus. Il élevoit et abaissoit alternativement la tête, comme pour se donner l'air d'un homme profondément absorbé dans la méditation. Mais sa méditation ne rendoit rien ; et M. de Pradt avoue qu'il falloit tout le respect qu'on doit à un souverain, et toute la crainte qu'inspiroit celui-là, pour ne pas éclater de rire. L'auditoire étoit au supplice, et cette torture dura près de trois quarts d'heure; les députés se retirèrent sans oser se parler, tant ils étoient pétrifiés. Le 8 juillet, ils partirent pour l'Espagne avec le nouveau monarque, qui se rendoit à la capitale de son empire.

Que deviennent donc, dans les grandes crises de l'État, l'honneur et la dignité? Triste condition de la nature humaine! la cupidité, l'intérêt personnel, la crainte, tout ce qui avilit l'homme étouffe ce qui pourroit l'honorer. On vit ces Espagnols si fiers, ces conseillers de Ferdinand, en apparence si fidèles et si dévoués, passer subitement sous les bannières méprisables des transfuges de la légitimité et de la vertu. Joseph partit donc, entouré des mêmes courtisans, des mêmes ministres qui avoient accompagné Ferdinand à Bayonne. Les plus grands seigneurs de l'Espagne s'étoient abaissés jusqu'à solliciter auprès du nouveau roi les emplois les moins propres à les élever.

On vit figurer parmi ses chambellans les noms les plus illustres. Ainsi, dans la péninsule comme en France, l'honneur se perdoit dans les plus hautes classes de la société. Mais, en France du moins, les princes légitimes ne s'abaissoient point aux pieds de l'usurpateur. Si l'on peut leur reprocher quelques correspondances avec des hommes qui n'étoient dignes que de leur exécration, ce n'étoit pas pour les féliciter d'être devenus les dépositaires de la puissance, mais pour les rappeler, s'il étoit possible, à la fidélité, et les engager à faire le sacrifice d'une puissance usurpée. Après le meurtre du duc d'Enghien, Louis XVIII rompit toute relation avec Buonaparte, et le voua à la détestation de tous les siècles.

Il n'en est pas de même de Ferdinand. A peine est-il dépouillé de la couronne, qu'il est le premier à proclamer les vertus du ravisseur, à presser les Espagnols de s'abaisser à ses pieds. Il sacrifie tout à ses intérêts personnels. Il envoie un agent secret au conseil de Castille révoquer les instructions qu'il lui a données. De sa prison de Valençay, il écrit à son tyran des lettres de félicitation.

« Je fais à Votre Majesté, tant au nom de
« mon frère et de mon oncle qu'au mien, des
« complimens bien sincères sur la satisfaction
« qu'elle a eue dans l'installation de son cher
« frère sur le trône d'Espagne.

« L'objet de tous mes désirs ayant toujours
« été le bonheur de la nation généreuse qui
« habite ce vaste royaume, nous ne pouvons
« voir à sa tête un monarque si propre par ses
« vertus à les lui assurer, *sans en ressentir*
« *une joie bien pure.*

« *C'est l'espoir et le désir d'être honorés*
« *de son amitié* qui nous ont portés à lui écrire
« la lettre ci-incluse, en priant Votre Majesté
« impériale et royale, après l'avoir lue, de
« *daigner* la présenter à Sa Majesté catho-
« lique. Une médiation aussi respectable nous
« assure qu'elle sera reçue avec la cordialité
« que nous lui souhaitons. »

À peine arrivé au lieu de sa captivité, il remercia l'empereur de ses bontés pour lui.

« Monsieur mon frère, nous sommes arrivés
« ce matin, à onze heures et demie, à notre
« résidence, où M. le prince de Benevent,
« ainsi que la princesse, nous ont témoigné
« le plus grand empressement de nous être
« agréables. Je me hâte d'en rendre compte
« à Votre Majesté impériale et royale. *C'est
« un hommage qui lui est très-dû, et qui
« répond parfaitement aux vœux de mon
« cœur.* Les infans mes très-chers frères par-
« tagent mes sentimens, etc. (1). »

Ce n'est pas assez pour le prince; il oblige tous les Espagnols qui sont à son service de prêter serment au spoliateur de sa couronne.

---

(1) Le moyen de ne pas se féliciter? Valençay étoit entouré de gardes. Le prince avoit pour intendant de sa maison un nommé Amezaga, que le chanoine Escoïquiz lui avoit recommandé, et qui s'étoit vendu à la police de Buonaparte. Ce misérable se conduisoit, envers son maître, plutôt comme geôlier que comme un serviteur. Il osa lui tracer un genre de vie, lui marquer les limites de ses promenades, et les amusemens qu'il devoit se permettre. Il le traitoit enfin comme sir Hudson Lowe se conduisit depuis, à Sainte-Hélène, envers Buonaparte. Il faut dire pourtant que l'excès de sa tyrannie le fit renvoyer.

Les ducs de San-Carlos, d'Ayerbe, Escoïquiz lui-même, s'empressent de lui obéir. Tous les Espagnols qui sont en France, depuis le plus haut personnage jusqu'aux plus obscurs citoyens, imitent cet exemple. Le cardinal de Bourbon veut aussi avoir sa part de l'abjection générale.

« La cession de la couronne d'Espagne qu'a
« faite à Votre Majesté impériale et royale le
« roi Charles IV, mon auguste souverain,
« m'impose, *selon Dieu* (quelle horrible pro-
« fanation!), la douce obligation de mettre
« aux pieds de Votre Majesté impériale et
« royale l'hommage de mon amour, de ma
« fidélité et de mon respect.

« Que Votre Majesté impériale et royale
« daigne me reconnoître comme son plus fi-
« dèle sujet, et me faire connoître ses inten-
« tions souveraines, pour mettre à l'épreuve
« ma soumission cordiale et empressée. Que
« Dieu accorde de longues années à Votre
« Majesté impériale et royale, pour le bien de
« l'Église et de l'État. »

Lorsque la *princesse* Murat arrive à Bayonne pour attendre le retour de son époux, les plus grands seigneurs qui composoient la junte se disputent l'honneur de se prosterner devant cette altesse impériale et royale. On conserve

et l'on a imprimé les lettres où ils se félici-
toient d'avoir obtenu d'elle un regard de bienveillance et de protection.

Enfin, avant d'arriver à Valençay, Ferdinand avoit adressé une proclamation aux Espagnols, pour les délier de leur serment de
fidélité, pour les exhorter à espérer leur plus
grand bonheur des sages dispositions et de
la puissance de l'empereur Napoléon.

« Par leur empressement, disoit le prince,
« à se conformer à ces dispositions, les Es-
« pagnols doivent croire qu'ils donneront à
« leur prince le plus grand témoignage de leur
« loyauté. »

Voilà donc à quel degré d'avilissement peuvent descendre les cœurs des rois et des courtisans ! A la vue de ces royales majestés baisant
ainsi la poussière de ses pieds, faut-il s'étonner
que Buonaparte ait conçu tant de mépris pour
les hommes; qu'il se soit enivré d'un fol orgueil; qu'il ait cru que rien sur la terre n'étoit
impossible à l'audace soutenue par l'habileté !
Il avoit vu le chef de l'empire germanique
à la porte de sa tente, le front découvert, et
dans l'attitude d'un suppliant, venir lui demander la paix. Quel orgueil ne devoit pas
lui inspirer un si grand abaissement ? Quelle
crainte pouvoit désormais l'arrêter ?

Tandis que son frère, le front ceint d'un nouveau diadême, s'avançoit, avec son royal cortége, au milieu des États que lui avoient conquis d'indignes trahisons, Murat quittoit la capitale des Espagnes pour venir, à Bayonne, recevoir, des mains de son beau-frère, l'investiture du royaume de Naples. Cette même Caroline Buonaparte, qu'on avoit vue à Marseille, à peine couverte des plus modestes vêtemens, le matin, rapporter la frugale provision de sa famille, alloit maintenant remplacer sur le trône la fille des Césars. Ce même soldat qui, au temps des fureurs républicaines, avoit sollicité, comme un honneur, la permission de changer son nom en celui de *Marat*, ce soldat, né sous le chaume d'une hôtellerie de village, aujourd'hui poussé par la fortune, la couronne en tête, le sceptre à la main, se disposoit à dicter des lois aux descendans de ces peuples d'Italie qui en avoient donné à l'univers.

Ainsi, dans l'espace de moins de quatre ans, l'Europe avoit vu s'élever, sous la main de Napoléon, sept trônes nouveaux, savoir : l'empire français, le royaume d'Italie, ceux de Hollande, de Bavière, de Saxe, de Wurtemberg, de Westphalie, et deux anciennes dynasties étoient tombées du trône qu'elles occupoient pour faire place aux heureux enfans de Mme Lætitia; une troisième famille royale fuyoit à travers les mers, comme une troupe de timides colombes devant l'avide vautour.

Ivre de tant de succès, Buonaparte quitta Bayonne le 21 juillet, et prit sa route par Pau, Tarbes, Toulouse, Montauban, Bordeaux, la Vendée, et rentra à Paris après une absence de quatre mois et demi.

« Jamais, dit un témoin oculaire, les ré-
« ceptions auxquelles ses voyages donnoient
« lieu n'eurent plus de pompe et d'éclat. Qui
« a vu à cette époque Toulouse et Montauban,
« leurs rues sombres et enfumées changées en
« forêts d'arbustes, en parterres, toutes les mai-
« sons liées ensemble par des guirlandes; qui
« a fait attention au mouvement de la popula-
« tion des villes et des campagnes ébranlées en
« masse, et qui lit leur histoire aujourd'hui,
« peut se croire fondé à reconnoître deux peu-
« ples divers et ennemis. Bordeaux seul fut
« calme et silencieux. On y retrouva cette
« malheureuse députation de Portugal qu'on
« avoit fait venir sans motif, qu'on laissoit sans
« secours, qui se morfondoit entre des étran-
« gers qui la délaissoient et une patrie qui la
« repoussoit. Mais où l'étonnement redoubla,
« ce fut en traversant les champs fameux de la

« Vendée, ainsi qu'en arrivant à Nantes : c'é-
« toit à n'en pas croire ses yeux. On avoit pu
« s'attendre à des signes d'éloignement et d'in-
« différence; les routes se trouvèrent couver-
« tes de la population du pays, qui attendit
« plusieurs jours le passage du convoi.

« Nantes surpassa tout. Pendant les cinq
« jours que l'on y séjourna, la population de
« la ville avoit quadruplé. Tout étoit en mou-
« vement, en habits de fête; et la place sur
« laquelle le palais étoit situé ne désemplis-
« soit pas un moment, la nuit comme le jour.
« Les bords de la Loire, jusqu'à Tours, offri-
« rent aussi le spectacle le plus animé. »

M. l'ancien archevêque de Malines, de qui
ce témoignage est tiré, se demande d'où provenoient ces marques extraordinaires d'empressement et d'enthousiasme. Il croit qu'on
peut les attribuer, en grande partie, à l'ignorance où l'on étoit du fond des évènemens de
Bayonne. « En rentrant à Paris, dit-il, je ne
« rencontrai personne qui en eût une connois-
« sance un peu approfondie; et quant aux évè-
« nemens qui venoient de se passer entre les
« armées françaises et espagnoles des généraux
« Dupont et Castaños, à peine les soupçon-
« noit-on (1). »

---

(1) On en rendra compte dans le volume suivant.

Mais c'est faire trop d'honneur à la multitude qui court après les grandes émotions, que d'attacher son empressement et ses démonstrations à la moralité du spectacle plutôt qu'à la célébrité de l'acteur. M. de Pradt lui-même indique une cause bien plus vraie dans le bruit de la renommée. Les peuples mêmes que Buonaparte avoit vaincus se pressoient sur son passage. C'étoit au milieu des populations accourues de loin qu'il traversoit les provinces qu'il avoit ravagées. La multitude se porte vers tout ce qui retentit; et quel que soit le personnage, quand il est précédé des trompettes de la renommée, il est sûr de voir la foule se disputer le plaisir de le contempler, et le saluer sinon de ses acclamations, du moins des signes manifestes de son étonnement et d'une sorte d'admiration. Le roi Charles IV et sa famille, relégués à Compiègne, étoient trop près de Paris pour qu'on ignorât les évènemens de Bayonne.

FIN DU SEPTIÈME VOLUME.

TABLE DES CHAPITRES
DU SEPTIÈME VOLUME.

CHAPITRE PREMIER. Nouvelles souverainetés distribuées à la famille de Napoléon, aux grands-officiers de la couronne, aux ministres et aux généraux. Occupation de la république de Raguse. Situation des armées françaises en Allemagne. Réception de l'ambassadeur turc. Confédération du Rhin. Mort du célèbre Fox. Prise de Gaëte. Intérieur. *Page* 1

CHAP. II. Prodigieuse activité de Napoléon dans l'intérieur de ses Etats. Assemblée générale des Juifs. Fondation de l'Université. Nouveau catéchisme, commun à toutes les églises de France. Encouragemens donnés aux sciences, aux lettres, à l'industrie. Écoles chrétiennes. Monumens. 21

CHAP. III. Assassinat du libraire Palm, à Brannau. Proclamation du prince de la Paix, en Espagne. Signes précurseurs d'une quatrième coalition. Manifeste du cabinet prussien. Premières hostilités. Bataille et victoire d'Iéna. 52

CHAP. IV. Suites de la victoire d'Iéna. Occupation de Leipsick. Armistice entre l'armée française et les Saxons. Fuite et ruse du général Blücher. Occupation de Brandebourg. Prise de la forteresse de Spandau. Entrée de Buonaparte à Berlin. Défaite du prince de Hohenlohe. Prise de Stettin, de Custrin.

Occupation des Etats de Hesse-Cassel. Prise de Lubeck. Reddition de Magdebourg. *Page* 100

Chap. V. Suite des triomphes de l'armée française. Célèbre décret de Berlin. Armistice et paix avec l'électeur de Saxe. Élévation de ce prince au rang de roi. Déclaration de guerre de l'empereur Alexandre. Occupation de Varsovie. Premières opérations au-delà de ce fleuve. Défaites successives des Russes. L'empereur Napoléon prend ses quartiers d'hiver. 114

Chap. VI. Situation politique de la Russie et de la Porte ottomane. Invasion de la Moldavie et de la Valachie. Secret mécontentement de l'Autriche. Négociations entre la France et le roi de Perse. Propositions de paix au roi de Suède. Invasion de la Poméranie. Accroissement du Danemarck. Premier germe de la guerre d'Espagne. Situation du Portugal. Dispositions contre ce royaume. Expédition de Miranda. 133

Chap. VII. Affaires maritimes. Suite des opérations militaires. Position et forces respectives des puissances belligérantes. Plans de campagne. Combats de Mohringen, Deppen, Hoff, et d'Eylau. Retraite des Français sur la Vistule, et des Russes sur la Pregel. 161

Chap. VIII. Continuation de la guerre. Ouvertures de paix faites par Buonaparte et rejetées. Bataille d'Ostrolenka. Siége de Dantzick. Arrivée de l'empereur de Russie et du grand-duc Constantin à Memel. Défaite des Prussiens chargés de secourir Dantzick. Attaque inutile des Russes sur toute la ligne française. Reddition de Dantzick. Siége de Stralsund abandonné par les Français. Défaite des Suédois. Arrivée du roi de Suède à Stralsund. Secours que lui promet l'Angleterre. 195

Chap. IX. Déclaration de Buonaparte au sujet de la

guerre avec l'Angleterre. Continuation de ses succès. Propositions de paix. État de la France. Batailles d'Heilsberg et de Friedland. Paix de Tilsit. Guerre contre la Suède. Évacuation de Stralsund. *Page* 213

Chap. X. Rentrée glorieuse de Buonaparte dans ses États. Serviles adulations des autorités constituées. Organisation du royaume de Westphalie. Suppression du Tribunat. Modifications introduites dans le Corps législatif. Réunion des îles Ioniennes à l'empire français. Révolution de Constantinople. Effets du système continental. Attaque inattendue de l'Angleterre contre le Danemarck. Traité d'alliance entre cette puissance et la France. 249

Chap. XI. Etat de l'Europe après la paix de Tilsit. Système continental. Entreprise du cabinet anglais sur Constantinople. Prise de l'île hollandaise de Curaçao. Ouverture du Parlement d'Angleterre. Discours du roi. Représailles contre la France. Nouveaux accroissemens de l'empire de Napoléon. Voyage en Italie. Invasion du Portugal. Traité secret de Fontainebleau, entre la France et l'Espagne. 287

Chap. XII. Accroissement de l'empire de Napoléon. Réunion, au territoire français, de Kehl, Cassel, Wesel et Flessingues. Prise du fort de Scylla, en Calabre. Accession du roi d'Espagne au décret de Milan. Formation d'une armée d'observation dans le département de la Gironde. Levée de 80,000 conscrits. Continuation de la guerre de Portugal. Premiers mouvemens en Espagne. Évènemens d'Aranjuez. Entrée d'une armée française dans les provinces espagnoles. Surprise de plusieurs forteresses. Arrivée de Murat à Madrid. Entrée de Ferdinand VII dans sa capitale. Départ de ce prince pour Bayonne. Indignes machinations de Buonaparte. Sa présence dans cette ville. Arrivée de toute la famille royale d'Espagne. Elle est dépouillée de sa couronne. Translation de Joseph Buonaparte du trône de Naples à celui de Madrid. Elévation de Murat au trône de Naples. Abaissement et captivité de la famille royale d'Espagne. *Page* 321

FIN DE LA TABLE.

www.ingramcontent.com/pod-product-compliance
Lightning Source LLC
Chambersburg PA
CBHW052033230426
43671CB00011B/1628